안녕, 불안

The Anxiety Opportunity

안녕, 불안

지은이 | 커티스 창
옮긴이 | 정성묵
초판 발행 | 2023. 10. 25
등록번호 | 제1988-000080호
등록된 곳 | 서울특별시 용산구 서빙고로65길 38
발행처 | 사단법인 두란노서원
영업부 | 02) 2078-3333 FAX | 080-749-3705
출판부 | 02) 2078-3330

책값은 뒤표지에 있습니다.
ISBN 978-89-531-4598-6 03230

독자의 의견을 기다립니다.
tpress@duranno.com   www.duranno.com

두란노서원은 바울 사도가 3차 전도 여행 때 에베소에서 성령 받은 제자들을 따로 세워 하나님의 말씀으로 양육
하던 장소입니다. 사도행전 19장 8-20절의 정신에 따라 첫째 목회자를 돕는 사역과 평신도를 훈련시키는 사역,
둘째 세계선교™와 문서선교단행본·잡지 사역, 셋째 예수문화 및 경배와 찬양 사역, 그리고 가정·상담 사역 등을 감
당하고 있습니다. 1980년 12월 22일에 창립된 두란노서원은 주님 오실 때까지 이 사역들을 계속할 것입니다.

THE ANXIETY
OPPORTUNITY

더 는 불 안 이
불 안 하 지 않 다

안녕, 불안

커티스 창 지음

정성묵 옮김

두란노

불안은 내 삶에 그림자 같은 정서다. 그토록 피하고 싶었던 불안은
끝끝내 내 곁에 머물고자 했다. 행복감만 느끼며 살고 싶은 내게 불안은
과연 무슨 의미가 있었던 걸까. 커티스 창이 경험한 삶의 깊은 불안과, 그
불안을 하나님 안에서 다루는 그의 과정적 고백은, 그 불안이 우리에게
알려 주는 메시지가 무엇인지를 알려 줌과 동시에 그 불안의 실체가
하나님 안에서 새롭게 변화됨을 설명해 주고 있다. 불안으로 인한
우리의 슬픔, 그 슬픔에 대한 고백, 그 고백을 나누는 공동체를 통해
우리를 새롭게 하시는 하나님과의 관계적 경험은 참 아름답고 경이로운
힘을 남긴다. 불안으로 힘겨운 삶을 살아가는 그리스도인들에게 이 책을
추천한다.

박재연 ● 리플러스 인간연구소 소장, 《나는 왜 네 말이 힘들까》 저자

우리는 불안을 인정하지 않고 불안을 피하려고만 하는 탓에 분열과 분노가 가득한 시대를 살고 있다. 커티스 창은 탁월하면서도 유쾌한 시선으로 인간의 영혼과 몸을 꿰뚫어 본다. 무엇보다도 그는 모든 사람이 상실을 예상하면서 겪는 일들을 잘 읽어 낸다. 이 책을 통해 불안을 자신의 마음, 나아가 예수님의 선하심을 알 기회로 보게 되면 우리 모두가 맞닥뜨리는 두려움의 풍랑 한가운데서도 평강을 누릴 수 있다. 친절하고 신학적으로 생동감 넘치며 심리학적으로 통찰력 깊은 선물이다. 불안에 시달리는 이들뿐 아니라, 기쁨을 더욱 누리고 싶은 사람이라면 누구나 읽어야 할 책이다.

댄 알렌더 ● 시애틀신학·심리학대학원 설립 총장이자 상담심리학 교수

인간은 누구나 불안해한다. 사실 모든 인간은 이 땅에 사는 내내 불안할 수밖에 없다. 따라서 모든 세대는 이 불안에 어떻게 반응할 것인지의 문제를 다루어야 했다. 하나님 덕분에 커티스 창은 불안을 '없앨' 처방전을 쓰지 않고, 대신 불안 '속으로' 들어갈 문을 열었다. 이 문은 우리의 불안 속에서 우리를 기다리시는 하나님께로 이어진다. 하나님은 불안을 바라보는 우리의 시각을 변화시키기 위해 그곳에서 기다리고 계신다. 이 시각이 바뀌면 그분의 사랑을 더 깊이 깨닫고 예수님처럼 아름답게 변해 간다. 극심한 불안 속에서 사는 모든 이들이 이 책의 안내를 따라 위로와 확신으로 가는 문으로 들어가기를 바란다. 그 문 너머에는 하나님이 우리와 나누기를 원하는 아름다움과 선함을 만들어 낼 기회가 있다.

커트 톰슨 ● 정신과 의사, 《수치심》 저자

불안은 널리 퍼져 있지만 아직 우리가 잘 이해하지 못하는 증상이다. 오랫동안 불안에 시달린 커티스 창은 불안에 관해 정교하고 민감하고 투명하며 실천적이고 충실한 책을 써냈다. 《안녕, 불안》은 불안에 관해 다르게, 즉 건설적이고 성경적으로 생각하게 도와준다. 불안의 문제가 어떻게 영적 성장의 기회가 될 수 있는지를 보여 주는 이 책은 실로 귀한 선물이다. 훌륭하고 꼭 필요한 책이다.

피터 웨너 ● 트리니티 포럼(The Trinity Forum) 선임 연구원

불안은 상실을 예견한다. 상실은 피할 길이 없다. 하지만 소망과 솔직함으로 가득한 이 책에서 커티스 창은 우리를 사랑하시고 만물을 새롭게 하실 하나님이 상실과 불안 가운데서도 우리를 붙들고 계신다고 역설한다. '기도'와 '슬퍼하기'와 '공동체'가 우리를 불안 속에 가두는 '피하기' 습관들을 대체할 수 있는 '부여잡기' 습관이라는 저자의 말에 큰 용기를 얻었다. 이 책은 불안을 기회로 삼을 수 있는 실천 가이드인 동시에 은혜의 산 증인이다.

워런 킹혼 ● 듀크대학교 메디컬센터 정신의학과 교수

조디와 페이스와 엘리에게
이 책을 바친다.

Contents

|

part one

불안하고 걱정 많은 나

두려움과 근심에 관한 새로운 영적 고찰

part two

불안을 마주하다

불안 속에서 나를 기다리시는 하나님

———

part three

내 모든 불안을 하나님께
염려의 한복판에서 만나는 차원이 다른 평강

맺는말

불안하고 걱정 많은 나

/ 두려움과 근심에 관한 새로운 영적 고찰

The Anxiety
Opportunity

chapter 1

불안이라는 고통,
그 뜻밖의 기회

나는 '래치키 키드latchkey kid'였다. 1970년대에 어린 시절을 보내지 않은 사람에게는 이 표현이 낯설지도 모르겠다. 래치키 키드란 맞벌이 부모가 퇴근해서 집에 오기 전에 하교하는 아이를 말한다. 부모들은 저녁 식사 때까지 아이가 알아서 시간을 보내게끔 집 열쇠를 주었다. 나는 여덟 살 때 열쇠를 받았다. 시카고 교외에 있는 학교에서 수업을 마치면 집까지 걸어와 그 열쇠로 현관문을 열고 하버드 테라스 붉은 벽돌집으로 혼자 들어갔다.

텅 빈 집에 들어서면 약속이나 한 듯 걱정이 밀려왔다. 문을 닫는 순간부터 불안하기 시작했다. 누나가 둘이 있었지만 어린 내가 제일 먼저 학교에서 돌아왔다. 나는 항상 땅이 꺼져라 한숨을 내쉬면서 빈집에 들어갔다. 누군가가 집에 난입해서 안에 숨어 있을 것만 같은 기분을 떨칠 수가 없었다. 실제로 그런 일이 일어나지 않으리라는 법이 없었다.

나는 어느 누나든 집에 얼른 오기만을 애타게 기다렸다. 당시 우리 집은 삐거덕거리는 소리가 기분 나쁘게 나는 오래된 집이었다. 가끔 그 소리가 다락에서 내려오는 발자국 소리처럼 들렸다. 그럴 때면 심장이 요동쳤다. 때로는 밖으로 뛰쳐 나가 누나가 올 때까지 앞마당에 쪼그려 앉아 있기도 했다. 집에 먼저 오는 누나가 밖에서 뭘 하고 있냐고 물으면 어깨를 으쓱하며 대답했다. "그냥 마당에서 놀고 싶어서."

누나들이 집에 오면 한결 기분이 나아졌다. 하지만 그것도 잠시, 저녁이 가까워지면 이번엔 부모님의 귀가를 기다리면서 불안 증상이 발동했다. 부모님이 집으로 오는 길에 나쁜 일을 당하지나 않을까 걱정하기 시작한 것이다.

이런 두려움을 다루려고 나름 꽤 그럴싸한 계획을 마련했다. 보통 먼저 퇴근한 아버지가 시내 은행에서 오후 5시까지 일하는 어머니를 데리러 갔다. 그러면 나는 정확히 5시 30분에 어머니가 일하는 은행에 전화를 걸었다.

"혹시 조한나 창 계신가요?"

"퇴근하셨는데요." 전화를 받는 어머니 동료 분의 목소리는 항상 밝았다.

"아, 그래요? 언제 퇴근하셨는데요?" 나는 속에서 끓는 걱정을 숨기기 위해 최대한 무심한 목소리로 물었다. 당시에는 은행 직원들이 기계에 퇴근 시간을 기록했기 때문에 동료 분은 어머니의 퇴근 시간을 정확히 확인해서 내게 말해 주었다.

어머니가 직장을 떠난 정확한 시간을 알아낸 다음, 나는 부모님이 집에 도착하는 시간을 분 단위까지 계산했다. 계산은 간단했다. 통근 시간은 평균 65분이었고, 부모님은 거의 정확한 시간에 도착했다. 더러 예상 도착 시간이 빗나가면 내 불안은 시시각각 증폭되기 시작했다. 우리 집 흰색 자동차가 차고로 들어온 뒤에야 비로소 불안이 사라졌다.

어느 날, 시카고에 거센 눈보라가 쳤다. 역시나 예상 도착 시간이 지나고도 부모님은 돌아오지 않았다. 그 뒤로 한 시간, 또 한 시간……. 당시는 휴대폰이 없던 시절이라 우리 부모님은 퇴근 중에 늦는다는 전화를 집에 걸 수 없었다. 나는 초조하게 창가를 서성이며 친구들이 눈밭에서 신나게 뛰노는 모습을 지켜보았다. 아무리 기다려도 부모님은 오지 않았다. 우리 세 오누이가 밥을 굶다가 쓰레기통을 뒤지는 모습이 눈에 아른거렸다. 부모님이 끝내 오지 않으면 우리는 누구와 살게 될까? 이웃 아주머니? 틈만 나면 현관 앞에서 가운을 입고 독한 담배를 피워 대는 심술궂은 길 건너편 집 아주머니에게 맡겨지는 일만은 제발 없게 해 달라고 기도했다.

다행히 그날도 부모님의 차는 차고에 들어왔다. 두 분은 내가 다음 날 그리고 그다음 날에도 또 걱정할 수 있게 무사히 살아 돌아왔다.

나는 이 복잡한 루틴에 관해 부모님에게 단 한 번도 말한 적이 없었다. 여덟 살 아이의 뇌로도 어머니 직장에 매일같이 전화를 걸어 퇴근 시간을 확인하는 행동은 멈춰야 한다고 생각했다. 심지어 이렇게 불안해하는 것은 옳지 않다는 생각도 들었다.

하루는 평소처럼 오후 5시 30분에 어머니 직장에 전화를 걸었다. 그런데 그날따라 어머니가 직접 전화를 받는 게 아닌가. 나는 당황했지만, 재빨리 기지를 발휘해 은행 고객인 척했다. 내가 정확히 무슨 말을 했는지는 기억이 나지 않는다. 나는 겨우 초등학교 2학년이었고, 기껏해야 시카고 컵스 야구 경기 중간에 방송된 은행 광고를 애써 떠올릴 수밖에 없었다.

"그냥 요즘 이율이 얼마인지 확인하고 싶어서요. 주택담보대출을 갈아탈까 싶어요." 이런 식으로 말했는지도 모르겠다.

어머니는 내게 장단을 맞춰 주었다. 필시 내가 무슨 꿍꿍이인지 알아내려던 것이리라. 그렇게 우리는 몇 분간 대화를 나누었다. 결국 말할 거리가 떨어진 나는 "음, 감사합니다. 이제 그만 끊어야 할 것 같아요"라고 말했다. 하지만 진짜 질문이 아직 남아 있었다. "그런데…… 혹시 오늘은 언제 퇴근하시나요?"

아뿔싸! 계획이 들통나고 말았다. 68분 뒤 어머니가 집으로 들이닥쳤다. 뭐, 내내 시간을 재고 있던 것은 아니다.

"엄마를 놀리는 게 재미있니, 재미있어?" 어머니는 내가 못된 장난을 쳤다고만 생각했다. 나는 고개를 푹 숙인 채 조용히 신발만 쳐다보았다. 어머니는 내가 어머니를 속였다며 벌을 주었고, 나는 그 벌을 군말 없이 받아들였다. 나는 내 안에서 벌어지는 일을 어떻게 설명해야 할지 몰라 아무런 말도 하지 않았다. 깊은 불안이 나를 옭아매고 있다는 사실을 미처 깨닫지 못했던 것일까? 아니면 단순히 그것을 표현할 언어를 알지 못했던 것일까? 어쩌면 내가 불안에 휩싸여 있다는 것을 알면서도 창피해서 인정하지 않았던 것일지도 모른다.

나이를 먹으면서는 훨씬 정교한 대응 전략들을 개발했다. 내 두려움은 일부 심리학자들이 말하는 "고기능성 불안high-functioning anxiety"으로 진화했다. 이는 세상에서 성공하는 데 도움을 주는 불안이다. 나는 무슨 일이든 잘 해내고, 몇 수 앞을 내다보고, 문제를 예상하고, 재빨리 대비책을 마련하게 되었다. 학교에서도 좋은 성적을 거두어 하버드대학교Harvard University에 들어갔고 우등생으로 졸업했다. 나중에서야 불안이 내 성공의 큰 원동력이었다는 사실을 깨달았다. 당시에는 그냥 내가 노력해서 성공한 줄 알았다.

하지만 내 어린 시절의 '은행에 전화하기' 전략처럼, 불안을 다루기 위한 대응 전략들은 결국 실패할 위험이 있다.

30대 후반에 나는 실리콘 밸리에 있는 한 교회의 설립 목사에게서 담임목사 자리를 물려받았다. 갑자기 정기적으로 설교를 하고 불안정한 시기에 교회를 이끌어야 하는 압박을 마주하게 되었다. 또 막상 겪어 보니 설립 목사의 뒤를 이어 목회를 한다는 게 보통 일이 아니었다. 그러던 차에 닷컴 버블[인터넷 분야가 급성장하면서 대규모 투자가 이루어진 1995-2000년 사이의 거품 경제 현상]이 꺼지고 교인 숫자가 급격히 줄어들면서 교회는 부교역자들을 내보내야 했다.

이번에는 고기능성 불안에서 나온 행동들로도 상황을 수습할 수 없었다. 내 힘으로는 도저히 감당할 수 없는 수준이었다. 2주 내내 잠을 이룰 수 없었다. 몇 분간 선잠이 들기는 했지만 아침까지 푹 자지를 못했다.

급기야는 전혀 뜻밖의 순간에 공황 발작이 찾아왔다. 어느 날, 아내와 어린 두 딸을 데리고 핼러윈 펌킨 패치에 갔다. 그곳은 으스

스한 분위기의 집들이 있는 곳이 아니라, 유아들이 좋아할 만한 환한 호박 농장이었다. 그런데 주차장에서 느닷없이 호흡곤란이 찾아왔다. 행사장에 들어갈 것을 생각하니 눈앞이 캄캄해지고 숨이 턱막혔다.

"여보, 아이들 데리고 먼저 들어갈래요?" 나는 눈을 감고 인상을 찌푸리며 아내에게 겨우 말했다.

"아빠, 왜 그래요?" 딸들은 서로 걱정스러운 눈빛을 주고받았다. 하지만 대답할 기운도 없고 아무 할 말도 떠오르지 않았다. 나는 혼자 차 안에서 과다호흡으로 헐떡거리며 수치심에 휩싸였다.

결국 불안은 우울증으로 발전했다. 심한 불안이 오랜 기간 지속되면 그렇게 될 수 있다. 내 우울증은 정말 심각해서 가장 기본적인 활동조차 하기 힘들 정도였다. 결국 교회에 장기간의 병가를 냈다. 교인들은 혼란스러워했다. 물론 부모 노릇도 제대로 할 수 없었다. 아이들 잠자리를 챙기는 일에서 장을 보고 공과금을 내는 일까지 사실상 가정의 모든 짐을 아내 홀로 짊어져야 했다.

너무 힘든 시간이었다. 결국 교회 목사로서의 내 커리어는 끝나고 말았다. '내가 어디서 다시 일할 수 있을까? 우리 아이들을 펌킨 패치에 데려가는 일조차 못하는데 앞으로 뭘 할 수 있을까?' 두려움과 수치심이 나를 사로잡았다.

내가 이런 이야기를 꺼낸 것은 내가 불안을 안다고 말하기 위함이다. 나는 불안으로 인한 고통을 직접 겪었다. 모든 종류의 불안은 사람을 힘들게 한다. 고기능성 불안도 고통스럽기는 마찬가지다. 내 경우처럼 불안이 심하면 큰 손해를 볼 수 있다. 불안은 결코 좋은 것이 아니다. 하지만 이야기는 여기서 끝이 아니다.

불안의 역사

미국심리학회American Psychological Association는 불안을 이렇게 정의한다. "긴장감, 걱정, 혈압 상승 같은 육체적 변화를 일으키는 감정." 불안한 사람들은 "침투적 사고intrusive thoughts나 걱정에 자주 시달린다. 그들은 걱정을 떨치지 못해 특정 상황들을 회피한다. 식은땀이 나거나 몸이 떨리거나 어지럽거나 심장박동이 갑작스럽게 빨라지는 것 같은 신체 증상이 나타날 수도 있다."[1]

불안은 태초부터 인류를 괴롭혀 왔다. 고전고대 즉 그리스·로마시대 의사들과 철학자들은 불안을 정신병으로 분류했다. 옛 에피쿠로스학파와 스토아학파 철학자들은 사람들에게 불안을 이기는 법을 제안했다.[2]

이후 불안은 시대에 따라 여러 이름으로 불렸다. 예를 들어, 닛서 아베베는 19세기 의사들이 "신경쇠약neurasthenia"이라는 질환을 보고했다고 말한다. 그들은 이 질환의 발병 원인을 산업화의 가속화로 보았으며, 증상은 피로, 걱정, 짜증 등이었다. 아베베는 *The Age of Anxiety*(불안의 시대)라는 책의 저자인 안드레아 톤의 말을 인용해, 이 상태가 "미국인들이 엄청난 성공에 대해 치른 대가로 여겨졌다"고 진술한다. 심리학자 윌리엄 제임스는 이 상태를 "미국병Americanitis"이라고 부르기 시작했다.[3]

1895년에 지그문트 프로이트는 두려움이 어떤 생각과 결합될 때 발생하는 "불안신경증anxiety-neurosis"에 관한 글을 썼다. 그에 따르면 "불안한 예상에 시달리는 어느 여성은 남편이 감기에 걸려 재채기를 할 때마다 인플루엔자폐렴에 걸리는 상상을 하고, 동시에 머릿속에서 남편의 장례식을 떠올린다."[4]

1947년에 W. H. 오든은 퓰리처상을 수상한 〈불안의 시대The Age of Anxiety〉라는 긴 시에 당시의 시대 정신을 담아냈다.[5]

1955년, 할리우드와 뉴욕에서는 밀타운이라는 근육 이완제가 항불안제로 인기를 끌었다. 그곳에서는 밀타운 알약을 넣은 마티니〔칵테일〕가 판매되었다. 루실 볼〔코미디언, 영화배우〕과 테네시 윌리엄스〔미국 극작가〕, 노먼 메일러〔미국 소설가〕도 이 새로운 약물의 복용을 자랑했다. 밥 호프〔영국 출신의 미국 희극 배우〕는 이 약물을 "신경 안 써I don't care" 알약으로 불렀다. 유명한 주얼리 브랜드 티파니앤코는 여성들이 이 알약을 넣고 다닐 수 있도록 보석으로 장식한 케이스를 출시했다.[6]

1960년대에는 발륨이 신경안정제로 자주 사용되었고, 불안과 의료적 대응 기제는 유행가의 주제가 되었다. 1966년 롤링 스톤스의 곡 〈마더스 리틀 헬퍼Mother's Little Helper〉는 주부들 사이에서 신경

안정제 처방이 유행한 현상을 다루었다. "요즘 엄마들은 마음을 진정시켜 줄 뭔가가 필요해. 진짜 아픈 건 아니지만, 여기 노란색 작은 알약이 있지."[7]

불안과 싸우기 위한 방법으로 신경안정제 자낙스가 유행하자 뮤지션들은 이 약에 관한 노래도 불렀다. 2004년 U2는 〈자낙스 앤 와인Xanax and Wine〉이라는 곡을 발표했다. 2007년 릴 웨인은 이런 랩을 불렀다. "나는 자낙스 창살 뒤에 갇힌 죄수라네."[8] 2012년 휘트니 휴스턴은 자낙스(거기에 아티반과 발륨까지 세 가지 진정제가 든 치명적인 칵테일) 복용으로 사망한 것으로 발표되었다.[9] 2013년, 제이슨 이스벨은 "자기보다 몸집이 두 배나 큰 사람을 죽일" 만큼 많은 양의 클로노핀(역시 불안 완화를 돕기 위해 개발된 약)을 복용한 친구에 관해 노래했다.[10] 보다 최근에는 빌리 아일리시가 자신과 10대 친구들의 자낙스 남용에 관해 노래했다. 〈자니xanny〉라는 곡에서 그녀는 알약이 유발한 정신적 혼란으로 "두려움을 모를 정도로 너무 취했다"고 이야기한다.[11]

최근 우리 사회에 온갖 종류의 새로운 용어들이 등장했다. 인종적 불안, 기후변화에 대한 불안, 선거에 대한 불안 같은 것들이다. 작가 매트 헤이그는 "어디서 불안장애가 끝나고 어디서 실제 뉴스가 시작되는지" 분간하기 어렵게 되었다고 말한다.[12] 스마트폰 시대가 열리면서 우리가 불안을 낳는 정보의 소비에 중독된 현상을 지칭하기 위해 "둠스크롤링doomscrolling"이란 단어가 사전에 등재되었다. 우리는 자신의 불안을 끝없이 증폭시키는 일을 중단할 능력이 없어 보인다.

불안은 미국에서 가장 흔한 정신 질환이 되었다. 2018년, 미국 대학생의 63퍼센트가 심한 불안에 시달리는 것으로 드러났다.[13] 그리고 코로나19 팬데믹은 이 상황을 더 악화시켰다. 한 연구 결과, 전 세계적으로 우울증이 팬데믹 이전보다 28퍼센트나 증가했다.[14] 어떤 이들은 교회에서 도움을 찾지만, "자신이 교인들의 정신적·정서적 건강을 도울 능력이 있다고 생각하는 목사들은 겨우 30퍼센트에 불과하다."[15] 불안에 시달리는 사람 중 36.9퍼센트만 약 처방이나 전문가의 도움을 찾는다. 그렇다면 대다수는 외로움과 혼란에 빠져 있다는 뜻이다.[16] 정신 건강 전문가들은 앞으로 불안의 수준이 더욱 높아질 것이라고 입을 모아 말한다.[17]

불안의 양극단 사이 어딘가에서

지금 우리는 불안의 강도가 극심한 '불안 팬데믹'의 한복판에 있을지도 모른다. 하지만 앞에서 살펴본 간단한 역사에서 알 수 있듯이 불안은 늘 인류를 괴롭혔다.

잠시 생각해 보라. 지금까지 살면서 불안에서 완전히 자유로웠던 시기가 있었는가? 세상의 앞날에 대한 걱정을 한 번도 하지 않고서 1년을 보낸 적이 있는가? 뭔가를 실패하거나 뒤처질지 모른다는 걱정을 한 달 동안 한 번도 하지 않은 적이 있는가? 다른 사람이 당신에 관해 어떻게 생각할지, 혹은 다른 사람이 당신의 말이나 행동에 기분 나빠하지 않을지 한 번도 신경 쓰지 않고서 일주일이 지나간 적이 있는가?

모든 인간은 불안 스펙트럼의 어느 한 지점에 존재한다. 스펙트럼 한쪽 끝에는 늘 불안해서 불안을 자기 정체성의 일부로 느끼는 사람들이 있다. 그중에는 공식적으로 불안장애 진단을 받은 이들도 있다. 스펙트럼 반대쪽 끝에는 자신에게 '불안'이라는 표현이 붙는 것을 싫어하는 사람들이 있다. 그들은 '불안' 대신 '가끔 스트레스를 받는'과 같은 다른 표현을 선호한다. 많은 사람이 이 양극단의 중간 어디쯤에 자리한다. 그들은 자신이 특정 상황이나 주제에서는 불안해하는 경향이 있다고 인정하지만, 다른 상황이나 주제에서는 그렇지 않다고 생각한다.

강도나 빈도수가 어떻든지 혹은 자신의 불안에 대해 어떤 표현을 사용하는지와 상관없이 우리 모두는 불안을 경험한다. 불안은 모든 인간의 보편적인 문제다.

그런데 불안에 관해 잘 알려지지 않은 사실이 있다. "불안이 해결해야 할 '문제'이기만 한 게 아니다. 불안은 영적 성장을 위한 '기회'이기도 하다." 사실, 그리스도인에게 불안은 변화를 위한 가장 강력한 기회 중 하나다. 예수님의 제자로서 나의 가장 큰 변화와 성장은 불안으로 인해 시작됐다. 그렇다고 해서 결코 불안이 좋은 것이라는 뜻은 아니다. 나처럼 공황 발작 같은 상황에 처해 본 사람에게 불안이 좋은 것이라고 말하면 코웃음을 칠 것이다. 불안은 분명 좋지 않다. 이 책 제목이 아무리 "불안이라는 기회Anxiety Opportunity"(원서 제목)라고 해도 불안이 좋다는 뉘앙스를 풍겨서는 안 된다. 하나님이 우리를 위해 불안을 만드셨다고 주장해서도 안 된다.

하지만 예수님은 우리의 구속자Redeemer이시다. 이는 그분이 좋지 않은 것도 궁극적으로 우리에게 선하고 유익한 것으로 구속하실 수 있다는 뜻이다. 예수님 덕분에 우리는 불안을 변화의 기회로 활용할 수 있다. 내 삶이 그 증거다. 내가 이 책의 내용을 당신에게 나눌 수 있는 것은 예수님이 내 안에서 불안을 구속하고 계시기 때문이다. 나는 예수님을 따르는 수많은 사람들의 삶에서도 그런 변화를 보았다. 이 변화는 성경에서도 확인할 수 있다.

더는 우리의 불안이 잠 못 이루는 밤이나 망친 커리어, 남모를 수치로 끝나지 않아도 된다. 하나님은 불안을 사용해 우리의 삶에 변화와 영적 성장을 가져오실 수 있다.

불안과 영적 성장의 관계

이 기회를 활용하려면 '불안과 영적 성장'의 관계에 대한 생각을 바꾸어야 한다. 대부분의 그리스도인은 불안을 '걸림돌' 아니면 '영적 성장과는 상관없는 것'으로 여긴다.

'불안은 걸림돌이다'라는 접근법은 우리가 이 땅에서 걱정에 사로잡혀 있는 동안 하나님은 하늘에서 저 아래를 내려다보며 눈살을 찌푸리신다고 생각하는 것이다. 이는 불안을 문제나 흠으로 여기는 것이다. 불안을 예수님을 믿지 못하는 것, 다시 말해 죄로 여긴다. 이 접근법은 불안을 믿음이 부족한 증거로 본다. 어릴 적에 내가 불안을 잘못이라 여겨 어머니 앞에서 아무 말 못 하고 고개를 푹 숙인 채 신발만 쳐다보던 것이 바로 이런 접근법의 단적인 예다.

따라서 '불안은 걸림돌이다'라는 접근법은 불안을 최대한 빨리 제거할 방법을 처방한다. 주로 '영적인' 방법이다. 예를 들어 '믿음을 키우라', '기도로 불안을 물리치라', '특정 성경 구절을 묵상하라'는 식이다. 여기서 불안은 없애야 할 존재다. 불안을 몰아낸 뒤에야 비로소 예수님을 닮아 갈 자유를 얻을 수 있다.

반대로, '불안은 영적 성장과는 상관없다'라는 접근법은 불안을 단지 정신 건강의 문제로만 취급한다. 이 접근법에서 불안과 영적 성장은 서로 별개의 문제다. 정신 건강을 위한 세속 접근법들은 영적 성장을 좋은 것으로 보되 그 성장은 교회나 개인적 시간 같은 다른 영역에서 이루어져야 한다고 가정한다. 영적 성장은 불안을 다루는 것과 상관이 없다. 불안은 정신 건강 치료를 통해 다스려야 한다. 심리 치료, 특히 인지 행동 치료와 약물 복용으로 불안을 완화해야 한다.

분명히 말하건대, '불안은 걸림돌이다'라는 접근법과 '불안은 영적 성장과는 상관없다'라는 접근법에서 나온 방법들은 모두 유용하다. 기도, 믿음, 성경 묵상은 절대적으로 중요하다. 실제로 이 책에서도 불안할 때 이런 방법들을 사용하기 위한 다양한 길을 제시할 것이다. 또한 불안이 엄연히 정신 건강과 관련된 상태라는 점만큼은 분명히 인식해야 한다. 실제로 나는 일반 세상의 심리치료사들에게 인지 행동 치료를 받고 의사들에게 약물 처방을 받은 결과, 불안이 많이 호전되는 경험을 했다.

하지만 심지어 일부 일반적인 정신 건강 전문가들도 불안을 '문제'로만 취급하는 것은 역효과를 낳는다는 점을 인식하기 시작했다. 이 분야를 선도하는 연구가인 트레이시 데니스 티와리의 말을 들어보자.

임상 심리학자이자 신경과학 연구가로서 나는 불안 같은 힘든
감정들을 연구하는 데 지난 20년을 바쳤다. 지금 나는 우리 정신 건강
전문가들이 심각한 실수를 저질렀다고 생각한다. 우리는 사람들에게
불안이 위험한 질병이며 다른 질병들처럼 제거하는 것이 해법이라고
말해 왔다. 하지만 불안을 느끼는 자체가 문제는 아니다. 문제는
불안에 건설적으로 반응하는 법을 알지 못하는 것이다. 이것이
우리가 좋은 기분으로 전환하지 못하는 이유다.[18]

기독교의 접근법과 세속의 접근법 모두 '불안은 기회'라는 점을 놓치고 있다. 불안을 '통해' 영적으로 성장할 수 있는 길을 보지 못하

고 있다. 불안은 영적 성숙의 걸림돌이 아니다. 불안은 예수님을 닮아 가기 위해 제거해야 할 도덕적 흠이 아니다. 또한 불안은 영적 성장과 상관없지 않다. 정신 건강은 영적 건강과 별개의 문제가 아니다. 불안은 예수님을 만나는 지점이 될 수 있다. 불안을 통해 우리는 예수님을 더욱 닮아 갈 수 있다.

불안, 변화의 씨앗

불안과 관련해서 가장 자주 인용되는 성경 구절은 빌립보서 4장 6절이다. "아무것도 염려하지(불안해하지, NIV) 말고 다만 모든 일에 기도와 간구로, 너희 구할 것을 감사함으로 하나님께 아뢰라." 그런데 그리스도인에게 이 구절이 '불안은 걸림돌이다' 접근법의 도구로 자주 이용된다.

시애틀신학·심리학대학원Seattle School of Theology and Psychology의 상담심리학 교수 댄 알렌더는 불안을 다룰 때 이 구절의 사용을 경계한다. 그는 불안을 겪지 않고 있는 사람들이 "불안해하는 사람들을 '비판하기'" 위한 수단으로 빌립보서 4장 6절을 인용하는 경우가 많다고 지적한다. 그는 "빌립보서 4장 말씀을 듣고서 '내 불안이 사라질 것이다'라고 가정하는 것"을 특히 경계한다.[19]

나는 빌립보서 4장 6절을 좋아하지만, 불안한 사람에게 자신이 뭔가를 잘못하고 있다는 생각, 심지어 자신에게 문제가 있다는 생각을 심어 주기 위해 이 구절이 오용되고 있다는 점은 심히 안타깝다. 대부분의 비판용 구절과 마찬가지로 이 구절도 배경을 고려하지 않은 채로 사용되고 있다. 이 구절을 이해하기 위해서는 이 서신서 전체의 신학적 핵심을 제시하는 이전 장의 가르침을 이해해야 한다. 빌립보서 3장은 불안에 관한 4장 6절 내용의 전반적인 배경을 형성한다. 아니, 빌립보서 3장은 그리스도인들에게 삶의 모든 측면을 이해하기 위한 핵심 틀을 제공한다.

빌립보서 3장의 틀은 그리스도인이 '지금과 아직'의 사람으로 살아가고 있다는 것이다. 안타깝게도 교회에서 이 점을 제대로 가르치지 않고 있다. 이것이 우리가 불안을 자주 오해하고 많은 구절을 비판용으로 오용하는 이유다.

'지금과 아직'의 사람이란 무슨 의미인가? 빌립보서 3장 21절에 잘 정리되어 있다. "우리의 낮은 몸을 자기[그리스도의] 영광의 몸의 형체와 같이 변하게 하시리라." '지금과 아직'의 삶이란 예수님처럼 변해 가는 것을 목표로 삼은 삶이다. 이는 복음의 놀라운 약속이다. 하나님이 우리의 모든 면을 예수님 닮은 모습으로 변화시키고 계신다. 예수님이 우리에게 그분의 "영광"을 주실 것이다. 예수님은 온전히 하나님의 뜻대로 사심으로써 그분의 "영광"을 얻으셨다. 빌립보서 3장 21절은 우리가 예수님을 닮아 가면서 동일한 "영광"을 얻게 된다고 약속한다.

하지만 이 구절은 영적 성장을 목표로 삼되, 우리 "낮은 몸"의 한계를 인정하는 데서 출발한다. 여기서 "낮은"이란 '죄 많은'이 아니라 '불완전한'을 의미한다는 점을 놓치지 말아야 한다. 바울은 우리 변화의 온전한 완성이 '아직' 이루어지지 않고 예수님이 돌아오시는 미래의 날에 이루어진다는 점을 강조한다(빌 3:10). '지금' 이 땅에서 사는 동안 우리는 내가 그날 주차장에서 경험한 과다호흡증후군 같은 육체적 문제를 계속해서 경험하며 살아갈 수밖에 없다. 나의 현재 "낮은 몸"은 죽을 때까지도 "영광"에 한참 못 미칠 것이다.

그럼에도 불구하고 '지금'과 '아직'은 유기적으로 연결되어 있다. '불안은 영적 성장과는 상관없다'라는 접근법은 이 연결을 완전히 놓치고 있다. 내 과다호흡증후군은 내 미래의 영광과 단절되어 있지 않았다. 그 증상은 신비로운 방식으로 내 변화의 원재료가 되었다. 이것이 우리의 현재 "낮은 몸"이 "그리스도의 영광스러운 몸"의 형체로 '변해 간다'는 것의 의미다. 아직 이루지 못한 "영광의 몸"은 많은 한계를 지닌 지금의 몸에서 자라난다.

이 '지금과 아직'의 역학은 바울이 처음 제시한 것이 아니다. 그는 예수님의 가르침에서 그대로 가져온 것일 뿐이다. 예수님은 이 영적 성장의 역학을 가르치기 위해 농사 비유를 자주 사용하셨다. 그분이 즐겨 사용하신 비유는 씨앗이 지금의 상태에서 완성된 미래의 상태로 자라 가는 과정에 관한 비유였다(마 13:3-8; 19-23; 막 4:3-9; 14-32; 눅 8:4-8; 11-15).

이는 매우 복잡하고도 중요한 진리라서 바울은 '지금과 아직'에 관한 예수님의 농사 비유에 자신의 비유를 덧붙였다. 예를 들어, 바울은 결승선에서 "앞에 있는 것을 잡으려고" 애쓰는 주자의 비유를 사용했다(빌 3:13). 또한 그는 이 두 시점의 이중성을 설명하기 위해 이중 시민권의 비유를 들었다. 즉 우리는 현재 이 땅의 시민으로 사는 동시에 하늘의 시민이 될 미래의 날을 기다리고 있다(빌 3:20).

이런 '지금과 아직'의 틀로 볼 때, 빌립보서 4장 6절을 '불안을 죄로 규정해 비판하기 위한 구절'로 이용하지 말아야 한다. 불안은 '지금과 아직'이라는 불완전한 상태에 있는 삶의 피할 수 없는 일부다. 이것을 도덕적 실패로 확대해석해서는 안 된다. 불완전이 죄는 아니다. 여덟 살짜리 아이가 키가 작거나 계산법을 모른다고, 혹은 부모가 언제 집에 올지를 걱정한다고 해서 도덕적인 비난을 하는 것은 잘못이다.

서신서들에서 바울은 우리의 특정 행위들을 죄와 불순종으로 규정하기를 서슴지 않는다. 하지만 빌립보서 3-4장에서는 그런 도덕적 범주를 사용하지 않는다. 예를 들어, 4장 6절 직전의 권고는 "주 안에서 항상 기뻐하라"는 것이다(4절). 하지만 실제로 이렇게 영적으로 고취된 상태를 "항상" 유지하는 사람은 세상 어디에도 없다. 우리 모두는 수시로 "낮은" 기분 상태로 돌아간다.

항상 기뻐하는 삶은 우리가 갈망하는 최종적으로 변화된 정서적 상태다. 지금 이 땅에서 이런 감정을 더 자주 맛볼 수 있도록 해야 하는 건 맞지만, 우리가 주 안에서 기뻐하기를 잠시 멈추고서 시카고 컵스 투수의 형편없는 투구에 분통을 터뜨린다고 해서 죄를 짓는 것은 아니다. 바울도 자신이 기뻐하지 않고 깊은 절망감에 빠진 시기에 관해 솔직히 고백한다(고후 1:8). 그는 그런 부정적인 감정을 결코 죄로 규정하지 않는다.

이와 비슷하게, 빌립보서 4장 6절 직후의 권고는 거룩하고 옳고 덕스러운 것들에 관해서만 생각하라는 것이다(8절). 이것 역시, 언젠가 부활로 우리의 정신이 변화되면 이런 것에만 집중하는 상태를 이룰 수 있을 것이다. 하지만 그 전까지는 그런 순수한 정신을 가끔씩만 경험할 수 있다. 그런 정신을 더 많이 경험하기를 바라야 하지만 이 땅에서는 한계가 있다. 우리가 연예인에 관한 최신 소식 따위에 잠시 한눈을 판다고 해서 죄를 지은 것은 아니다. 바울은 적들에 관해 무자비하고 독한 생각을 품을 때가 있다고 고백했다. 갈라디아서 5장 12절에는 거칠기로 둘째가라면 서러울 이들도 혀를 내두를 만큼 독한 발언이 포함되어 있다. 바울은 이런 생각을 '현재' 속에서 그의 삶의 일부로서 받아들인 것처럼 보인다.

불안을 죄로 규정해 정죄하기 위한 구절로 빌립보서 4장 6절을 이용하는 사람들은 중요한 한 가지를 놓치고 있다. 빌립보서 앞부분에서 바울은 빌립보 교회에 관한 자신의 불안을 피력하고 있다. 그가 동역자인 에바브로디도를 빌립보 교회에 돌려보내기로 한 결정은 걱정에서 비롯한 것이었다. "그러므로 내가 더욱 급히 그를 보낸 것은 너희로 그를 다시 보고 기뻐하게 하며 내 근심[불안, NIV]도

덜려 함이니라"(빌 2:28). 여기서 바울이 자기 비난의 뉘앙스가 전혀 없이 자신의 불안을 인정하고 있다는 점으로 볼 때, 4장 6절에 나오는 "아무것도 염려하지(불안해하지, NIV) 말고"라는 그의 말을 불안을 절대 느껴서는 안 된다는 뜻으로 받아들이는 것은 옳지 않다.

이 말씀은 정죄하기 위한 것이 아니다. 이는 지금 우리의 "낮은 몸"이 "그리스도의 영광의 몸"으로 변해 가는 영적 성장에 관한 '지금과 아직'의 역학 안에서 불안을 경험하라는 권고의 말이다. 물론 우리는 불안에서 온전히 자유로워지기를 갈망해야 한다(이 갈망은 '아직' 오지 않은 미래에 완벽히 충족될 것이다). 하지만 동시에 우리는 지금 이 땅에서는 불안이 언제나 삶의 일부라는 사실을 받아들여야 한다. 우리가 감기나 모기, 타이어 펑크, 슬픔, 흐트러진 집중력에서 완전히 해방되는 것을 기대할 수 없는 것만큼이나 불안에서 해방되는 것을 기대하지 말아야 한다. 바울이 빌립보서 4장 6절에서 불안 이야기를 꺼낸 것은 그 편지를 읽을 모든 이들이 평생 불안에 시달릴 줄 알았기 때문이다.

이런 "낮은 몸"의 경험들은 죄와는 거리가 멀며, 일종의 신호로 볼 수 있다. 우리의 불안과 염려(걱정)는 마치 한창 행사 중인 가게 앞에서 유명 캐릭터 복장을 하고서 손님을 끌어모으는 이들과도 같다. 우리는 짜증이 나고 정신이 산만할 수 있지만 그들은 자기 일을 하고 있는 것이다. 그들은 우리의 관심을 끌면서 우리에게 특정한 방향을 가리킨다. '지금과 아직'의 사람들은 불안이라는 '현재'의 "낮은 몸"의 경험이 어떻게 그리스도 안에서 완성되는 미래의 변화를 가리키는 신호 역할을 하는지 유심히 살펴야 한다.

불안과 걱정을 '씨앗'으로 생각하라. 작은 씨앗 안에 풍성한 미래의 추수가 담겨 있는 것처럼 불안은 미래의 보상으로 이어질 가능성이 있다. 때로 우리는 현재의 삶에서 이 미래의 보상을 미리 맛보아야 한다. '지금'의 그리스도인들은 종종 불안에서 기적적으로 해방될 수 있고, 또 그래야 한다. 하지만 최종 부활 이전인 이생에서는 어떤 치료나 해방이든 일시적일 수밖에 없다. 치유받은 사람도 언젠가는 다시 아프고 결국 죽을 수밖에 없다. 기도로 걱정을 떨쳐 낸 사람은 결국 또 다른 걱정에 시달릴 수밖에 없다.

모든 사람은 우리의 치유와 해방이 그리스도 안에서 영구적으로 완성될 마지막 날을 기다려야 한다. 그때까지는 항상 불완전함이 존재할 수밖에 없다. 우리의 삶은 '지금과 아직'이라는 특성을 보일 수밖에 없다. 지금 이루어지는 치유는 '아직 이루어지지 않았고 나중에서야 이루어질' 최종적이고 영구적인 치유를 기대하며 가리킨다.

성경은 그리스도인들이 지금은 아프고 상실을 경험하고 불안해할 수밖에 없다고 말한다. 이런 지금의 경험들은 도덕적인 죄의 증거가 아니다. 이 경험들은 우리의 영적 운명과 전혀 상관없는 것도 아니다. 이 경험들은 아직 오지 않은 미래를 갈망하는 우리 몸의 표현이다. 우리는 더 좋은 뭔가를 위해 창조되었다. 우리는 그 미래를 갈망하도록 부름을 받았다. 다른 서신서에서 바울은 실제로 우리의 몸이 불완전한 피조 세계의 모든 것들과 함께 최종적인 구속을 기다리며 "탄식"하고 있다고 말한다(롬 8:22-23). 내가 경험한 과다호흡 증후군은 범죄가 아니라, 변화를 바라는 나의 탄식이었다.

이 책은 기도로 불안을 없앨 수 있다고 약속하지 않는다. 걱정이 사라지게 할 비법을 제시하지도 않는다. 불안은 우리와 평생, 어쩌면 매일 동행할 것이다. 아이러니하게도 이 현실을 받아들일수록 불안을 더 느끼게 될 가능성이 크다. 하지만 불안을 완화시키는 것이 예수님의 제자로서 우리 삶의 주된 목표가 아니다. 우리의 진정한 목표는 "그리스도의 영광의 몸"으로 변해 가는 것이다.

이 책은 당신이 '불안'을 변화의 씨앗으로 받아들이도록 도와줄 것이다. '걱정'을 궁극적인 목표를 가리키는 하나의 신호로 읽고, 그 신호를 따라가는 법을 배우게 될 것이다.

chapter 2

'좋은 청사진'과
'좋은 건축가' 사이에서 저울질한 날들

익숙하지 않은 새로운 환경을 마주했던 때를 떠올려 보라. 처음으로 혼자 공항에서 탑승 수속을 밟고 비행기에 탔던 때를 기억하는가? 처음 가 보는 큰 병원에서 입원 절차를 밟은 적이 있는가? 새 직장에 처음 출근한 날을 기억하는가?

이민 가정이었던 우리 가족은 이사를 자주 다녔다. 특히, 매번 내 학기와 잘 맞아떨어지지 않는 엉뚱한 시기에 이사를 했던 것 같다. 그래서 6년 동안 무려 여섯 번이나 전학을 했다. 학교마다 줄을 서는 방식이 달랐고 배치도 헷갈렸다. 무엇보다도 아이들이 나만 빼고 다 서로를 잘 아는 것처럼 보였다.

어떤 사례가 기억나든, 처음 가 보는 장소의 입구에 섰을 때의 혼란과 긴장을 떠올려 보라. 이제 내가 그 입구에서 당신에게 두 가지 선택지를 제시하겠다. 첫 번째는 그 장소의 상세한 배치도가 그려진 표지판이 당신을 맞이하는 것이다. '현재 위치'가 정확히 표시되어 있고 굵은 점선이 목적지까지 이어져 있다. 두 번째는 뜻밖에도 당신 친구가 맞이하는 것이다. 알고 보니 당신의 친구가 이미 그곳에 몸담고 있다(내 사례를 들자면, 친구가 그 학교에 이미 다니고 있다). 그 친구는 당신을 와락 껴안으며 말한다. "내가 안내해 줄게!"

자, 어느 편을 원하는가? 두말할 것 없이 친구가 맞아 주는 편이 낫다. 하지만 막상 하나님과 함께하는 삶에 대해 우리는 엉뚱한 선택을 하는 경우가 많다.

우리의 삶은 이런 입구와 중요한 선택으로 가득하다. 여기서 불안은 더 좋은 길을 선택하는 법이 무엇인지 배울 기회를 제공해 준다.

불안 속에서 예수님께 다가가다

예수님을 만나는 것은 모든 영적 성장의 출발점이다. 그렇다 면 예수님께 어떻게 다가가야 하는가? 인생의 다양한 상황 중 어디 서 그분을 찾을 가능성이 가장 높을까? 이런 질문에 답하기 위해서 는 복음서들을 읽는 것이 큰 도움이 된다. 성경에서 예수님께 가까 이 다가간 사람들의 이야기는 오늘날 우리가 예수님께 어떻게 다가 갈 수 있는지를 보여 주는 모델로서 기록된 것이기 때문이다.

성경에서 말하는 불안에 관한 전체적 그림을 확인하기 위해 나 는 마가복음에 나오는 '예수님께 다가간 사람들'을 직접 조사했다. 그 과정에서 특히 다음 같은 사람들에게 초점을 맞추었다.

* (예수님이 먼저 다가가신 것이 아닌) 예수님께 먼저 다가간 사람들.
* (율법 교사나 바리새인, 다른 적대 세력들이 아닌) 선의로 예수님께 다가간 사람들.
* (무리로서가 아닌) 개인으로든 작은 그룹으로든 예수님께 개인적으로 다가간 사람들.

내가 세어 본 바로는, 마가복음에 이 조건에 부합하게 예수님께 다가간 사례가 스물아홉 건 등장한다. 그중 열다섯 건(즉 절반 이상)에서 불안의 흔적이 강하게 나타난다. ⑴ 명백하게 불안을 지칭하는 단어들(예를 들어 "두려움"), ⑵ "평안하라" 등의 말씀을 통해 사람들 속에서 벌어지고 있는 일을 밝혀 주시는 예수님의 반응, ⑶ 고통스러운 감정 상태를 함축하는 "간청하다"[애원하다, NIV]처럼 불안과 밀접한 관계가 있는 행동.

이 열다섯 건의 사례 외에도 열두 건의 사례에서 분명하지는 않지만 불안의 흔적을 볼 수 있다. 하나는 마가복음 2장에서 중풍병자의 친구들이 예수님께 다가가기 위해 지붕에 구멍을 뚫은 이야기다. 이 이야기에서 불안에 대한 직접적인 언급은 없으며, 예수님은 그들의 '믿음'을 언급하셨다. 하지만 불안이 존재했음이 분명하다. 관심을 끌기 위해 남의 집 지붕을 부수는 것은 감정적으로 안정되고 평온한 사람들이 보이는 전형적인 행동이 아니기 때문이다. 불안의 전형적인 특징에는 다른 사람을 배려하지 않는 사고, 극단적인 행동, 아드레날린이 일으키는 신체 반응 등이 포함된다.

총 스물아홉 건의 사례 중 두 건에서만 불안의 흔적이 전혀 보이지 않는다. 하나는 마가복음 14장에서 예수님이 체포되시던 날 밤 향유 단지를 깨어 부은 여인의 이야기다. 그녀의 접근법에서는 불안이 조금도 발견되지 않는다. 예수님은 그녀의 독특한 접근법에 관해 이렇게 말씀하셨다. "온 천하에 어디서든지 복음이 전파되는 곳에는 이 여자가 행한 일도 말하여 그를 기억하리라"(9절). 그녀는 극단적인 예외 사례다.

또 하나는 베드로 이야기다. 그는 "주를 부인하지 않겠나이다"라고 자신 있게 선포했다(막 14:31). 하지만 그의 자신감은 얼마 가지 못했다. 몇 구절 뒤인 72절에서 닭이 울자 베드로는 극심한 불안에 휩싸인다.

이제 정리해 보자. 다시 말하지만, 예수님께 다가간 사람 중 다수(절반 이상)는 명백히 불안에 휩싸인 사람들이었다. 거의 모든 사례에서 어느 정도 불안의 흔적을 엿볼 수 있다.

이렇듯 사람들은 다양한 종류의 불안을 통해 예수님께 다가갔다. 불안의 강한 흔적 혹은 불안의 가능성을 보여 주는 마가복음의 스물일곱 건의 사례는 다음과 같이 분류된다.

* 건강한 불안: 여덟 건
* 특히 악한 영을 둘러싼 영적 불안: 일곱 건
* 지위에 대한 불안, 즉 남들 앞에서 자신의 입지나 평판에 대한
  불안: 여섯 건
* 몸의 안전에 대한 불안: 네 건
* 공급에 대한 불안: 두 건

성경에 이토록 다양한 종류의 불안이 포함된 것은 의도적이다.

마가를 비롯해 복음서 기자들은 예수님께 다가간 사람들의 이야기에서 당신과 나 같은 사람들이 각자 자신을 발견하도록 다양한 통로를 제공하고 있다.

메시지는 분명하다. 사람들은 불안을 통해 예수님께 다가간다. 불안은 예수님께 더 가까이 다가가는 것을 가로막는 걸림돌이 아니다. 반대로 예수님께 더 가까이 다가가는 것과 아무런 상관없는 문제도 아니다. 불안은 영적 성장의 출발점이다. 당신에게 불안감과 긴장감을 안겨 주는 인생의 상황들에 관해 다시 생각해 보라. 예수님은 그런 상황 속에서 우리를 배움의 장소인 학교로 데려가신다. 그분은 우리를 두 팔 벌려 환영하며 말씀하신다. "자, 하나씩 차근차근 보여 주마."

불안의 영적 본질

우리의 불안 속에서 예수님을 만날 때, 그분께 귀를 기울이면 그분은 우리의 상황을 있는 그대로 보여 주신다. 의학 전문가들은 DSM^{Diagnostic and Statistical Manual}〔진단 및 통계 편람〕 같은 용어를 써서 불안을 다양하게 정의한다. 그들의 지침은 고민이나 잠 못 이루는 것 같은 불안의 다양한 행동적·신체적 증상에 초점을 맞춘다. 하지만 예수님은 단순한 증상보다 더 깊이 들어가신다. 그분은 증상 이면의 영적 원인을 진단하신다.

불안의 영적 본질을 살펴보는 이 투어에서 안내자는 예수님이 시다. 산상수훈 중 마태복음 6장 25-34절에서 예수님은 제자들에게 다음과 같이 말씀하신다.

그러므로 내가 너희에게 이르노니 목숨을 위하여 무엇을 먹을까 무엇을 마실까 몸을 위하여 무엇을 입을까 염려하지 말라 목숨이 음식보다 중하지 아니하며 몸이 의복보다 중하지 아니하냐 공중의 새를 보라 심지도 않고 거두지도 않고 창고에 모아들이지도 아니하되 너희 하늘 아버지께서 기르시나니 너희는 이것들보다 귀하지 아니하냐 너희 중에 누가 염려함으로 그 키를 한 자라도 더할 수 있겠느냐 또 너희가 어찌 의복을 위하여 염려하느냐 들의 백합화가 어떻게 자라는가 생각하여 보라 수고도 아니하고 길쌈도 아니하느니라 그러나 내가 너희에게 말하노니 솔로몬의 모든 영광으로도 입은 것이 이 꽃 하나만 같지 못하였느니라 오늘 있다가 내일 아궁이에 던져지는 들풀도 하나님이 이렇게 입히시거든 하물며 너희일까보냐 믿음이 작은 자들아 그러므로 염려하여 이르기를 무엇을 먹을까 무엇을 마실까 무엇을 입을까 하지 말라 이는 다 이방인들이 구하는 것이라 너희 하늘 아버지께서 이 모든 것이 너희에게 있어야 할 줄을 아시느니라 그런즉 너희는 먼저 그의 나라와 그의 의를 구하라 그리하면 이 모든 것을 너희에게 더하시리라 그러므로 내일 일을 위하여 염려하지 말라 내일 일은 내일이 염려할 것이요 한 날의 괴로움은 그날로 족하니라.

불안의 영적 본질은 이 말씀의 첫 부분에 잘 요약되어 있다. "그러므로 내가 너희에게 이르노니 목숨을 위하여 무엇을 먹을까 무엇을 마실까 몸을 위하여 무엇을 입을까 염려하지 말라"(마 6:25). 예수님 시대의 사람들은 식량, 식수, 옷 같은 필수품이 언제 떨어질지 모르는 상황에서 살았다. 물론 오늘날 훨씬 풍족한 시대를 사는 우리는 다른 것들을 잃을까 봐 걱정한다. 이를테면 몸의 건강 같은 필수 요소를 잃을까 봐 걱정한다. 물론 지위, 안락한 은퇴, 소속감 같은 것들을 잃을지 모른다는 두려움도 있다.

불안은 상실에 대한 두려움이다. 우리가 잃을까 두려워하는 대상의 본질과 상관없이, 불안의 영적 본질은 가치 있게 여기는 뭔가를 잃을지 모른다는 매우 인간적인 걱정이다. 잠시, 현재 당신을 사로잡고 있는 걱정에 관해 생각해 보라. 그것은 당신의 직장일 수 있다. 당신의 가족이나 모아 둔 재정일 수도 있다. 주변 세상일 수도 있고 다른 어떤 영역일 수도 있다. 당신이 진짜 무엇을 걱정하는지 구체적으로 생각해 보라. 스스로에게 이렇게 물으라. '나는 무엇을 잃을까 봐 두려워하고 있나?' 당신의 불안을 좀 더 정확히 진단하기 위해 예수님이 마가복음에서 용납하신 불안들을 다시 살펴봐도 좋다. 건강을 잃을까 봐 두려워하고 있는가? 영적 건강? 평판? 안전? 재정 공급? 아니면 또 다른 뭔가? 당신이 잃을까 봐 두려워하고 있는 대상을 구체적으로 지목해 보라.

상실에 대한 두려움은 불안의 영적 본질이다. 하지만 여기서 놓치지 말아야 할 중요한 요소가 하나 더 있다. 그것은 바로 우리가 두려워하는 상실의 시점이다. 예수님은 우리가 두려워하는 상실이 '미래'에 대한 것이라는 점을 계속해서 강조하신다. 무엇을 먹을까? 무엇을 마실까? 무엇을 입을까? 다 미래에 관한 것이다. 예수님은 이렇게 불안이 미래에 대한 것이라는 점을 강조하고도 성에 차지 않으셨는지 이렇게 가르침을 마무리하신다. "그러므로 **내일 일**을 위하여 염려하지 말라 내일 일은 내일이 염려할 것이요 한 날의 괴로움은 그날로 족하니라"(마 6:34).

불안은 내일 곧 미래에 대한 것이다. 불안은 나중에 일어날 수 있는 일을 두려워하게 한다. 불안은 지금 당장 일어나는 일에 대한 것이 아니다.

조금 전 당신이 구체적으로 찾은 걱정을 다시 생각해 보라. 자신에게 이렇게 물으라. '이 걱정이 나를 어느 시점으로 데려가고 있는가? 과거? 현재? 미래?'

예수님은 모든 불안이 우리를 현재에서 납치해 미래에 관한 상상으로 끌고 간다고 말씀하실 것이다. 과거의 사건(예를 들어, 지난주 상사와의 마찰)이 불안을 유발했다 해도, 그 불안은 '상사가 다음 분기 인사 평가에서 나에 관해 나쁜 의견을 내놓는다면?'과 같은 상상 속 미래의 시나리오로 우리를 한없이 끌고 간다.

담임목사로서 한순간에 무너졌을 때 겉으로는 내가 현재 교인 수가 줄어드는 상황을 걱정하는 것처럼 보였다. 하지만 사실 내 불안은 전적으로 미래에 관한 것이었다. '목사로서 실패하면 어떻게 될까? 어쩔 수 없이 교역자들을 해고해야 할 때 그들이 분노하면 어쩌지? 직장을 잃으면 어쩌지?' 나는 이외에도 이런저런 미래의 상황에 대해 불안해했다.

불안을 일종의 청사진(설계도)으로 생각할 수 있다. 청사진은 건축가와 설계자가 사용하는 기술적 도면이다. 처음 그려질 때의 청사진은 구체적인 현실로서 아직 존재하지 않는 미래의 시나리오를 묘사한다. 청사진은 상상 속의 구조물, 아직 머릿속에만 존재하는 구조물을 그린 것이다. 불안의 청사진은 독특한 종류의 청사진이다. 모든 건축용 청사진은 얻을 유익(세워질 새 집이나 건물)에 관한 미래의 시나리오를 표현한 것이지만, 불안의 청사진은 잃어버릴 것 즉 상실에 관한 미래의 시나리오를 표현한 것이다.

이 불안의 청사진은 종이가 아닌 우리 마음속에 그려진다. 그리고 이는 아직 존재하지 않는 상황을 그린 것이기에 우리 마음이 그릴 수 있는 것을 제약할 만한 현재의 현실이 없다. 다시 말해, 불안한 마음 상태의 그림은 계속해서 마음대로 수정이 가능하다. 미래가 불확실하게 느껴질 때 불안은 온갖 미래를 떠올리면서 점점 더 두려운 시나리오를 계속해서 만들어 낸다. 불안이 이런 상실의 청사진을 그리고 수정하게 방치할수록 이 그림은 점점 더 흉측해진다. 급기야 기괴한 흉가와 같은 그림이 탄생한다.

내가 공황 발작을 일으켰던 그 호박 농장 주차장에서 날뛰는 온갖 생각들을 진정시키고 제삼자의 시각으로 침착하게 상황을 돌아볼 수 있었다면, 내 마음이 다음과 같은 미래로 치닫고 있다는 사실을 깨달을 수 있었으리라.

이 행사장에는 미로가 있을 거야. 내가 그 미로를 통과하지 못하면 어쩌지? 내 딸들이 이 아빠가 얼마나 엉망인 사람인지 알게 되면 어쩌지? 아이들이 나를 우습게 보면 어쩌지? 아이들이 큰 뒤에도 내가 여전히 이 꼴이면 어쩌지? 아이들이 결혼식장에서 내 손을 잡고 행진하기를 거부하면 어쩌지? 잠깐, 결혼 하니까 말인데, 아내가 내 이런 병적인 증세 때문에 내게 정이 떨어지면 어쩌지? 아내가 이런 상황을 더는 참아 주지 못하게 되면? 아아, 아내가 결국 떠나가게 되면 어쩐담? 오, 하나님, 혼자 외롭게 죽고 싶진 않습니다. 닫힌 문 안쪽에서 죽은 지 며칠 뒤에서야 월세를 받으러 온 집주인에게 발견되는 신세가 되고 싶지는 않아요!

내 상상이 일순간 주차장 구석에서 외로운 임종 자리까지 치닫는 것이 미친 것처럼 보일지도 모르겠다. 내가 현실과 동떨어진 사람처럼 보일지도……. 하지만 바로 이것이 내가 말하고자 하는 요지다. 불안은 나를 현재의 현실에서 끌어낸다. 그것은 마치 내가 흉가의 청사진을 뚫어져라 보다가 그것에 홀린 나머지 상상 속에서 그 안으로 걸어 들어가는 것과도 같다. 그것이 내 몸이 실제로 딸들, 아내, 심지어 내 생명을 잃은 것처럼 반응해 과다호흡을 일으킨 이유다.

청사진과 건축가

불안의 영적 본질이 미래의 상실에 관한 청사진이라면, 영적인 답은 무엇일까?

많은 그리스도인이 하나님에게서 본능적으로 원하는 답 중 하나는 더 안전하고 좋은 청사진이다. 우리는 현재 위치가 표기되어 있고 미래로 가는 상세한 경고를 알려 주는 표지판을 원한다. 불안이 상실에 관한 미래의 시나리오로 우리를 두렵게 하면 상실이 아닌 '얻을 유익'을 약속하는 하나님의 다른 시나리오를 찾는 것이 우리 인간의 자연스러운 성향이다. 다시 말해, 우리는 우리 자신의 불안의 청사진을 하나님의 청사진과 바꿔 걱정을 덜려고 한다.

이런 본능이 완전히 잘못된 것은 아니다. 실제로 하나님은 미래에 대한 우리의 비전을 바꿔 주기를 원하신다. '아직'에 관한 새로운 그림을 얻는 것은 1장에서 설명한 '지금과 아직'의 사람들이 되기 위한 과정의 일부다. 하지만 이 변화는 영적 성장의 과정을 필요로 한다. 그리고 그 성장은 '청사진을 원하는 것'과 '청사진 이면에 계신

분을 원하는 것'을 구분할 줄 아는 데서 시작된다.

그런 의미에서 우리는 불안을 '영적 성장'의 기회로 보아야 한다. 당장의 심리적 불편에서 벗어나기만을 바라지 말아야 한다. 영적 성장을 바란다면, 청사진을 원하는 자신의 마음이 인격체가 아닌 "것들things"을 원하고 있음을 알아차려야 한다. 그러니까 우리가 하나님에게서 원하는 청사진은 돈, 편안한 집, 평판, 건강 같은 '것들'을 잃지 않는다고 약속해 주는 청사진이다. 심지어 우리가 원하는 청사진이 배우자나 자녀 같은 사람들이 내 곁에 있는 것에 관한 청사진이라 해도, 청사진 자체가 그 사람들이 실제로 내 곁에 있는 것과 같을 수는 없다는 점을 기억해야 한다. 청사진은 그 사람들에 대한 그림이지, 그 사람들 자체가 아니다. 청사진은 상상하는 미래에 대한 그림일 뿐, 지금 우리가 안거나 손으로 잡을 수 있는 피와 살로 된 인간은 아니다.

예수님은 마태복음 6장에서 불안에 관해 가르치실 때 청중이 '것들' 즉 먹을 '것'과 마실 '것'과 입을 '것'에 관한 청사진을 얻는 데만 급급하다는 점을 아셨다(25절). 그래서 그분이 어떻게 하셨는지 눈여겨보라. 그분은 청중의 관심을 '것들'에서 성부 하나님께로 돌리고자 하셨다. 그분은 지금의 현실과 성부 하나님의 성품으로 그들의 관심을 돌리고자 하셨다. 32절에서 이 점을 분명히 확인할 수 있다. **"이는 다** 이방인들이 구하는 **것이라 너희 하늘 아버지께서** 이 모든 것이 너희에게 있어야 할 줄을 아시느니라."

'것들'을 원하는 것에서 "하늘 아버지"를 원하는 것으로 바뀌는 과정은 영적 성장을 위한 중요한 단계다. 예수님은 '것들'에 대해서는 구체적으로 약속하시지 않았다. 무리는 먹을 것을 걱정했지만, 예수님은 그들에게 하나님의 식량 공급 계획을 일일이 설명하시지 않았다. 그들은 마실 것을 걱정했지만, 예수님은 미래의 포도주 저장고에 있을 포도주 재고량을 알려 주시지 않았다. 그들은 입을 것을 걱정했지만, 예수님은 미래의 옷들에 관한 카탈로그를 주시지 않았다. 그 대신 예수님은 그들을 보고 아시며 돌보시는 아버지가 계심을 일깨워 주셨다. 하늘 아버지와 하늘의 공급 사슬 사이에는 중요한 차이가 있다.

'것들'과 "하늘 아버지"의 차이는 곧 청사진과 건축가의 차이다. 청사진은 미래에 제공될 구체적인 것들을 묘사한다. 건축가는 그것들 이면에 있는 존재다. 히브리서 11장 10절에서 선포하듯이 하나님은 모든 것을 "계획하시고 지으실"(설계하시고 세우실, 새번역) 건축가다. 당신은 청사진을 원하는가, 아니면 건축가를 원하는가?

불안은 단순히 '청사진을 원하는 것'에서 '건축가를 원하는 것'으로 성장할 기회다. 많은 사람이 이 새로운 삶의 길이 상실을 피하기 위한 청사진이라고 생각하며 그리스도인의 삶을 시작했다. 여기까지는 괜찮다. 예수님은 산상수훈을 들은 무리에게 해 주셨던 것처럼 그냥 그 상태에서 역사를 시작해 주신다. 하지만 우리는 여기 머물러서는 안 된다. 예수님의 제자로서 인생의 지금 시점에서 영적 성장이 무엇을 의미하는지를 잘 모르겠다면 불안이 좋은 진단 도구가 될 수 있다. 당신이 불안에 대한 답으로 무엇을 찾고 있는지를 보면 이미 많은 것이 드러난다.

'것들'을 잃지 않는다는 보장이 있어야만 불안이 해소되겠는가? 그렇다면 하나님에게서 좋은 청사진을 얻을 목적으로만 그분께 다가가고 있는 것이다. 이는 먼저 건축가와 친밀한 관계를 맺는 과정을 건너뛰려는 것이다. 불안 속에서 건축가의 사무실로 다짜고짜 찾아가 처음 본 그에게 당장 두려움을 달래 줄 청사진을 내놓으라고 생떼를 쓰는 것과도 같다. 이는 영적 성장이 아니다. 우리는 건축가이신 하나님을 진정으로 알려고 하는 사람이 되어야 한다. 이것이 진정한 영적 성장이다.

이런 성장을 원하는가? 이것이 마태복음 6장에 함축된 예수님의 질문이다. 예수님은 청중에게 이렇게 말씀하고 계신다. "너희는 이 모든 '것들'에 대한 보장을 원하고 있다. 하지만 나는 너희에게 건축가이신 하나님을 제시한다. 너희를 설계하고 창조하셨으며 너희의 속과 겉을 속속들이 아시는 분을 제시한다."

그렇다고 우리가 건축가에게 '것들'을 요청하지 말아야 한다는 뜻은 아니다. 우리는 하늘 아버지께 필요한 것을 요청해야 한다. 하지만 하늘 아버지는 단순히 필요한 것들을 공급하시는 분 그 이상이시다. 영적 성장과 관련해서 중요한 질문은 우리가 궁극적으로 무엇을 원하느냐는 것이다.

'것들', 곧 청사진에만 시선을 고정하면 하나님을 점점 잃고 만다. 하나님의 인격적인 임재를 점점 경험하지 못하게 된다. 그것은 하나님이 우리를 거부하시거나 버리시기 때문이 아니다. 하나님은 결코 그렇게 하시지 않는다. 우리가 하나님의 임재를 경험하지 못하게 되는 것은 우리 쪽에서 하나님을 인격체가 아닌 비인격적인 메커니즘으로 취급하기 때문이다. 미래에 대한 청사진을 찍어 내는 컴퓨터 프린터처럼 성부 하나님을 대하기 때문이다. 불안 앞에서 우리는 프린터에서 원하는 청사진을 뽑기 위한 비밀 코드를 원한다. 실제로, 기도로 불안을 몰아내라는 식의 교회 가르침은 하나님에게서 원하는 시나리오를 얻어 내기 위해 어떤 순서로 버튼을 눌러야 할지 알려 주는 매뉴얼처럼 들린다.

우리는 청사진 이상의 것을 위해 창조되었다. 우리는 하나님을 위해 창조되었다. 불안은 우리가 진정으로 무엇을 원하는지 진단할 수 있는 기회다. 나아가, 더 좋은 것을 선택하는 법을 배울 수 있는 기회다.

chapter 3

매일같이 '미래'로
납치당하는 마음

열한 살 때 〈엔테베 탈출Raid on Entebbe〉이라는 영화를 본 기억이 난다. 이 영화는 1976년, 테러리스트들이 이스라엘을 출발해 프랑스로 향하던 에어 프랑스 여객기를 납치한 실화를 바탕으로 제작되었다. 납치범들은 비행기를 우간다 엔테베 공항에 착륙시켰다. 거기서 우간다 독재자 이디 아민이 그들을 맞이했다. 이 사건이 벌어지자 이스라엘 특수부대는 용감무쌍한 구출 계획을 세워서 전개했다. 아민의 차와 똑같은 리무진에 아민처럼 차려 입은 병사를 태우고, 그 차를 비행기에 실어 엔테베 공항에 착륙시키는 등의 허를 찌르는 작전이 성공했다. 그 덕분에 특수부대원들은 공항까지 진입하여 납치범들을 당황하게 한 뒤 인질들을 구출할 수 있었다.

영화를 보고 난 뒤에도 한참이나 계속해서 영화 장면들이 생각이 났다. 몇 주 동안 나는 머릿속에서 영화를 재연하면서 그 구출 계획에 참여하는 공상을 펼쳤다. 거실 소파에 누워 야구 방망이를 휘두르다가도 내 마음은 다시 영화 속으로 빠져들어 갔다. 위험을 무릅쓴 영웅들을 엔테베 공항으로 수송하는 비행기, 위장 리무진 밖을 보기 위한 정찰용 망원경, 납치범들을 쏘던 기관총…….

오늘날 수많은 사람이 납치범에 맞서 전쟁을 치르고 있다. 이 납치범들은 피와 살로 된 적이 아니라, 마음의 적이다. 바로 불안과의 전쟁.

앞서 나는 불안이 단순히 문제가 아니라, 기회이기도 하다는 점을 강조했다. 하지만 불안이 심각한 문제를 일으키는 것 또한 사실이다. 이 문제는 즉각적인 반응을 필요로 한다. 불안의 가장 큰 위험은 우리의 마음을 납치한다는 것이다.

우리는 구출 계획이 필요하다. 이 책에서 효과적인 구출 계획을 제시할 것이다. 먼저, 납치범을 당황하게 만드는 작전부터 시작해 보자.

현재에 집중할 것

예수님이 산상수훈에서 알려 주신 불안의 영적 본질을 기억하는가? 예수님은 불안이 어떻게 우리를 현재에서 납치해 미래의 상실에 대한 시나리오로 끌고 가는지를 설명해 주셨다. 여기서 '시점'이 중요하다. '미래'는 불안이 우리에게 힘을 발휘하는 영역이다.

불안이 우리의 마음을 납치해 미래로 끌고 가면 납치범이 선택한 영역에서 싸워야 한다고 생각하기 쉽다. 미래 속에서만 불안과 싸울 수 있다고 생각하게 될 수 있다. 이것이 우리가 하나님에게서 미래에 대한 다른 청사진을 원하는 이유다. 혹은 이것이 우리 스스로 여러 시나리오를 만들고 각 시나리오의 확률을 계산한 뒤 각 시나리오에 대한 대응 방안을 구상하는 이유다.

세상에서 '인지 행동 치료'가 정신 건강 분야의 중심을 차지하고 있는 것은 사람들이 앞에서와 같은 방식을 매우 체계적으로 할 수 있게 해 주기 때문이다. 그리고 나중에 자세히 설명하겠지만, 영적인 영역에서 우리가 불안이라는 기회를 최대한 활용하려면 하나님이 미래에 관한 우리의 비전을 더 온전하게 빚어 주셔야 한다.

하지만 우리 마음이 납치범에게 철저히 사로잡힌 상태에서는 세상 수단을 통해서든 영적 수단을 통해서든 미래에 관한 생각을 바꾸기가 매우 어렵다. 불안의 한복판에 있을 때 앞에서처럼 머릿속 계산을 시작하면 더 심한 불안에 빠지기가 쉽다. 따라서 먼저 적의 허를 찌르는 작전이 필요하다.

구출 계획의 첫 번째 단계는 '현재에 집중하는 것'이다. 미래에서 떠나면 우리를 붙잡고 있는 납치범의 힘이 와해된다. 미래 속에서 불안과 정면으로 맞서려 하지 말고, 미래에서 아예 벗어나야 한다. 현대 심리학 연구와 치료 기법들은 "현재에 온전히 집중하면 불안을 느낄 수 없다"라는 통찰을 뒷받침해 준다. 뛰어난 조종사, 특수부대원, 소방관처럼 매우 위험한 상황에서 일하는 고도로 훈련된 사람들 이야기를 들어 보면 대개 그들은 눈앞의 일에 전적으로 집중한다고 한다. 그들은 미래로 납치되기를 철저히 거부하고 전적으로 현재에 머문다.

현재에 머무는 것의 힘은 2009년 1월 15일에 극적으로 증명되었다. 당시 체슬리 설렌버거 기장과 제프 스카일스 부기장은 항공 역사에 길이 남을 기적적인 비상 착륙을 성공해 냈다.

오후 3시 24분, 그들이 조종하는 비행기는 뉴욕시티의 라구아디아 공항을 출발했다. 그런데 상공 2,900피트와 3,000피트 사이에서 갑자기 날아든 새 떼와 충돌했다. 설렌버거는 라구아디아 공항에 무전을 보냈다. "메이데이! 메이데이! 메이데이! 여기는 캑터스 1549. 조류와의 충돌로 양쪽 엔진이 모두 꺼졌다. 라구아디아 공항으로 회항한다."

공항 측은 공항으로 돌아오라고 했지만 상황이 여의치 않았다. 다른 근처 공항으로 가는 것도 불가능했다. 비행기는 추락하기 시작했다. 그는 관제탑에 무전을 보냈다. "허드슨강에 착륙할지도 모른다." 그리고 17초 뒤 한 번 더 무전을 보냈다. "허드슨강에 착륙하겠다."

결국 비행기는 조지워싱턴브리지 위로 불과 300미터도 되지 않는 지점을 지나 허드슨강에 성공적으로 비상 착륙했다.

나중에 이 '허드슨강의 기적'에 관해 묻는 질문에 설렌버거 기장은 현재에 집중한 덕분에 이 놀라운 불시착을 성공해 낼 수 있었다고 말했다.

그 몇 초간 다른 생각은 전혀 하지 않았습니다. 다른 생각은 하고 싶지도 않았습니다. 가족 생각도 하지 않았습니다. 비행경로를 통제하고 끝까지 모든 문제를 해결하는 것 외에는 아무런 생각도 하지 않았습니다. ……

제가 볼 때 …… 훈련과 경험은 …… 우리 안에서 침착함, 전문가적인 침착함을 이끌어 내는 능력을 길러 줍니다.[1]

설렌버거 같은 전문가들은 현재에 온전히 집중하기 위해 고도의 훈련을 받는다. 마태복음 6장에서 예수님은 청중에게 누구나 사용할 수 있는 훈련 방식을 알려 주신다. 여기서 예수님은 제자들에게 상상 속의 미래를 떠나라고 가르치신다. 무엇을 먹을까, 마실까, 입을까 걱정하게 만드는 시점에서 벗어나라고 가르치신다. 예수님은 오늘날의 중년들에게는 이렇게 말씀하실지 모른다. "향후 10년간의 재정 계획과 은퇴 계획에 관해 미리 걱정하는 것을 그만두라."

예수님은 우리가 현재에 집중하기를 바라신다. "그러므로 내일 일을 위하여 염려하지 말라 내일 일은 내일이 염려할 것이요"(34절).

내일에서, 미래에서 당장 떠나라. 오늘로, 현재로 돌아오라. 예수님이 산상수훈에서 주시는 모든 명령의 요지는 두려운 시나리오 상상하기를 멈추고 지금 이곳에서 하나님께 집중하라는 것이다.

특히 예수님은 자연에 관심을 가짐으로써 현재에 집중하는 법을 배우라고 명령하신다. "지금 주변의 새들과 백합화들을 보라." 누구나 하나님이 창조하신 자연 세계를 마음껏 접할 수 있다. 자연에 집중하면 암울한 미래에서 벗어날 수 있다. 자연은 현재에 대한 것이기 때문이다. 지금 우리가 앉은 돗자리 주변을 윙윙거리는 벌, 지금 우리 앞에서 도토리를 깨물고 있는 다람쥐, 지난주보다 더 크게 자라 있는 내 눈앞의 풀.

자연은 우리를 모든 피조물의 건축가께 집중하게 한다. 피조물에 관심을 가지면 지금 이 순간 세상이 창조주의 사랑의 돌보심으로 가득하다는 사실을 새삼 느끼게 된다. 자연은 하나님이 모든 피조물을 끊임없이 돌보고 계신다는 증거로 가득하다. 도시에서 살더라도 지금 밖으로 나가 거리를 거닐면서 하나님의 지속적인 돌보심과 공급하심을 보여 주는 수만 가지 증거를 관찰할 수 있다. 우리의 폐에 생명을 채우는 산소부터 피부에 따스하게 와닿는 햇빛까지 곳곳에 그 증거가 널려 있다. 우리에게 이런 것이 있음을 기억하면 뭔가를 잃어버릴지 모른다는 생각에서 비롯하는 불안을 물리칠 수 있다.

상상 속 미래가 아니라 현재에 존재하는 하나님의 피조 세계는 하나님이 그분의 자녀를 위해 마련하신 놀이터다. 하나님은 우리를 현재로 데려오고 싶어 하신다.

예수님은 단순히 육체적으로 자연 '속'에 있는 것만이 아니라, 자연을 '향해' 정신을 집중하는 것에 관해 말씀하신다. 나는 불안해질 때면 자연이 도움이 된다는 사실을 떠올리며 산책을 나갔다. 하지만 정작 나는 자연을 '걱정을 위한 배경'으로 이용할 때가 너무도 많다. 몸은 야외에서 걷고 있지만 정신은 여전히 미래로 납치되어 있다. 여전히 암울한 시나리오들을 곱씹고 있다. 단지 그 행위를 야외에서 하고 있다는 차이만 있을 뿐이다.

예수님은 제자들에게 자연을 '향해' 정신을 집중하라고 명령하신다. 예수님은 마태복음 6장 26절에서 이렇게 말씀하신다. "공중의 새를 보라." 이는 속으로는 불안에 신경을 쓰면서 멍한 눈으로 새를 보는 것이 아니라, 유심히 보라는 뜻이다. 유심히 본다는 것은 새들의 삶에서 진정한 가르침을 얻는다는 뜻이다. 새들은 하나님께 돌봄을 받는 작고 약한 피조물이다. 28절에서 예수님은 이렇게 말씀하신다. "들의 백합화가 어떻게 자라는가 생각하여 보라[진정으로 관심을 기울이라, ESV]." 불안한 생각들을 하기 위한 배경으로 자연을 이용하지 말라. 멈춰서 유심히 관찰하고 냄새를 맡고 그것들의 영광을 음미하라. 창조주의 돌보심이 묻어 있는 숨이 멎을 만큼 놀라운 아름다움을 보라.

지금 한번 해 보라. 타이머를 60초로 맞추고, 60초 동안 창문 밖을 보면서 눈에 보이는 장면에 오롯이 집중하라. 변하는 구름의 갖가지 모양이나 하늘의 독특한 색감, 바람에 흩날리는 나뭇잎을 바라보라. 뭐든 당신 앞에 있는 것을 눈여겨보라. 세세한 부분까지 최대한 구석구석 살피라.

그렇게 한 다음에는 그 60초간 얼마나 많은 불안을 경험했는지 생각해 보라. 진심으로 자연에 집중했다면 그 1분간은 불안에서 해방됐어야 한다. 잠시만이라도 자연에 온 관심을 쏟으면 최소한 그러는 동안에는 불안이 느껴지지 않는다. 하나님의 피조 세계에 온전히 집중하면 불안을 느낄 수 없다. 우리 인간은 이런 반응을 하도록 창조되었다. 많은 연구에 따르면, 인간의 몸은 자연 속에서 무의식적으로 더 차분해지도록 설계된 것으로 보인다.[2] 그리스도인들은 이런 무의식적인 설계 외에도 지금 이 순간 자연 속에 계신 하나님을 의식적으로 본다.

일상에서 이런 활동을 할수록 우리를 미래로 납치해 가는 불안에서 더 온전히 해방될 수 있다. 그리고 예수님이 약속해 주신, 우리를 안심시켜 주시며 사랑이 깃든 하나님의 임재에 우리 자신을 더 열게 된다.

현재에 집중하는 데 도움이 되는 또 다른 방법은 예수님 중심으로 하는 마음 챙김 호흡mindful breathing이다. 불안은 미래에 대한 온갖 상상 속 시나리오로 우리를 괴롭힌다. 그런데 그 시나리오 대부분은 현실로 이루어지지 않는다. 그런 시나리오보다는 그리스도 안에서, 그리스도와 함께하는 미래의 삶이 훨씬 확실한 현실이다. 마음 챙김 호흡을 통해 예수님의 '지금과 아직'의 임재를 몸으로 표현할 수 있다.

하나님께 집중하라

자연에 집중하기와 마음 챙김 호흡 같은 훈련은 불안의 수준을 즉각적으로 낮추는 데 매우 효과적인 방법들이다. 하지만 단순히 증상 완화만을 위해 이런 활동을 하면 불안이라는 기회를 온전히 활용하지 못하는 셈이다.

이런 식으로 현재에 집중할 때 나타나는 가장 깊은 유익은 하나님과의 관계가 자라는 것이다. 어떤 관계도 상상 속의 미래에서 자라나지 않는다. 우리는 현재 속에서 배우자나 자녀에게 집중해야 한다. 하지만 그들이 미래에 우리에게 무엇을 해 줘야 하는지만 생각하면 그렇게 할 수 없다. 개인적인 관계는 현재 속에서만 가꿀 수 있다. 지금 내 곁에 있는 사람에게 집중해야 한다.

예를 들어, 내가 내 재정적인 미래에 관해 불안해하고 있다고 해 보자. 이는 불안이 주가 폭락으로 내 은퇴 자금이 날아가는 미래의 시나리오로 나를 납치해 가고 있다는 뜻이다. 내가 파티 형식의 어느 모임에서 당신을 처음 만났다고 해 보자. 우리가 잠시 대화를 나누다가 내가 이렇게 말한다. "아, 성함이 OOO이시군요. 결혼을 해서 두 자녀를 두셨고요. 참, 첨단 기술주가 어떻게 될 것 같나요? 잘 모르세요? 그러면 부동산 투자는 좀 아시나요? 전혀 모르신다고요? 그러면 가상 화폐는 아시나요?"

내가 당신만이 아니라 거기서 만나는 모든 사람에게 이렇게 한다고 해 보자. 이 얼마나 피상적이면서 진실되지 못한 대화인가! 내가 사람들과 관계를 쌓는 데 사실상 전혀 관심이 없다는 말이 금방 나돌 것이다.

그런데 바로 이것이 많은 사람이 불안 속에서 하나님께 다가가는 방식이다. 우리는 현재에서 친구이신 그분을 맞이하는 대신, 그저 미래의 상실을 피하고 싶어서 미래에 머문다. 영적 성장의 핵심은 사랑 많으신 하나님과의 관계다. 그런데 상상 속 미래에서는 친밀한 관계가 자라날 수 없다. 관계는 현재 속에서만 자란다. 현재 속에서 상대방에게 집중할 때만 관계가 자란다. 이는 사람과의 관계뿐 아니라, 하나님과의 관계에서도 마찬가지다.

물론 하나님은 우리의 미래에 관심이 있으시며, 하나님은 우리에게 기꺼이 미래를 주고 싶어 하신다. 예수님을 통해 하나님과의 관계를 가꾸면 우리의 운명을 바라보는 시각이 변화된다(다음 장들에서 살펴보겠지만, 이는 우리가 불안을 경험하는 방식의 변화로 이어진다). 하지만 하나님에게서 '아직'에 대한 좋은 청사진을 빨리 얻으려는 조급함에 현재 속에서만 가능한 관계 가꾸기를 건너뛰는 것은 크나큰 실수다. '지금'을 건너뛰면 하나님의 진정한 의도보다 우리 자신의 두려움이 반영된 부정확한 '아직'을 상상하고 그런 미래를 하나님께 요구하기 쉽다. 우리를 위한 하나님의 미래는 예수님과의 현재의 관계에서 자라난다. 우리는 '지금'에서 시작해야 한다.

불안한 미래에 납치를 당한 상태에서는 단지 '증상 완화'를 위해 현재에 집중하는 훈련을 하게 될 수 있다. 그런 목적으로라도 이런 훈련을 시작하라. 하지만 결국에는 궁극적인 보상, 가장 높은 선을 추구해야 한다. 영적 성장의 증거 중 하나는 점점 예수님을 원하고 증상 완화는 보너스 정도로 여기게 되는 것이다. 산상수훈에서 예수님이 쓰신 표현을 빌리겠다. 먼저 하나님을 가장 강력한 추구의 대상으로 삼으면, "이 모든 것을 너희에게 더하시리라"(마 6:33).

불안을 하나님께로 나아갈 기회로 삼으면 단순한 증상 완화보다 더 깊은 실재로 들어갈 수 있다. 주관적인 감정과 생각의 영역에서 완전히 벗어나게 될 수 있다. 내 목회 인생을 멈추게 한 극심한 불안과 우울증에서 회복될 당시 나는 기독교의 영적 전통에서 말하는 "영혼의 어두운 밤"을 경험했다.[3] "어두운 밤"은 수 세기 동안 수많은 그리스도인이 경험한 것이다. 그것은 바로 하나님이 없는 것처럼 느껴지는 길고 긴 시간이다.

내가 이렇게 하나님의 부재를 느낀 것은 딱히 놀라운 일이 아니다. 나는 그때껏 주로 말과 잘 정립된 개념을 통해 하나님을 경험했다. 거의 평생 내 기도 생활은 주로 말의 형태를 띠었다(그중 나의 가장 '효과적인' 기도 형태는 일기로 쓰는 것이었다). 그리고 나는 신학적인 개념이 떠오를 때 하나님이 반응하신다고 느꼈다. 그런데 "영혼의 어두운 밤"에는 하나님에 관한 말과 개념이 떠오르지 않았다. 기도할 말을 떠올리려 애써도 되지 않고, 심지어 그것이 부질없는 짓처럼 느껴졌다. 잘 정립된 신학적 개념들을 달라고 기도해도 돌아오는 것은 침묵뿐이었다.

불안과 우울함이 항상 "영혼의 어두운 밤"으로 이어지는 것은 아니다. 하지만 다른 그리스도인들과 대화를 나눠 보니 많은 사람이 이런 패턴을 경험한다. 어떤 경우든 불안과 우울은 고통의 일종이며, 깊은 고통을 겪는 사람이 변화되지 않는 경우는 별로 없다. "영혼의 어두운 밤"은 옛것이 지나간 것을 선포하고 새것의 도착을 예고한다.

내 영적 삶이 달라졌다. 답답함과 침묵 속에서 나는 관상 기도라고 알려진 오래된 훈련에 끌렸다. 관상 기도는 장황한 말과 생각을 삼가고 침묵을 받아들이는 것이다. 이는 하나님에 관한 말보다 하나님의 임재를 더 깊이 경험하는 것이다. 이는 내가 때로 침묵 가운데 다른 사람에게 집중하는 것과도 비슷하다. 예를 들어, 나는 밤에 침대에서 아내 옆에 누워 아무 말도 하지 않으면서도 더없이 가까움을 느낀다. 하나님도 침묵 가운데 가장 강하게 느껴질 수 있다.

관상 기도로 깊이 들어가기 위한 활동 중 하나는 호흡에 집중하는 것이다. 관상 기도에서 호흡은 불안 자체와 싸우기 위한 것이 아니다. 그것은 흐트러진 정신을 가라앉혀 하나님의 임재 안에 들어가게 도와주는 방법이다. 나는 불안 증상에서 회복하는 과정에서 이미 마음 챙김 호흡을 실천했기 때문에 그 활동을 기도의 자리로 옮기는 것이 자연스러웠다. 내 불안은 이 새로운 영성 훈련의 연습장이 되었다.

관상 기도는 하나님과 함께하는 내 삶의 주춧돌이 되었다. 이 훈련은 하나님의 임재를 더 깊이 경험하고 탐구하는 통로가 되었다. 이렇게 경험하는 하나님의 임재는 주관적인 감정보다 훨씬 깊다. 관상 기도에서는 느껴지는 게 거의 없을 수 있다. 생각이 혼란스럽고 어지러울 수 있다. 하지만 그런 가운데서도 더 깊은 차원에서 하나님이 계심을 믿어야 한다. 우리의 감정, 생각, 주관적인 경험을 넘어 하나님이 객관적으로 계심을 믿어야 한다. 우리의 감정, 생각, 주관적인 경험의 부재 속에서 하나님의 임재 안에 들어가는 길이 열린다. 우리의 영적 삶이 '나'라는 수시로 변하는 모래에서 벗어나, '하나님'이라는 모든 현실의 객관적인 기초 위에 놓이게 된다.

나는 결국 불안과 우울함 없는 삶을 얻지는 못했다. 하지만 하나님은 내 고통을 구속해 나를 이 자리까지 이끌어 주셨다. 당신이 불안이라는 기회를 따라가다 보면, 나처럼 관상 기도라는 특정 훈련에 이를 수도 있고 그렇지 않을 수도 있다(하나님이 초대해 주시거든 기꺼이 그 기도로 들어가길 바란다). 하지만 그것과 상관없이 당신은 달라질 것이다.

이 책이 불안을 단순히 없애야 할 문제가 아니라 '기회'로 재구성해 주지만, 불안의 고통스러운 측면이 완전히 사라지는 것을 약속해 주지는 않는다. 불안은 엄연히 고통의 한 형태다. 하지만 그 고통은 깊은 변화로 이어질 수 있다. 우리는 '십자가에서 큰 고통을 당하셨지만 그 고통을 통해 완전히 변화되신' 주님을 따라가야 한다. '지금과 아직'의 삶에서 우리의 "낮은 몸"이 이 구속적인 역학을 경험해

야 한다. 불안은 '고난을 겪음으로 변화되신 분'의 임재 안에 들어가
는 문이 될 수 있다.

chapter 4

바깥에서 탓할 대상을 찾았다

볼넷!

나는 연속으로 타자 네 명을 볼넷으로 내보낸 뒤에 불펜으로 소환되었다. 볼넷 네 번. 리틀리그 투수로서 내 첫 출전 결과는 참담했다. 내 뒤의 내야수들은 절망의 신음을 내뱉었다. 나는 곁눈질로 팀 동료들의 부모를 보았다. 하나같이 고개를 절레절레 젓고 있었다. 이번에는 우리 부모님을 보았다. 미국 야구를 완벽히 이해하지 못하는 이민자였던 부모님은 혼란스러운 표정이었다. '내가 계속해서 이렇게 형편없는 모습을 보여 주면 사람들이 어떻게 생각할까?' 이런 생각으로 머릿속이 하얘졌다.

금세 심장이 마구 뛰고, 숨이 가빠졌다. 근육이 잔뜩 긴장되었다. 마운드에서 도망치고 싶었지만 감독은 미동도 하지 않았다. 나는 꼼짝없이 덫에 갇힌 신세였다.

내 다음 투구는 포수의 머리 위로 1.5미터나 높게 날아가 백네트를 세게 쳤다. 그다음 투구는 홈에 훨씬 못 미친 땅바닥을 치며 흙먼지를 일으켰다.

아웃^{out}이 필요했다. 스트라이크아웃이 아니라(그럴 가능성도 없었다) 아웃, 그러니까 출구가 필요했다. 심리적 출구.

볼넷 야구에서 투수가 타자에게 스트라이크가 아닌 볼을 네 번 던지는 일.
불펜 시합 중에 구원투수가 경기에 나가기 전에 준비운동을 하는 곳.
리틀리그 9-12세의 소년이 출전하는 야구 리그.
백네트 야구장에서 공을 막기 위해 본루 뒤쪽에 치는 그물.
스트라이크아웃 타자가 세 번 스트라이크를 당해 아웃이 되는 일. 삼진.

그래서 나는 동작을 크게 해서 몇 번이나 모자를 고쳐 썼다. '이쯤 하면 사람들이 진짜 문제는 내 모자챙의 잘못된 각도라고 생각하겠지? 강렬한 햇빛이 내 시야를 방해하지 않게끔 모자챙이 제대로 가려 주지 못한 게 문제라는 걸 알아챘겠지? 아직 눈치채지 못했을까? 그렇다면……' 이번에는 글러브를 이마 위로 들어 햇빛을 막는 시늉을 했다. '이젠 분명히 알았겠지? 눈을 멀게 할 만큼 강렬한 햇빛이 이 불쌍한 투수의 눈에 직접 닿아서 그런 거라고! 물론 내 공은 엉뚱한 곳으로 날아갔어. 하지만 그건 불안 때문이 아니야. 나는 거대한 태양과 싸우고 있는 거라고!'

하지만 나는 그 타자도 볼넷으로 내보냈다. 그다음 타자도. 그러는 동안 햇빛을 가리려는 내 행동은 점점 더 과장되었다. 나는 마치 지하실에서 잠을 자다가 낮 경기의 투수로 불려온 드라큘라 백작처럼 굴었다.

내가 결국 어떻게 삼진 아웃을 얻어 냈는지 기억조차 나지 않는다. 아마도 심판이 홈 근처에만 날아와도 무조건 스트라이크로 선언하기 시작했을 것이다. 나는 극도의 절제력을 발휘하며 마운드를 걸어 나가 사이드라인에 도착하자마자 참았던 울음을 터뜨렸다.

심리적 출구를 찾아서

불안에 시달리는 사람들은 이런 심리적 출구를 찾는다. 성인들은 좀 더 그럴듯한 방법을 사용하지만 본질은 같다. 우리는 '저 바깥에' 있는 문제로 관심을 돌리려고 한다.

물론 외부 요인이 우리의 불안을 키우는 경우가 많다. 그런 경우에는 외부 요인을 다루어야 한다. 재정적인 불안을 겪고 있다면 신용카드 내역에 관심을 기울이고 지출 습관을 바꾸어야 한다. 프레젠테이션 전에 뭔가 불안하다면 장비와 세팅, 자료, 원고를 꼼꼼히 살펴야 한다.

하지만 결국 불안이 우리 안에 있음을 깨달아야 한다. 외부의 문제를 해결해서 불안을 없애려고만 하지 말아야 한다. 자신의 불안에 대해 외부 요인을 탓하는 거짓되고 위험한 내러티브를 깨달아야 한다.

나는 목회자의 자리에서 완전히 무너졌고, 회복을 위해 여러 심리치료사의 도움을 받았다. 그때마다 나는 매번 내 문제점을 설명해야 했다. 그때마다 나는 잠을 한숨도 자지 못했던 그 2주간의 상황을 이야기했다. 나는 불면증을 불안의 원인으로 지목했다. 하지만 사실, 이런 일이 갑자기 일어나는 법은 없다. 불안은 서서히 쌓이다가 어느 순간 와르르 무너지는 지점에 이른다. 불안이 아직 우리 안에서 쌓이고 있을 때 알아채는 것이 관건이다.

하지만 불안을 알아채기란 쉽지 않다. 나는 무너지기 전까지 내 불안을 알아채지 못했다. 그것은 내가 계속해서 내 바깥 주변에서 일어나는 일만을 문제로 지목했기 때문이다. 예를 들어, 잠을 설치는 것은 불안이 쌓이고 있을 때 겪는 가장 흔한 증상 중 하나다. 완전한 불면증이 나타나기 전, 나는 너무 일찍 깨고 다시 쉬이 잠들지 못했다. 그렇게 불안이 쌓이고 있을 때 나는 이러한 수면 문제가 과중한 업무와 시간 부족 탓이라고만 생각했다. 많은 일을 할 수 있도록 내 몸이 일찍 깸으로써 상황에 적응하고 있다고 생각했다. 보다시피 나는 '저 바깥에' 있는 문제만 바라보고 있었다. 내 안의 불안이 아니라, 과중한 업무가 문제라고 판단했다.

그렇게 깬 뒤 잠이 오지 않을 때마다 나는 교회 안의 다른 목사들과의 갈등에 관해 곱씹었다. 우리는 예산 부족으로 교역자들의 해고 문제를 논의 중이었는데, 한 목사가 이에 관해 다른 입장을 내놓았다. 한번은 교역자 모임에서 그 목사와 격렬한 논쟁을 벌인 뒤 나는 새벽 3시에 잠에서 깼다. 잠에서 깨자마자 곧바로 그 일을 떠올렸고, 그 생각이 머릿속을 맴돌아 다시 잠을 이룰 수 없었다.

결국 잠을 포기하고 일어나 내 입장을 설명하고 그 목사를 비판하는 다섯 페이지 분량의 이메일을 썼다. 두말할 것도 없이 그 목사는 내가 한밤중에 쓴 통렬한 비난의 글을 아침에 읽고 몹시 당황했다. 그는 점잖은 답장을 보내왔다. "왜 한밤중에 이토록 긴 이메일을 써서 보내셨나요?" 돌이켜 보면 그는 내 안의 뭔가가 잘못되었다는 점을 깨닫게 해 주려고 했던 것이다. 하지만 당시 나는 그것을 미처 깨닫지 못했다.

나는 내가 리더로서 교역자 팀을 이끌기 위해 문제점을 정확히 지적하고 다루어야 한다는 점을 설명하는 또 다른 이메일을 썼다. 나는 교역자 팀의 느린 실행력을 문제점으로 지적했다. 나는 내 안의 불안을 깨닫지 못한 채 '저 바깥에' 있는 문제로 관심을 돌리고 있었다. 나는 내 안의 상태를 다른 이들에게 드러내지 않았고, 심지어 나 스스로 깨닫지도 못했다. 그렇게 방치된 불안은 곪아 터질 때까지 내 안에서 계속해서 쌓여 갔다.

왜 나는 내 안의 불안 요인이 아닌 외부로 관심을 돌렸을까? 그 이유는 여덟 살의 내가 내 안에서 일어나고 있는 일을 엄마 앞에서 인정하지 못했던 이유와 동일하다. 그것은 리틀리그 투수였던 내가 계속해서 햇빛을 가리는 몸짓을 보인 이유와 동일하다.

'담임목사는 불안에 사로잡혀서는 안 된다. 담임목사는 하나님을 절대적으로 믿어야만 한다. 담임목사는 첫 목회지에서의 실패를 두려워하지 말아야 한다. 담임목사는 교회 예산 삭감으로 임금을 받지 못해 길거리로 나앉을까 봐 두려워하지 말아야 한다. 하나님을 믿는 충성스러운 담임목사는 이런 두려움 때문에 한밤중에 깨는 일이 없어야 한다.'

한마디로 나는 내 불안에 대해 수치심을 느꼈다.

수치심은 인간이 경험할 수 있는 가장 해로운 감정 중 하나다. 불안만으로도 충분히 괴로운데, 거기에 수치심까지 더해지면 거의 견디기가 힘들어진다. 그래서 불안해지면 우리는 내적 수치심을 외부 요인 탓으로 돌리는 내러티브들에 강하게 끌리게 된다. 햇빛, 과중한 업무, 너무 느린 교역자 팀. 내 안에서 들끓는 불편한 감정만 빼고 다른 모든 것을 탓하게 된다.

수치심에서 비롯한 이런 관심 돌리기가 위험한 것은 우리 문제의 본질과 진정한 해결책을 보지 못하게 만들기 때문이다. 의학 측면에서 보면, 증상이 심해지고 있을 때 내가 불안을 인정하고 (약물 처방을 포함한) 신경정신과 치료를 받았다면 결국 완전히 무너지는 상황은 피할 수 있었을 것이다. 하지만 나는 새벽 3시에 나를 변호하는 글을 쓰는 것 같은 행동 등으로 몇 달을 허비했다.

영적 측면에서 관심 돌리기는 특히 위험하다. 그것은 궁극적인 해결책에서 멀어지게 하기 때문이다. 그리스도인들에게 수치심에 대한 근본적인 해답은 예수님이 우리를 받아 주신다는 사실에서 찾을 수 있다. 예수님은 우리의 불안한 자아까지 포함해 우리의 전부를 받아 주신다. 그분이 우리를 받아 주시는 것에 관한 이야기는 뒤에 가서 더 자세히 하겠지만, 모든 것을 외부 요인 탓으로 돌리는 내러티브를 따르면 예수님의 해법을 놓친다는 점을 알아야 한다. 그런 내러티브는 예수님에게서 멀어지는 길을 가리키는 거짓 표지판과도 같다. 그분이 우리를 받아 주시는 것은 우리 안에서 이루어지는 일이기 때문이다. 그 일은 '저 바깥에서' 이루어지지 않는다.

한편, 음모 이론의 유행 이면에는 이런 관심 돌리기가 있다. 많은 사람이 거짓되고 비이성적인 음모 이론을 받아들이는 데는 많은 심리적 요인이 있지만, 연구에 따르면 이 현상은 불안과 강한 상관

관계가 있다.[1] 경제적 혹은 사회적 지위를 잃을까, 그래서 수치를 당할까 걱정하는 사람들은 '다른' 집단을 탓하는 거짓 내러티브에 특히 잘 넘어가는 듯하다. 이런 사람들은 이런 내러티브를 너무 깊이 받아들여, 아예 그것과 하나로 융합될 수 있다. 친구들과 가족들이 아무리 반대 증거를 제시하며 그들을 설득하려고 해도 별로 소용이 없다. 그것은 '저 바깥에' 있는 요인들만 다룰 뿐, 불안과 수치를 일으키는 이면의 감정적 요인들을 다루지 않기 때문이다.

사회적 차원과 개인적 차원 모두에서 우리는 불안이 '여기 내 안에' 존재한다는 사실을 알고 거기서부터 시작해야 한다. 바로 예수님에게서 이런 반응의 패턴을 볼 수 있다.

내 불안을 간파하시는 분

마가복음에서 한 가지 흥미로운 역학이 나타난다. 예수님께 다가가는 사람들이 '저 바깥에' 있는 외적 문제를 지목할 때마다 예수님은 그들의 관심을 내적 상태로 돌리신다. 물론 예수님은 결국 외적 문제를 다뤄 주신다. 그분은 외적 문제를 무시하시지 않는다. 하지만 먼저 그분은 사람들이 자신의 불안을 출발점으로 보고 거기서 시작하게 하신다.

마가복음 5장 21-42절에 나오는 이런 사례를 읽어 보자.

예수께서 배를 타시고 다시 맞은편으로 건너가시니 큰 무리가
그에게로 모이거늘 이에 바닷가에 계시더니 회당장 중의 하나인
야이로라 하는 이가 와서 예수를 보고 발아래 엎드리어 간곡히
구하여 이르되 내 어린 딸이 죽게 되었사오니 오셔서 그 위에 손을
얹으사 그로 구원을 받아 살게 하소서 하거늘 이에 그와 함께 가실새
큰 무리가 따라가며 에워싸 밀더라 열두 해를 혈루증으로 앓아 온
한 여자가 있어 많은 의사에게 많은 괴로움을 받았고 가진 것도 다
허비하였으되 아무 효험이 없고 도리어 더 중하여졌던 차에 예수의
소문을 듣고 무리 가운데 끼어 뒤로 와서 그의 옷에 손을 대니 이는
내가 그의 옷에만 손을 대어도 구원을 받으리라 생각함일러라
이에 그의 혈루 근원이 곧 마르매 병이 나은 줄을 몸에 깨달으니라
예수께서 그 능력이 자기에게서 나간 줄을 곧 스스로 아시고 무리
가운데서 돌이켜 말씀하시되 누가 내 옷에 손을 대었느냐 하시니
제자들이 여짜오되 무리가 에워싸 미는 것을 보시며 누가 내게 손을
대었느냐 물으시나이까 하되 예수께서 이 일 행한 여자를 보려고
둘러보시니 여자가 자기에게 이루어진 일을 알고 두려워하여
떨며 와서 그 앞에 엎드려 모든 사실을 여쭈니 예수께서 이르시되
딸아 네 믿음이 너를 구원하였으니 평안히 가라 네 병에서 놓여
건강할지어다 아직 예수께서 말씀하실 때에 회당장의 집에서
사람들이 와서 회당장에게 이르되 당신의 딸이 죽었나이다 어찌하여
선생을 더 괴롭게 하나이까 예수께서 그 하는 말을 곁에서 들으시고

회당장에게 이르시되 두려워하지 말고 믿기만 하라 하시고 베드로와

야고보와 야고보의 형제 요한 외에 아무도 따라옴을 허락하지

아니하시고 회당장의 집에 함께 가사 떠드는 것과 사람들이

울며 심히 통곡함을 보시고 들어가서 그들에게 이르시되 너희가

어찌하여 떠들며 우느냐 이 아이가 죽은 것이 아니라 잔다 하시니

그들이 비웃더라 예수께서 그들을 다 내보내신 후에 아이의 부모와

또 자기와 함께한 자들을 데리시고 아이 있는 곳에 들어가사 그

아이의 손을 잡고 이르시되 달리다굼 하시니 번역하면 곧 내가 네게

말하노니 소녀야 일어나라 하심이라 소녀가 곧 일어나서 걸으니

나이가 열두 살이라 사람들이 곧 크게 놀라고 놀라거늘.

·

야이로는 예수님께 처음 다가갔을 때 '저 바깥에' 있는 문제(집에 있는 딸의 건강 상태)를 이야기했다. 이는 자연스럽고 이해할 만한 행동이다. 내가 야이로였다 해도 예수님께 내 문제와 요구 사항을 말씀드렸을 것이다. 그의 문제는 집에서 아파 죽어 가는 딸이 처한 상황이었고, 그의 요구는 그 상황을 고쳐 달라는 것이었다.

예수님은 야이로의 요구를 받아들이고서 그를 따라 그의 집으로 가셨다. 그의 집은 그가 생각하는 문제가 있는 장소였다. 그런데 가는 길에 혈루증을 앓는 여인이 예수님과 야이로의 발걸음을 멈추게 했다. 혈루증은 그 여인에게 수치심을 안겨 준 질병이었다. 그녀는 예수님께 자신의 사연을 풀어놓기 시작했다. 그녀는 무려 12년

간이나 그 병에 시달렸다. 그동안 여러 의사를 찾아갔지만 백약이 무효라 실망감만 나날이 더해 갔다. 그녀는 이런 이야기를 구구절절이 늘어놓았다.

걱정과 수치심에 관한 여인의 이야기가 계속되는 동안 야이로가 해의 위치를 보며(당시에는 시계가 없었으므로) 발을 동동 구르는 모습이 상상이 간다. '집에 있는 내 딸, 집에 있는 내 딸, 집에 있는 내 딸! 이게 진짜 문제인데 시간이 너무 지체되고 있잖아!'

결국 최악의 전갈을 든 사람들이 찾아왔다. 예수님이 너무 늦었다. 야이로의 딸이 결국 죽고 말았다. 당연히 야이로의 관심은 '저 바깥에' 있는 집으로 더 쏠렸다. 그가 찾아온 사람들에게 묻는 모습을 상상해 본다. "정말인가? 언제 죽었는가? 지금 누가 그 애와 있는가?"

야이로가 그 전갈을 믿었다면 그의 뇌는 다른 외적 문제들을 다루기 위한 '고기능성 불안' 모드로 전환했을지도 모른다. '슬퍼하는 아내를 어떻게 위로해야 한단 말인가? 장례식을 어떤 식으로 치러야 할까? 장례식에서는 무슨 말을 해야 하지?'

이때 예수님의 반응을 눈여겨보라. 예수님은 야이로의 머릿속에서 정신없이 맴도는 생각의 질주를 멈추고 그의 관심을 다른 곳으로 돌리셨다. 어디로? 그의 내적 상태로.

"두려워하지 말라."

예수님은 그렇게 말씀하면서 야이로의 관심을 그의 안에서 벌어지는 것으로 돌리셨다. 예수님은 야이로가 자신의 불안을 알아차리기를 원하셨다.

이 반응은 매우 놀랍다. 예수님은 이렇게 말씀하실 수도 있었다. "야이로야, 우리가 말하고 있는 지금 이 순간에도 내가 네 딸을 죽음에서 다시 살리고 있다. 네 집에 다 이르기도 전에 네 딸은 살아날 것이다." 사실, 예수님은 누가복음 7장에서 백부장에게 기적을 베푸실 때는 그런 식으로 하셨다. 하지만 야이로에게는 특정한 외적 결과를 약속하시지도 않았다. 야이로의 외적 문제를 어떻게 다룰지에 관해서는 아무런 언급도 하시지 않았다. 그냥 그의 관심을 불안이라는 그의 내적 상태로 돌리기만 하셨다.

예수님은 야이로의 죽은 딸에게 신경을 쓰고 계셨다. 동시에 너무도 큰 고통 속에 있는, 딸을 잃은 아버지 야이로에게도 신경을 쓰고 계셨다. 예수님은 야이로가 왜 그렇게 불안에 휩싸여 있는지 충분히 이해하고 계셨으며, 결국 부활의 능력으로 딸의 죽음을 다루실 것이었다. 하지만 예수님은 그보다 먼저 야이로의 내면의 불안을 다루고 싶으셨다. 그러기 위해서는 야이로가 자기 안에서 벌어지는 일을 알아야 했다.

이것이 무엇을 의미하는지 생각해 보라. 야이로는 예수님이 자신의 문제를 어떻게 해결하실지 전혀 몰랐다. 그래서 그는 예수님과 함께 집으로 걸어오는 내내 자신의 불안과 씨름했다.

야이로에게 이 여정이 어떠했을지 상상해 보라. 이 여정은 곧 우리의 불안의 여정이기도 하기 때문이다. 우리의 삶에서 온갖 외적 문제가 불안을 일으킨다. 그럴 때 우리는 그런 문제에 대한 해법을 찾는 데 온 신경을 집중하기 마련이다. 또한 우리는 예수님께 그런 문제를 해결해 달라고 요청한다. 사실, 우리는 예수님께 이런 외적 문제를 해결해 달라고 간청하는 데 에너지의 대부분을 쏟아붓는다.

예수님은 우리의 상황을 이해하신다. 그리고 궁극적으로 우리의 문제를 해결해 주실 것이다. 예수님은 우리의 문제를 위한 계획을 갖고 계신다. 물론 그 계획에는 우리가 찾는 종류의 해법이 있을 수도 있고 없을 수도 있다. 대개 예수님은 야이로의 경우처럼 우리에게 해법을 미리 말씀해 주시지 않는다.

하지만 예수님은 계획을 온전히 드러내시기 전에 먼저 우리의 관심을 우리의 내적 불안으로 돌리실 수 있다. 예수님은 우리가 우리 안에서 벌어지는 일을 알기를 원하신다. 왜일까? 영적 성장은 저 바깥이 아니라 우리 안에서 일어나기 때문이다. 우리는 내적 불안의 땅에서 예수님을 닮은 모습으로 자라 간다.

야이로의 집으로 가는 여정으로 다시 돌아가 보자. 나란히 걷는 야이로와 예수님을 상상해 본다. 예수님은 사실상 이렇게 말씀하셨다. "야이로야, 네 두려움에서 시작해 보자꾸나." 내 상상 속에서 예수님은 한쪽 눈썹을 치켜 올리고 고개를 살짝 기울이면서 온화한 미소를 지으신다. 그 모습이 이렇게 말하고 있다. "자, 두려움에 관해 이야기해 볼까?"

예수님의 초대.

야이로는 어떻게 반응할까? 계속해서 끝없는 외적 문제를 나열한 목록에만 신경을 쓸까, 아니면 예수님의 초대를 받아들일까? 자신의 불안을 알아채고 자신의 내면 상태를 예수님과의 대화 주제로 삼을까?

야이로는 예수님과 함께 걸어가는 길에 자신의 불안에 관해 이야기했을까? 마가는 그 답을 우리의 상상에 맡긴다. 혹시 그것은 야이로의 자리에 우리 자신을 놓기를 바랐기 때문이 아닐까?

우리는 예수님과 걷는 동안 우리 자신의 불안을 알아챌 수 있을까? 당신은 어떠한가?

part two

/ 불안 속에서 나를 기다리시는 하나님

The Anxiety
   Opportunity

'내가 하는 불안한 생각들'과
'나'를 구별하다

우리 딸들은 둘 다 청소년기에 다양한 위기를 경험했다. 둘 다 또래 친구 관계와 학교생활에서 힘들 때가 있었고 목적의식을 찾지 못해 방황할 때도 있었다. 다시 말해, 전형적인 사춘기 시절을 보냈다.

물론 지금은 둘 다 반듯한 청년이 되었다. 분명한 목적의식을 갖고 성숙한 성인으로 잘 살아가고 있다. 하지만 고등학교 시절, 그 아이들 앞에는 하나부터 열까지 알 수 없는 미래가 놓여 있었다. 부모인 나는 온갖 시나리오를 떠올리며 불안해했다. 모든 문제가 전례 없는 위기였고, 불길하게만 느껴졌다. 부모로서 (목회자로서 완전히 무너지고 나서 회복된 이후로 대체로 관리 가능한 수준이 된) 내 불안 증상이 다시 발동했다.

내 불안은 온갖 '저 바깥에' 있는 문제들을 지적하는 모습으로 표현되었다. 나는 아이들의 사회적·학업적·실존적 문제들을 모두 해결하려 들었다. 당연한 말이지만, 야이로가 자기 딸의 문제를 해결할 수 없었던 것처럼 이 시대 부모 역시 자녀의 모든 문제를 해결해 줄 수 없다.

나는 곱씹기 시작했다. '곱씹기rumination'는 '여기 내 안에서' 이루어진다. 다시 말해, 우리의 머릿속에서 이루어진다. 곱씹기는 끝없는 걱정에 정신적으로 노예가 된 상태를 일컫는 심리학 용어다. 이는 우리를 두려운 미래로 끌고 가는 생각들의 끝없는 순환에 갇히는 것이다. '아이가 학교에서 더 좋은 친구를 찾지 못하면 어쩌지?

아이가 계속 학교 가기를 싫어하면 어쩌지? 아이가 대학에 가지 않 겠다고 하면 어쩌지? 아이가 끝까지 목적의식을 찾지 못하면 어쩌 지? ……'

이런 상황에서 우리는 어떻게 해야 할까?

'불안한 생각들'과 정신적으로 결합되다

첫 번째 단계는 곱씹기의 덫에 갇혀 있을 때 우리의 머릿속에 서 어떤 일이 벌어지고 있는지 파악하는 것이다.

'납치'에 관한 연구 결과, 인질들에게서 "스톡홀름증후군Stockholm syndrome"이라고 하는 흥미로운 심리적 현상이 발견되었다. 이 용어 는 1973년, 스웨덴에서 일어난 은행 강도 사건에서 비롯했다. 당시 경찰 출동으로 은행 안에 갇힌 강도들은 며칠 동안 은행 직원들과 고객들을 인질로 붙잡고 있었다. 그런데 납치 중에 이상한 일이 벌 어졌다. 인질들이 심리적으로 납치범들과 하나가 된 것이다. 인질 들은 납치범들과 깊은 동질감을 느끼게 되었다. 그래서 구출된 뒤 에도 그들은 납치범들을 공개적으로 옹호하고, 그들을 법적으로 변 호하기 위한 기금을 모았다.

이 패턴은 납치, 박해, 학대 관계에 관한 조사에서 계속해서 발 견되었다. 스톡홀름증후군은 배우자에게 학대당한 사람들에게서 특히 두드러지게 나타난다. 피해자들은 가해자 없는 삶을 상상하지 못한다. 납치나 학대 기간이 길어질수록 피해자의 정체성이 가해자와 더 강하게 결합되는 경향이 있다. 심지어 피해자들은 자신과 가해자 사이에 이런 정신적 결합이 일어난 줄도 모른다.

곱씹기는 스톡홀름증후군의 일종이다. '불안한 생각들'이 바로 납치범이다. 오랜 시간 동안 정신적으로 불안에 납치를 당하면 자신과 '불안한 생각들'을 완전히 동일시하게 될 수 있다. 우리의 정신이 '불안한 생각들'과 완전히 결합될 수 있다. 이것이 음모론자의 가족과 친구들이 사랑하는 사람이 외계의 존재에게 납치당한 것 같다고 말하는 이유다. 우리가 불안의 내러티브를 곱씹을수록 우리 자신과 그 내러티브를 구분하기가 어려워진다. 그런 생각을 버리기가 점점 불가능해진다. 이런 정신적 결합이 심해지면 자신이 납치를 당했는지조차 깨닫지 못하기에 이른다.

곱씹기는 우리의 정신을 사로잡은 불안의 가장 흔하고도 가장 고통스러운 증상이다. 하지만 탈출구가 있다.

이름 붙이기의 힘

성경은 이름 붙이기 행위에 큰 힘을 부여한다. 신구약에 사람, 장소, 동물에게 이름 붙이는 일을 중시하는 내러티브가 가득하다. 이 행위는 매우 중요해서, 아담이 하나님께 처음 받은 임무도 바로 다른 피조물들에 이름을 붙이는 일이었다(창 2:18-20). 하나님의 설계에서, 인간이 된다는 건 곧 이름 붙이기 능력을 발휘한다는 뜻이다.

이름 붙이기가 강력한 것은 이름을 붙이는 자와 이름을 받는 대상 사이에 두 가지 중요한 관계적 요소가 작용하기 때문이다. 그 요소는 바로 '구별differentiation'과 '권세authority'다.

구별부터 살펴보자. 내가 다른 존재에게 이름을 붙이는 것은 이 존재가 '나와 다른 존재'임을 인정하는 것이다. 그 존재는 내가 아니다. 따라서 다른 이름을 부여받아 마땅하다. 이것이 부모들이 갓난아이의 이름을 짓는 이유다. 부모는 이름을 짓는 행위를 통해 이 아기가 이제 별개의 존재로 존재한다는 점을 인정한다.

마찬가지로, 아담이 자기 앞에 서 있는 네 다리를 가진 생물에게 '사자'라는 이름을 붙일 때도 그 짐승이 '아담'이 아니라는 사실을 떠올렸을 것이다. 아담은 자신의 정체성을 이 존재와 혼동하지 말아야 했다. 이런 구분은 성경이 처음 쓰일 당시의 종교적 배경에서 매우 중요했다. 당시에는 모든 존재와 사물이 궁극적인 정체성 안에서 서로 융합된다는 범신론이 만연해 있었고, 지금까지도 유지되고 있다.

이름 붙이기는 권세의 행위이기도 하다. 목회자를 그만두고 난 뒤 시간이 흘러 나는 현재의 컨설팅 회사를 창업했다. 당시 내게 세속 세계로 발을 들여놓는 건 두려운 일이었다. 내가 이 세계에서 성공할 수 있을지 자신이 없었다. 회사 설립을 위한 공식 서류를 제출할 때 회사 이름을 적었던 기억이 난다. 고심 끝에 생각해 낸 회사

이름을 적고 나니 왠지 모르게 힘이 솟았다. 내가 이름을 짓는 것은 곧 내 미래에 대해 권세를 행사하는 행위였다.

특히 성경에서 권세와 이름을 지을 권리는 서로 밀접한 관련이 있었다. 이스라엘 백성은 구획마다 이름을 지음으로써 약속의 땅에 대해 하나님이 주신 권세를 행사했다. 복음서들을 보면 예수님은 제자들을 부르실 때 일부 제자들에게 새로운 별명을 주셨다. 예를 들어, 시몬은 '반석'을 의미하는 베드로가 되었다. 주인으로서 예수님은 제자들의 진정한 본성을 이해하셨고 그 본성에 맞게 이름을 짓는 행위를 통해 그분의 권세를 표현하셨다. 아담과 하와는 에덴동산을 돌아다니는 짐승들에게 이름을 지어 주는 행위를 통해 짐승들에 대한 하나님이 주신 권세를 행사했다.

아담의 후손으로서 우리도 머릿속의 짐승들을 구별하고 그것들에 대해 권세를 발휘할 능력을 받았다. 우리가 하는 생각들에 대해 이름을 짓는 작업은 그것들이 우리와 구별된 것이라는 사실을 알고 표현하는 일이다. 내 마음속을 돌아다니는 불안한 생각들이 완전히 '나'는 아니라는 사실을 깨달아야 한다. '내 안에 있는' 생각과 '내가 되어 버린' 생각은 큰 차이가 있다. 불안은 인간의 상태에 영향을 미칠 수밖에 없지만 우리가 불안과 하나가 되어서는 안 된다.

빌립보서 4장 6절에서 "염려하지 말고"라는 바울의 권면은 우리 자신을 불안과 구별하는 일이 가능함을 함축하는 것이다. 우리가 '염려하는 생각 자체'가 되어 버리지 않는 것이 가능하다. 불안한 생각들이 머릿속에 떠오르겠지만 우리가 곧 그 생각들이 되어서는 안 된다. 그 생각들과 나 자신을 구별해야 한다. 내가 나의 납치범(불안)이 아니라는 사실을 깨달아야 한다.

머릿속 불안에 이름을 붙이라

이름 붙이기는 머릿속에서 이런 구별 작업을 하는 데 도움이 된다. 부모로서 불안에 시달릴 당시 나는 마음 챙김 호흡을 하면서 이런 이름 붙이기를 실천했다. 당시 불안한 생각들이 내 머릿속으로 슬그머니 들어왔고, 나는 그 생각들을 계속해서 곱씹으면서 그 생각들과 결합되었다. 하지만 마음 챙김 호흡과 기도를 하면서 내 진정한 정체성은 그런 생각들이 아니라, 예수님 안에 있다는 사실을 기억했다.

그런 영적 훈련은 내 불안한 생각들을 더 분명히 관찰할 수 있게 해 주었다. 그 생각들과 엮이지 않고 멀찍이 떨어져서 그것들을 유심히 관찰하는 것이 관건이다. 그런 생각들과 적극적으로 엮이면 그것들과 결합될 위험이 커진다. 그런 생각들에 실질적인 이름을 부여하면 그것들과 분리된 상태를 유지하는 데 도움이 된다. 나는 그런 생각의 내용을 있는 그대로 이름으로 붙인 다음, 기도로 예수님께 그 이름을 아뢰면서 이 훈련을 시작했다. "보옵소서, 예수님. '부모로서 내가 뭔가 잘못한 것이 분명해'라는 생각이 다시 나타났습니다."[1]

불안한 생각들에 이름을 붙이자 놀라운 일이 벌어졌다. 내가 그런 생각에 대해 권세가 있다는 것을 깨닫기 시작했다. 내 불안한 생각들 밖에 서서 그것들을 관찰하고 그것들에 이름을 붙일수록 나를 두렵게 만드는 그것들의 힘이 약해지기 시작했다. 그것들이 더는 정글 속의 호랑이들처럼 내 머릿속을 멋대로 돌아다니지 못했다. 그것들이 느려지고 길들여지고 거의 잠잠해졌다. 나는 그것들을 내 인식의 힘 아래 굴복시켰다. 그것들과 엮이지 않고 멀찍이 떨어져서 그것들을 관찰하며 "네가 뭔지 알아"라고 말할수록 그런 생각들이 사라졌다.

이렇게 내 불안한 생각들에서 벗어나는 일은 즉시 이루어지지도 않았고, 매번 이루어지지도 않았다. 그런 생각들이 계속해서 내 머릿속을 떠나지 않을 때는 대개 내가 멀찍이 떨어져서 그것들을 관찰하고 그것들에 이름을 붙이지 않고 그것들과 엮이고 결합되었을 때였다. 그것들과 결합하지 않고 멀찍이 떨어져서 관찰하기 위해서는 많은 연습이 필요하다. 내가 멀찍이 떨어져서 호랑이 같은 생각들을 관찰하고 있는 줄 알았는데, 알고 보니 내가 그 호랑이 등에 올라타서 두려운 미래로 끌려가고 있던 적이 많다. 그럴 때 시급하고 중요한 작업은, 정신적인 납치를 깨닫고 (잠시 스톡홀름증후군에 빠졌던 것을 심하게 자책하지 않고) 재빨리 마음 챙김 호흡을 하면서 관찰을 재개하는 것이었다. 그러면 서서히 그것들과 구별되고 그것들에 대한 권세를 발휘할 수 있었다.

이렇게 분리된 상태를 하루 종일 유지하는 것은 힘들다. 따라서 이런 정신적 근육을 기르는 짧고도 집중적인 시간을 따로 떼어놓는 것이 좋다. 예를 들어, 나는 30분간 산책하면서 내 정신을, 여러 '방송국'의 방송을 내보내는 라디오로 상상하는 시간을 주기적으로 가졌다. 그렇게 하면 내 머릿속에서 일어나는 다양한 생각을 모두 인식하는 데 도움이 되었다. 나는 산책 중에 포착한 생각 하나하나에 방송국 명칭을 붙였다. 예를 들어, 내 컨설팅 업무에 관한 생각들은 KWORK(일 방송국)로 명명했고, 점심 식사 메뉴에 관한 생각들은 KFOOD(음식 방송국)로 명명했다(나는 라면에 올릴 다양한 토핑에 관해 '많이' 생각한다).[2]

나는 KFEAR(두려움 방송국)라고 명명한 방송국에 특별히 신경썼다. 심지어 나는 KFEAR의 디제이까지 상상했다(그 디제이는 어릴 적에 보던 시트콤의 등장인물처럼 과장된 바리톤 목소리를 지녔다). 특히 KFEAR에 대해서는 멀찍이 떨어져서 유심히 관찰하는 것이 중요했다. 곱씹기가 발동하면 재빨리 정신을 차리고서 나 자신에게 이렇게 말했다. '저런, KFEAR가 다시 방송을 시작했군. 이번에는 무슨 방송을 내보내고 있지?'

당시 KFEAR에서 내보내는 방송 내용은 주로 부모로서의 불안에 관한 노래들이었다. 나는 이런 내용을 더 빨리 알아차리기 위해 그것들에도 이름을 붙였다. 그랬더니 KFEAR에서 사실상 똑같은 곡들을 계속해서 내보내고 있다는 사실을 깨닫게 되었다. 그 깨달음은 내게 큰 도움이 되었다. 내가 불안한 생각들의 등에 올라타 두려운 미래로 질주할 때마다 내 정신적 세상은 감당할 수 없이 복잡해지고 급속도로 장면이 휙휙 바뀌었다. 머릿속이 멍했다. 하지만 관찰자 모드로 들어갈 때마다 KFEAR가 얼마나 단순한지를 깨닫게 되었다. KFEAR는 두세 곡을 계속 반복해서 틀었다. 그것을 알고 나면 모든 것이 차분해지고 분명해졌다.

새로운 곡을 듣는 경우는 아주 가끔뿐이었다. 그리고 그럴 때 특히 유용한 것을 깨닫게 될 수 있다. 한번은 산책을 하다가 전에는 알아채지 못했던 생각을 발견하게 되었다. 나는 나중에 그 곡에 "오, 하지만 다른 부모들은 어떻게 생각할까?"라는 이름을 붙였다(옛 브로드웨이 뮤지컬의 신나는 분위기를 가진 곡이다). 그 생각을 발견하고 처음에는 몹시 놀랐다. 나는 내가 그런 것에는 전혀 신경을 쓰지 않는 줄 알았기 때문이다. 하지만 이 생각의 순환은 내 의식이 모르는 곳에 숨겨져 있어 내게 강한 최면의 힘을 발휘하고 있었다.

이 노래에 이름을 붙이자 그 존재와 함께 그것의 숨은 근원이 드러났다. 중국계 미국인으로서 나는 내가 살던 동네에서 그 사운드트랙이 얼마나 파괴적이었는지를 눈앞에서 목격해 왔다. 그래서 나는 그런 종류의 부모가 되지 않기로 결심했다. 그런데 내 안에 그런 곡을 품고 있었다는 사실을 깨닫고 정신이 번쩍 들었다. 그래서 더 강하게 결심했다. 그리고 결코 그런 부모가 되고 싶지 않았기에 예수님께 이 노래를 다루어 달라고 요청했다.

내면의 목소리들을 예수님께 가져가는 연습

예수님은 우리가 그분께 가져간 목소리들로 무엇을 하실까? 예수님은 우리를 위해 구별 작업을 하시고 권세를 발휘하신다. 내가 정말 좋아하는 복음서 이야기에서 이 점을 잘 확인할 수 있다. 그것은 거라사 지방에 사는 귀신 들린 사람이 치유받은 이야기다(막 5:1-13). 물론 귀신 들린 사람에게서는 전형적인 곱씹기를 볼 수 없지만(경우에 따라 곱씹기를 배제할 수는 없다), 흥미로운 유사점을 많이 볼 수 있다. 귀신 들린 것은 가장 극단적인 형태의 납치다. 이는 가장 파괴적인 형태의 스톡홀름증후군이다. 이는 인질의 정체성이 납치범과 거의 전적으로 결합된 형태다. 또한 거라사 지방 사람들의 두려움과 예수님께 부르짖는 귀신 들린 남자의 두려움 모두에서 불안을 볼 수 있다. 예수님이 이 남자에게 어떻게 반응하셨는지를 보면 그분이 우리의 두려움에 어떻게 반응하시는지를 가늠해 볼 수 있다.

예수께서 바다 건너편 거라사인의 지방에 이르러 배에서 나오시매 곧 더러운 귀신 들린 사람이 무덤 사이에서 나와 예수를 만나니라 그 사람은 무덤 사이에 거처하는데 이제는 아무도 그를 쇠사슬로도 맬 수 없게 되었으니 이는 여러 번 고랑과 쇠사슬에 매였어도 쇠사슬을

끊고 고랑을 깨뜨렸음이러라 그리하여 아무도 그를 제어할 힘이

없는지라 밤낮 무덤 사이에서나 산에서나 늘 소리 지르며 돌로

자기의 몸을 해치고 있었더라 그가 멀리서 예수를 보고 달려와

절하며 큰 소리로 부르짖어 이르되 지극히 높으신 하나님의 아들

예수여 나와 당신이 무슨 상관이 있나이까 원하건대 하나님 앞에

맹세하고 나를 괴롭히지 마옵소서 하니 이는 예수께서 이미 그에게

이르시기를 더러운 귀신아 그 사람에게서 나오라 하셨음이라

이에 물으시되 네 이름이 무엇이냐 이르되 내 이름은 군대니

우리가 많음이니이다 하고 자기를 그 지방에서 내보내지 마시기를

간구하더니 마침 거기 돼지의 큰 떼가 산 곁에서 먹고 있는지라

이에 간구하여 이르되 우리를 돼지에게로 보내어 들어가게 하소서

하니 허락하신대 더러운 귀신들이 나와서 돼지에게로 들어가매

거의 이천 마리 되는 떼가 바다를 향하여 비탈로 내리달아 바다에서

몰사하거늘(막 5:1-13).

불쌍한 남자는 귀신과 완전히 결합되어 있었다. 그래서 이웃들,
심지어 그 남자 자신조차 둘을 구분하지 못할 지경이었다. 마가복음
5장 7절에서 목소리가 부르짖는다. "나와 당신이 무슨 상관이 있나
이까?" 여기서 "나"는 누구를 말하는 것인지 분명하지 않다. 그 남자
인가, 아니면 귀신인가? 이에 8절에서 예수님은 영적 권세를 발휘하
여 이 둘을 구별하셨다. "**더러운 귀신**아 **그 사람**에게서 나오라." 예

수님은 "그 사람"과 "더러운 귀신"을 분명히 구별하셨다.

이 얼마나 강력한 구별 작업과 권세인가. 예수님은 이 귀신에게 이름을 붙이실 필요도 없었다. 이 귀신은 이름이 이미 있었다. 단지 예수님은 귀신에게 이름을 밝히라고 명령하심으로써 이름 붙이기 권세를 발휘하셨다(막 5:9).

"내 이름은 군대니." 정말 뜻밖의 대답이다. "군대legion"는 당시 이스라엘 땅을 압제하던 로마군의 기본 편성 단위의 명칭이었다(이 부대는 2천 명으로 이루어져 있었다. 마가가 5장 13절에 기록한 돼지의 숫자가 이것을 설명해 준다).

여기서 여러 층의 사실들이 드러난다. 일단, 이 이름은 인간의 억압 이면에 어두운 영적 세력들이 있으며 이 영적 세력들이 개인의 정체성을 납치할 수 있다는 사실을 확인해 준다. "군대"라는 이름은 이 남자가 잔혹한 로마군의 희생자였기 때문에 이 납치가 발생했다는 뜻일까? 아니면 이 남자가 잔혹한 로마 침입자들에게 무참하게 당한 이스라엘 민병대 중 한 명이라서 그의 정체성이 폭력적인 복수의 내러티브와 결합되었던 것일까? 다시 말해, 그는 오늘날 정치적 분쟁에서 자신의 정체성을 찾는 이들의 옛날 버전이자 극단적인 버전이었을까? 성경에 이러한 배경 이야기는 따로 기록되어 있지 않다. 따라서 우리는 추측만 할 따름이다.

어떤 경우든, 이 이야기가 전해 주는 중요한 사실은 이 납치가 이루어진 과정이 아니라, 예수님이 심리적 · 영적 · 문화적 · 정치적 속박까지 모든 형태의 속박을 다룰 권세가 있으시다는 것이다. 이 남자 스스로는 정신적 속박에서 벗어날 수 없었다. 이 속박은 예수님의 권세를 통해서만 드러났다. 예수님은 인간을 다양한 형태의 스톡홀름증후군에서 해방시키는 권세를 더 극적으로 보여 주시기 위해 이 억압적인 군대를 2천 마리 돼지 떼 속으로 쫓아내고, 그 돼지들이 비탈을 내리달아 바다에 빠져 죽게 하셨다.

이 남자가 예수님과 나란히 서 있는 장면을 상상해 보라. 두 사람은 나란히 서서, 분리의 광경을 바라보고 있다. 이 남자를 너무도 오랫동안 속박한 나머지 이 남자와 구별이 거의 불가능했던 억압적인 목소리들이 이제 두 눈으로 확인할 수 있게 그에게서 떨어져 나가고 있다.

예수님이 비명을 지르는 돼지들을 가리키며 남자에게 이렇게 말씀하시는 상상을 해 본다. "저기 군대가 가고 있다. 그리고 너는 나와 함께 여기 있다. 군대는 내 통제 아래에 있다. 이제 너는 자유다." 예수님은 이렇게 덧붙이신다. "너는 이제 이 군대의 억압을 받을 필요가 없다."

바로 이 예수님이 오늘날 곱씹기에 속박된 우리와 함께 서 계신다. 우리는 내면에 가득한 불안의 목소리들을 그분께 가져갈 수 있다. 그분과 함께 걱정들로부터 우리 자신을 분리할 수 있다. '저기 내 속에 맴돌던 생각들이 가고 있다. 그리고 나는 예수님과 함께 여기 있다.' 예수님이 우리에게 권세를 나눠 주시며 안심시키실 것이다. "너를 납치한 납치범은 내 통제 아래에 있다. 이제 너는 자유롭게 살아도 된다."

우리가 해방되는 과정에는 2천 마리의 돼지 떼가 비탈을 내리달아 바다에서 몰살하는 것 같은 극적인 장면이 들어 있지 않을 수 있다. 순식간에 이루어지지 않을 수 있다(물론 그럴 수도 있지만). 예수님이 우리를 어떤 방식으로 자유롭게 풀어 주실지는 각 사람의 독특한 역사와 기질, 그분과의 관계에 따라 달라질 것이다. 하지만 해방이 어떤 식으로 이루어지든 그 과정은 우리의 불안한 자아에 이름을 붙이고 그 부분을 예수님께 가져가는 결단에서 시작될 것이다.

거라사 지방의 귀신 들린 사람과 오늘날 불안해하는 우리 사이의 유사점은 여기까지다. 대개 긴 시간에 걸쳐 특정한 불안한 생각들을 쫓아낼 수는 있지만 그 생각들 이면에 흐르는 불안의 본성은 영원히 몰아낼 수 없다. 불안은 인간 삶의 일부다. KFEAR를 완전히 몰아내는 것은 곧 인간성의 일부를 거부하는 것이다. KFEAR는 우리 안에 엄연히 존재한다. 우리는 이 현실을 인식하고 인정해야만 한다.

하지만 인식이 곧 결합은 아니다. 예수님과 함께 서 있으면 불안의 목소리들과 결합하지 않고서 그 목소리들을 인식할 수 있다. 그 생각들 등에 올라타 두려운 미래로 끌려가지 않고서 그 생각들을 관찰할 수 있다. 예수님께 이 과정에서 나를 도와 달라고 요청했더니, 그 목소리들의 소리를 듣고 그것들에 이름을 붙이면서 그것들을 구별하는 일이 더 쉬워졌다.

불안에 대해 하나님이 주신 권세를 사용하는 능력도 발전하고 있다. 나처럼 곱씹기에 잘 빠지는 사람들에게는 언제 불안의 목소리에 귀를 기울여야 할지, 언제 채널을 바꿔야 할지를 아는 것이 중요하다. 불안의 목소리에 귀를 기울이는 것이 유용할 때는, 따로 시간을 떼어 놓고 마음 챙김 호흡 같은 훈련을 통해 그 목소리에서 저만치 떨어져 예수님과 함께 서 있을 때다. 일을 하거나 친구와 대화하거나 자녀를 양육할 때 불안의 목소리에 귀를 기울이는 것은 매우 해롭다. 다른 일을 해야 할 상황에서 불안의 목소리에 귀를 기울이면 집중하기 어려워 납치범의 은밀한 움직임을 알아채지 못하기 쉽다. 자신도 모르게 불안과 결합될 가능성이 매우 높다.

내가 다른 일을 해야 할 상황에서 불안의 목소리에 귀를 기울일 때 나는 내 정신의 라디오를 '주파수 표시판과 다이얼이 있는 커다란 옛날식 기계'로 상상했다. 도움이 되지 않는 상황에서 걱정을 곱씹을 때 나는 라디오 채널 표시가 KFEAR에 고정되어 있는 것을 상상했다.

그러고 나서 나는 하나님이 주신 권세를 발휘했다. "KFEAR, 미안하지만 지금은 때가 아니야!" 때로 나 혼자 있을 때는 큰 소리로 그렇게 말했다(부디 웃지 말아 달라). "정해진 시간에 다시 너를 상대해 주겠다." 머릿속에서 나는 다이얼을 돌려 KWORK처럼 눈앞의 활동에 더 어울리는 채널로 바꾸었다. 때로는 KPRAY(기도 방송국) 같은 채널로 바꿨다. 이는 묵상이나 찬양처럼 하나님과 분명히 관련된 사운드트랙이다. 때로는 그냥 즐겁게 머리를 식힐 수 있는 채널로 바꾸는 것이 가장 효과적이다. 나 같은 경우에는 야구 경기가 그런 채널이다(실제 중계 방송). 어떤 식으로든 나는 내 불안을 의식적으로 인정하고 머릿속에서 그 불안에 '방송국'을 할당하되, 하나님이 주신 권세를 발휘해 구별 작업을 했다.

이런 '채널 바꾸기'는 통할 때도 있었지만 항상 통한 것은 아니다. 때로는 KFEAR에서 트는 음악이 여전히 크게 반복되기도 했다. 그럴 때마다 나는 볼륨을 최대한 올리는 상상을 했다. 그런 다음, 소리가 관리 가능할 정도의 윙윙거림으로 변할 때까지 볼륨을 서서히 낮추는 상상을 했다. 이는 불안을 어느 정도 느끼되 불안에 완전히 끌려가지 않기 위한 나만의 방법이었다.

몸으로 나타나는 불안

불안한 생각들이 우리를 사로잡고 있는지 판단하기 위한 또 다른 방법은 우리 몸의 소리에 귀를 기울이는 것이다. 불안은 몸으로도 표출된다. 불안은 의식이 눈치채지 못하는 곳에 숨어 있을 수 있지만, 몸으로 드러나는 명백한 신호들을 눈여겨보면 불안을 더 빨리 알아챌 수 있다. 불안을 나타내는 흔한 신체 증상에는 다음과 같은 것들이 있다.

* 위통.

* 두통.

* 쿵쾅거리는 심장.

* 빠른 호흡.

* 가슴 답답함.

* 불면증.

* 근육 긴장이나 통증.

* 떨림.

불안할 때 이런 증상 중 일부 혹은 전부가 나타날 수 있다. 이런 신체적 반응은 우리 몸의 자연스러운 투쟁-도피fight-or-flight 시스템에서 비롯한다. 하나님은 인간이 실질적인 현재의 위협에 반응할 수 있도록 이 시스템을 설계하셨다. 인간이 존재한 이래 이 시스템은 우리를 위해 이 목적을 수행했다. 이런 본능은 우리 몸에 내장되어 있다. 우리 조상들은 지평선 위에서 갑자기 나타나는 늑대나 동굴 입구에서 예고치 않게 난 불처럼 눈앞에 있는 구체적인 위험을 다루기 위해 이런 몸의 시스템을 활용해 왔다.

이 모든 증상은 실질적인 현재의 위험에서 우리를 돕기 위한 몸의 작용이다. 래치키 키드였던 여덟 살의 내 이야기로 돌아가 보자. 나는 왜 가슴 답답함을 느꼈을까? 그것은 내 대근육들에 최대한 많은 혈류를 보내기 위해 내 소화 기관들이 급격히 활동을 줄였기 때문이다. 나는 위협을 상상했다. 이에 내 몸은 숨은 위협에 맞서 싸우기 위해 근육들에 최대한 많은 산소를 보내는 방향으로 반응했다. 내 혈류를 유지하기 위해 심장이 쿵쾅거렸다.

리틀리그 마운드에서 나는 왜 허공에 공을 던졌을까? 그것은 미래를 상상하고 수치심을 예상했기 때문이다. 나는 그 느낌에서 도망치고 싶었다. 그래서 내가 위협에서 도망칠 수 있도록 내 몸이 근육들을 긴장시켰다. 그렇게 긴장된 근육들은 투구에 필요한 부드러운 동작을 불가능하게 만들었다. 아이러니하게도, 도망치고 싶은 두려운 미래를 상상했더니 내 몸은 그 미래를 앞당기는 방향으로 반응했다.

불안이 역효과를 낳는 것은 실질적인 현재의 위험이 아니라 미래에 관한 상상 속 위협에 따라 투쟁-도피 시스템을 발동시키기 때문이다. 근육들이 완전히 발동되고 긴장된 상태를 유지한다. 이것이 우리가 통증을 느끼는 이유다. 위와 장의 기능이 떨어진다. 이것이 우리가 소화 불량을 겪는 이유다. 뇌가 과도한 각성 상태를 유지한다. 이것이 우리가 잠을 이루지 못하는 이유다. 미래에 관해 걱정을 하면 이런 신체 반응들이 과도하게 나타난다. 투쟁-도피 모드가 건강한 수준을 넘어서 지속된다.

다시 말해, 불안이 우리의 정신을 미래로 납치해 가면 우리의 몸도 따라서 미래로 납치를 당한다. 하나님은 '지금'을 위해 투쟁-도피 시스템을 설계하셨건만, 불안은 '아직'을 위해 이 시스템을 제멋

대로 발동시킨다.

이런 신체적 증상에 관심을 기울일수록 우리 안에서 일어나는 불안을 더 빨리 감지할 수 있다. 그러면 현재에 집중하기 위한 조치를 취할 수 있다. 특히, 자연 속으로 나가고 마음 챙김 호흡을 하는 것처럼 몸을 동원한 단계를 밟으면 좋다.

관계 안에 나타나는 불안의 양상

만일 2주 연속 잠 못 이루는 등의 신체적 증상을 겪었다면, 집중적으로 관심을 쏟아 내면의 불안을 감지해야 한다. 그런데 때로 불안은 쉽게 알아볼 수 있는 신체적 증상으로 나타나지 않고 미묘한 방식으로 나타나기도 한다. 예를 들어, 우리는 불안이 관계 안에 나타나는 모습에도 관심을 기울여야 한다.

우리의 정신과 몸을 통제하는 투쟁-도피 반응은 우리의 관계도 통제할 수 있다. 다음은 다른 사람을 대하는 행동에서 우리의 불안이 나타나는 일반적인 방식이다.

투쟁 위협을 향해	도피 위협을 피해
집요하고 공격적인	뒤로 미루고 수동적인
남에게 비판적이고 짜증을 내는	자기 비판적이고 자신을 탓하는
쉽게 흥분하고 활동적인	무기력한
화난	슬픈
크게 떠드는	조용한
즉각적인 행동을 요구하는	변화를 거부하는
자신을 내세우는	숨는
뉴스, 도표, 전문가들의 의견을 강박적으로 소비하는	애완동물 동영상을 보는

　모든 사람은 얼마든지 이 양쪽 모두의 모습을 보일 수 있다. 우리는 관계 안에서 투쟁과 도피 사이를 오락가락할 수 있다. 하지만 대부분의 사람은 전반적으로 한쪽으로 기우는 경향이 있다. 이 표를 보고 당신의 성향을 파악해 보라.

　중요한 것은 이런 행동을 그 아래 흐르는 불안과 연결시키는 것이다. 이런 행동을 '여기 내 안에서' 벌어지는 투쟁-도피 반응과 연결시키는 것이다. 그런데 이는 쉽지 않다. 앞서 지적했듯이 우리는 이런 행동을 '저 바깥에서' 벌어지는 일로 설명하기를 좋아하기 때문이다. 이렇게 '저 바깥'으로 탓을 돌리면 관계를 망가뜨릴 수 있다. '저 바깥에' 있는 표적은 대개 우리가 사랑하는 이들이기 때문이다.

예를 들어 보자. 나는 불안해지면 투쟁 모드로 심하게 기운다. 반면, 내 아내 조디는 도피 모드로 기우는 경향이 있다. 코로나19 팬데믹이 한창 기승을 부릴 당시 나는 심장 질환 진단을 받았다. 코로나19 바이러스에 감염되면 합병증 위험이 매우 높은 질환이었다. 이 사실을 알고 나니 당연히 불안해졌다.

'투쟁하는' 사람답게 나는 위험을 향해 돌진했다. 나는 내 질환에 관해 미친 듯이 검색하기 시작했다. 내 심장을 검사하기 위한 장비도 구입했다. 이 모든 조치는 더 많은 질문으로 이어졌다. 그러던 차에 우리 교회에 다니는 의사 한 분이 내 질문에 답해 주기로 했다. 나는 그와 전화 통화를 할 때 아내에게 함께 있어 달라고 부탁했다.

그 상황에서 나는 내 불안을 알아채지 못했다. 아니, 남들이 내 불안을 알아채지 못하게 했다고 말하는 편이 더 정확하겠다. 나는 아내에게 내 감정을 이야기하지 않았다. 내가 아내에게 감정을 솔직히 털어놓았다면 이런 식으로 말했을 것이다. "여보, 불안하네요. 의사 분과 전화 통화를 할 때 당신이 곁에 있어 주면 좀 안심이 될 것 같아요."

그 대신 나는 아내에게 이렇게 말했다. "그분에게 들은 정보를 당신 앞에서 다시 읊고 싶지 않아요. 그러니 묻고 싶은 게 있으면 당신이 그분에게 직접 물어요." 보다시피 여기서도 나는 초점을 '저 바깥'으로 돌렸다. 마치 내 안의 불안 때문이 아니라, 아내가 필요하다고 해서 내가 이 요청을 하는 것처럼 말했다.

한편 아내는 (내 질병 같은) 자신이 다루기 힘든 문제를 피해 자신이 통제할 수 있는 일에 집중하는 경향이 있다. 그 의사와 전화 통화를 하기로 약속한 날 저녁, 아내는 마트를 세 군데나 돌면서 장을 봤다. 아내에게 장보기는 팬데믹이나 내 질병과 달리 어렵지 않은 일, 자신이 쉽게 감당할 수 있는 일이었다. 마지막으로 들른 마트에서 장을 보던 아내는 그 의사와의 약속 시간 직전에 내게 전화를 걸어, 자기는 마트에서 그룹 통화를 하겠다고 말했다.

나는 화가 났지만 대놓고 화를 내지 않고 삐진 티를 냈다. "그럼 그렇게 해요." 나는 상처를 받으면 말이 간결해진다. "장보기가 '그렇게' 중요하다면 그렇게 해요. 마트에서 세제 세일 방송을 할 때는 휴대폰에서 주변 소음을 차단하는 건 잊지 말고요."

내가 보인 적대감에 아내는 혼란스러워했다. 아내는 그저 내가 입 아프게 다시 설명할 필요가 없게 자신이 의사에게 직접 질병에 관한 모든 정보를 얻는 것이 '내가 원하는 것'이라고 생각했다. 아내는 내가 통화하는 소리를 어떤 식으로든 자기가 같이 듣기만 하면 된다고 생각했고, 마트에 온 김에 필요한 화장지를 꼭 사고 싶었다. 그런 상황에서 내가 보인 수동 공격적인 적대감에 아내는 화가 났다.

우리는 둘 다 이면의 불안을 감지하지 못했다. 나는 투쟁 모드로 돌입했고, 아내는 도피 모드로 돌입했다. 그 과정에서 우리는 서로를 놓쳤다. 나는 아내의 도피 행위를 관심 부족으로 오해했다. 아내는 내 투쟁 행위를 곁에 있어 달라는 외침이 아니라, 원치 않는 적대감으로 이해했다. 우리는 불안을 인식하지 못한 탓에 서로에게 상처를 주었다.

인식은 너무도 중요하다. 인식되지 않은 불안은 우리의 정신과 몸, 심지어 가장 중요한 관계들까지 납치한다.

관계 성장의 기회

불안은 피해를 줄 수 있는 한편, 깊은 성장을 이루기 위한 하나님의 도구로 사용될 수도 있다. 우리의 관계 안에도 이런 성장의 기회가 있다. 특히, 인식의 기술을 기르면 많은 성장이 가능하다.

아내와 나는 많은 부부 갈등이 투쟁-도피 반응의 차이에서 비롯한다는 사실을 깨달았다. 특히 어려운 건 서로 다른 두 반응이 도덕적으로 중립적이라는 점을 깨닫는 것이었다. 두 반응 모두 죄가 아니다. 한 반응이 다른 반응보다 본질적으로 나은 것도 아니다. 두 반응 모두가 필요하다. 때로는 늑대에게서 도망치는 편이 낫고, 때로는 화마와 싸우는 편이 낫다. 하지만 관계들을 납치하는 불안은 교묘하게 도덕적인 옷을 차려입고서 나타난다. 다양한 반응 패턴 이면에 흐르는 공통된 불안을 알아채지 못하면 겉으로 드러난 차이들에 도덕적 의미를 부여하게 된다. 상대방을 판단하고 비난하게 된다. 투쟁 모드인 사람은 도피 모드인 사람을 "게으르고 태만하다"고 욕한다. 도피 모드인 사람은 투쟁 모드 사람을 "무례하고 집요하다"고 욕한다.[3]

불안을 통해 관계적인 성장을 이루려면 상대방이 상황을 깨닫게 도와준 다음, 이면의 불안 속에서 공통 기반을 찾아야 한다. 아내와 나는 이 과정을 위해 간단한 신호들을 개발했다. 서로의 반응 패턴을 도덕적으로 판단하고 비난하면서 갈등이 벌어지는 와중에, 아내는 순간 지금이 어떤 상황인지 깨닫곤 한다(아내는 이 방면에서 나보다 낫다). 그러면 아내는 곧장 윙크를 하고 익살스러운 미소를 지은 뒤 팔을 앞뒤로 흔들며 달리는 시늉을 한다. 이는 "맞아요. 인정할게요. 나는 불안해요. 그래서 도망치고 있어요!"라는 뜻이다. 이는 내 화를 풀게 만드는 아내만의 방식이다. 그러면 갈등이 가라앉는다. 우리는 공통의 불안 속에서 공통 기반을 찾는다. 그러면 나도 내가 투쟁 모드에 돌입했다는 사실을 깨닫고 인정할 수 있다. 서로에게 공감하고 심지어 서로를 보며 깔깔거릴 수 있다.

불안을 인식하는 능력을 함께 기르는 사람들 사이에서는 놀라운 일이 벌어진다. 그것은 감정이 전염성이 강하기 때문이다. 감정은 한 사람에게서 다른 사람에게로 옮아갈 수 있다. 심리학자들은 이 현상을 "사회적 전염"이라고 부른다.

분명 '좋은' 전염이 있다. 반사회적인 기분을 느끼다가 축제 현장 속으로 들어가는 순간 그 기분이 사라지는 경험을 해 보았는가? 갑자기 신이 나서 발걸음마저 가벼워진다.

'중립적인' 전염도 있다. 누군가가 우리 앞에서 하품을 하거나 크게 웃거나 미소를 지으면 자신도 모르게 같은 행동을 하게 된다. 이는 서로 연결된 사람들 사이에서 일어나는 행동과 태도의 비자발적인 '전염'이다.[4]

하지만 '나쁜' 전염도 있다. 주식 중개인들은 이 현상을 너무도 잘 안다. 월스트리트의 '공포 지수Fear Index'는 집단의 두려움이 주가 하락으로 이어질 수 있다는 사실을 바탕으로 한다. 사실, 주주들의 집단적 불안은 전체 주식 시장의 폭락으로 이어질 수도 있다.

코로나19 팬데믹 기간에 부정적인 형태의 사회적 전염을 뼈저리게 경험한 사람들이 적지 않을 것이다. 걱정이 많은 사람과 잠깐 대화하다가 감정적인 침체에 빠져드는 경우가 있다. SNS가 널리 보급되다 보니 상대방과 한 공간에 있지 않아도 쉬이 부정적인 감정에 전염될 수 있다.

우리의 감정은 다른 사람들에게 미묘하면서도 강한 영향을 미친다. 이것이 우리의 불안에 관해 진지하게 생각해야 하는 중요한 이유다. 우리가 알든 모르든 우리의 불안은 우리의 회사 동료와 친구, 가족들에게 영향을 미치고 있다.

현재 나는 각 기관과 조직들의 건강을 돕는 일을 하고 있다. 내 고객들은 주로 비영리단체와 정부 기관으로, 이런 조직의 CEO들과 차세대 리더들을 훈련시키고 있다. 불안 때문에 교회 리더 자리를 그만둔 나는 누구보다 이 조직 리더들이 품고 있는 불안을 특히 잘 간파한다. 나는 그들이 어떤 식으로 불안의 슈퍼전파자가 될 수 있는지를 잘 알고 있다.

내가 꾸준하게 효과를 보고 있는 방법은 불안이 경영에 어떤 영향을 미치고 있는지 그들이 직접 보도록 돕는 것이다. 이 CEO들은 나처럼 고기능성 불안을 품고 있는 경우가 많다. 또한 나처럼 그들은 주로 투쟁 모드로 돌입하는 편이다. 그들도 새벽 3시에 부하 직원들에게 장문의 이메일을 쏘는 스타일이다. 그들의 부하 직원들은 대개 저항하지 않는다. 부하 직원들은 자기 리더의 행동이 불안에서 비롯한 것임을 깨닫지 못한다. 그 대신 그들은 혼란과 열등감, 죄책감, 비난받는 기분에 시달린다. 그렇게 불안은 전염병처럼 조직 전체로 퍼진다.

불안을 길들이지 않고 놔두면 걷잡을 수 없이 전염된다. 개인도 그렇지만 조직은 더더욱 그렇다. 안타깝게도, 조직의 리더들은 대개 자신의 불안을 인식하고 그 불안에 이름을 붙이는 훈련을 받지 못했다. 리더들에게 그런 습관을 권장하는 조직도 찾아보기 힘들다. 매년 나는 미래의 CEO가 될 가능성이 높은 차세대 리더들을 훈련시킨다. 그들 대부분은 수익이나 성과의 주요 문제점을 다루는 훈련을 받았다. 매년 나는 그들에게 자신의 불안을 감지하는 훈련을 받은 사람이 있는지 묻는다. 지금까지 손을 든 사람은 단 한 명도 없다.

내가 진행하는 프로그램에서는 '성장을 위한 문'으로서 자신의 불안을 인식하도록 돕는 데 꼬박 하루를 할애한다. 이 문으로 들어가면 리더의 잠재력이 꽃피우기 시작한다. 리더들이 "금년 자금 조달 목표를 달성하지 못해 이사회에서 창피를 당할까 봐 불안합니다"와 같은 말로 부하 직원들 앞에서 자신의 불안을 솔직히 인정하기 시작할 때 놀라운 성장이 나타나는 것을 확인할 수 있었다. 이처럼 간단한 인정이 조직 문화의 수준 높은 성장을 발동시킨다. 갈등이 줄어든다. 연민이 자라난다. 사람들이 서로를 돕는다. 모든 사람이 자신의 실수를 기꺼이 인정하는 법을 배운다. 그리고 불안을 인정하는 단순한 행위에서 나오는 이런 조직의 가치가 다른 영역에서도 나타나기 시작한다.

불안이라는 기회는 이토록 아름답다.

chapter 6

'이상적 자아'와
'불안한 자아'의 화해

"내가 모순된 사람인가? 그래, 좋다, 나는 몹시도 모순된 사람이다. 나는 크기에. 내 안에 수많은 것들을 담고 있기에."[1] 월트 휘트먼의 1855년 시 〈나 자신의 노래Song of Myself〉에 나오는 유명한 구절이다.

여기서 이 "수많은 것들"은 무엇인가?

예전에 심리학자들은 우리 모두가 하나의 정신을 갖고 있다고 믿었다. 깊이 파고들다 보면 하나의 참된 자아가 나타난다고 믿었다. 하지만 현대 심리학자들은 인간이 훨씬 복잡한 존재라고 말한다. 인간의 정신을, 여러 부분의 조합으로 이해하는 것이 더 옳아 보인다. 어떤 면에서 인간은 각기 다른 것을 느끼고 원하고 피하는 여러 '자아들'로 이루어져 있다. 이런 심리적 통찰은 픽사 영화 〈인사이드 아웃Inside Out〉의 바탕을 이룬다. 이 영화는 이 각기 다른 자아들을 주인공의 머릿속에서 서로 상호작용하고 때로는 싸우는 실제 등장인물들로 극화했다.

이 내적 대화는 끊임없이 이루어지고 있다. 지금, 이 책의 저자로서 내 자아의 일부는 이번 장의 도입부가 멋지다고 생각하고 있다. 하지만 다른 자아는 형편없는 도입부라며 나를 비판하고 있다. 또 다른 자아는 이제 그만 쓰라고 다그친다. 또 다른 자아는 그저 라면이나 한 그릇 먹고 싶어 할 뿐이다. 휘트먼의 시구처럼 내 안의 여러 자아는 이렇게 서로 "모순된" 모습을 보일 수 있다.

당신도 뭔가 결정을 내려야 할 때 가만히 멈춰서 생각해 보면 자기 안의 수많은 것들을 느낄 수 있을 것이다. 여러 목소리를 들을 수 있을 것이다. 당신도 당신이 훌륭하지 못하다고 말하는 '비판적 자아'의 목소리(어떤 이들에게는 도무지 칭찬할 줄 모르는 부모처럼 말하는 목소리일 수도 있다), 당신을 응원하는 '치어리더 자아'의 목소리("넌 할 수 있어!"), 냉철하게 장단점을 따지는 '계산기 자아'의 목소리 등을 들을지 모른다.

이런 '다중 자아'를 발견한 것은 현대 심리학자들이 처음이 아니다. 성경이 이미 이 현실을 기술하고 있다. 마태복음 22장 37절에서 예수님은 신명기 6장 5절에 기록된 가장 큰 계명의 일부를 인용하신다. "네 마음을 다하고 목숨을 다하고 뜻을 다하여 주 너의 하나님을 사랑하라." 이 명령은 최소한 세 가지 다른 '자아'의 구조를 가정하고 있다. "마음heart" 자아, "목숨soul" 자아, "뜻mind" 자아. 심지어 "다하고", "다하여"(NIV 성경에서는 "all")라는 표현을 보면 각 자아를 더 나눌 수 있는 것으로 보인다.

나아가, 때로 성경은 이 내적 측면들이 서로 상호작용하는 것으로 묘사하고 있다. 예를 들어, 시편 103편 1-2절을 보라. "내 영혼아 여호와를 송축하라 내 속에 있는 것들아 다 그의 거룩한 이름을 송축하라 내 영혼아 여호와를 송축하며 그의 모든 은택을 잊지 말지어다." 여기서 시편 기자는 자신의 "영혼"에게 내면의 다른 것들("내 속에 있는 것들아 다")과 함께 하나님을 찬양하라고 지시하고 있다. 이번에도 이 구절은 서로 다른 자아들 사이의 불일치 가능성을 함축하고 있다.

'마음, 목숨, 뜻'의 구조가 성경에서 내면의 많은 것들을 묘사하는 일반적인 방식이지만, 그것이 성경의 유일한 방식은 아니다. 다른 구분을 보여 주는 구절들도 있다. 예를 들어, 로마서 7장에서 바울은 자기 내면의 두 부분을 서로 싸우는 다른 "법들"로 묘사한다. 그는 이 내적 분쟁의 고통을 통렬하게 표현하고 있다. "내 속사람으로는 하나님의 법을 즐거워하되 내 지체 속에서 한 다른 법이 내 마음의 법과 싸워 내 지체 속에 있는 죄의 법으로 나를 사로잡는 것을 보는도다 오호라 나는 곤고한 사람이로다 이 사망의 몸에서 누가 나를 건져 내랴"(22-24절). 바울에 따르면, 월트 휘트먼이 말한 "수많은 것들" 사이의 모순은 노골적인 싸움으로 발전할 수 있다. 이 충돌을 해결할 어떤 방안보다 더 중요한 것은 서로 충돌할 수 있는 서로 다른 내적 자아들이 있다는 점을 인식하는 것이다.

이 내적 충돌을 이해하고 치유하는 것이 불안이라는 기회의 다음 단계다.

이상적 자아와 불안한 자아

우리의 불안한 자아는 우리 내면의 많은 것들 중에서도 매우 복합적인 자아다. 때로 이 자아는 가해자다. 우리를 미래로 납치할 때 그렇다. 하지만 불안한 자아는 괴롭힘을 당하는 피해자일 수도 있다. 우리는 자신의 불안한 자아를 좋아하지 않는다.

나는 거의 평생 불안한 자아를 거부했다. 솔직히 그 자아를 미워했다. 내 불안한 자아는 허약한 겁쟁이처럼 느껴졌다. 나는 어머니 직장에 전화를 걸어 대는 걱정 많은 여덟 살짜리 꼬마를 좋아하지 않았다. 그 리틀리그 경기에서 울음을 터뜨렸던 생각만 하면 수치심이 밀려왔다. 밤에 잠을 못 이루고 몇 시간 내내 천장만 바라보며 예산과 교역자 사이의 갈등을 곱씹던 그 담임목사가 정말이지 싫었다. 나는 가족들이 호박 농장 행사장에서 구경하는 동안 주차장에서 벌벌 떨고 있던 내 불안한 자아에게 경멸의 눈빛을 보냈다.

당신의 기억을 더듬어 보라. 당신의 삶에서 여덟 살짜리 래치키 키드나 마운드에서 추한 꼴을 보인 리틀리그 투수를 찾아보라. 어쩌면 최근 기억이 떠오를지도 모르겠다. 일터나 인간관계에서 겪은 일이 떠오르는가? 그 기억 속에서 당신의 불안한 자아를 보면 어떤 기분이 드는가? 수치심이 밀려오는가? 입에서 비판의 말이 튀어나오는가? 다른 곳을 보고 싶은가? 그 자아가 아예 존재하지 않았으면 하는 생각이 드는가?

아니면 이토록 불안한 자아에게 되레 끌리는가? 그 자아에게 연민의 손을 뻗어 받아 주고 싶은가? 이번 장에서는 불안한 자아를 '받아 주는' 것에 관한 이야기를 해 볼 것이다. 내 내면의 불안은 영적 성장을 위한 주된 배경이다. 예수님은 '여기 내 안에서' 우리의 불안한 자아를 만나 주신다. 불안한 자아를 거부하는 것은 곧 예수님의 임재를 거부하는 것이다. 예수님이 우리를 만나고자 하시는 그곳에서 몸을 돌리는 것이다.

실질적인 의미에서, 예수님을 받아들이기 위해서는 불안한 자아를 받아들여야 한다. 많은 사람이 이 단계에서 힘들어한다. 우리의 불안한 자아를 만나면 우리 존재의 이 부분을 거부하고 싶어진다. 심지어 자기혐오마저 느낀다. 불안한 자아를 받아들이기가 왜 그토록 힘든가? 왜 수많은 사람이 혐오감을 느낄까?

내가 불안한 자아를 거부했던 것은 내 안에 다른 자아가 있었기 때문이다. 이 자아를 내 이상적 자아라고 부르자. 이상적 자아는 내가 세상에 표출하고 싶은 이미지다. 나는 남들이 이 자아를 통해 나를 바라봤으면 한다. 내 이상적 자아는 강해 보이고 싶어 한다. 자신감 넘쳐 보이고 싶어 한다. 대범하고 차분해 보이고 싶어 한다.

그렇다 보니 우리의 불안한 자아는 이상적 자아의 정반대처럼 보인다. 이상적 자아에게 불안한 자아는 추악하고 역겨운 짐승처럼 보일 수 있다. 그래서 이상적 자아는 불안한 자아를 거부하게 만든다.

많은 사람의 경우, 이상적 자아와 불안한 자아는 항상 전쟁 중이다. 대부분의 경우, 내 이상적 자아가 전쟁에서 이겼다. 그래서 나는 이상적 자아를 따랐고, 불안한 자아를 눈에 보이지 않는 곳으로 몰아내려고 했다. 나는 이 추악한 짐승을 내 정신의 지하실로 추방했다.

하지만 불안한 자아를 아무리 거부하고 보이지 않는 곳으로 몰아내도 사라지지는 않는다. 왜일까? 불안한 자아는 우리 존재에서 떼려야 뗄 수 없는 일부이기 때문이다. 잊지 말라. 불안은 인간 삶, '지금과 아직'의 삶의 일부다. 내가 KFEAR와 상호작용한 것처럼 불안에 이름을 붙일 때도 불안에 채널을 부여하는 것이 중요하다. 이 자아의 소리를 듣는 것이 도움이 되지 않을 때는 채널을 돌리더라도 말이다.

불안한 자아를 완전히 몰아낼 수 없다. 불안한 자아는 우리의 일부다. 따라서 이 자아는 어떻게든 인정받을 길을 찾는다. 어떻게든 지하실에서 나올 길을 찾는다. 때로는 어머니 직장에 전화를 거는 것 같은 딱히 해롭지 않은 행동을 통해 슬며시 밖으로 나온다. 하지만 때로는 마구 튀어나와 우리의 커리어를 망쳐 버린다. 이상적 자아가 불안한 자아를 계속해서 지하실에 몰아넣어도 이 자아는 결코 사라지지 않는다.

따라서 우리는 이 자아를 받아들이는 법을 배워야 한다.

예수님의 받아 주심

현대 세속 문화에서는 '자기 수용'을 매우 가치 있게 여긴다. 하지만 세상 문화 속 '자기 수용'에는 큰 한계가 있다. 이 '자기 수용'에서는 주체가 '자신'뿐이다. 자기 혼자서 자신을 수용해야 한다.

그런데 자기 안에서 전쟁이 벌어지고 있다면? 자기 안에서 강한 자아(이상적 자아)가 전혀 수용을 원치 않는다면? 내 이상적 자아는 너무 강해서 수용을 위해서는 나 외에 다른 누군가를 필요로 한다.

우리에게는 예수님이 필요하다. 복음서들의 수많은 이야기에서 예수님은 불안해하는 사람들을 환영하시는 분으로 그려진다. 마가복음 1장 40-45절은 나병에 걸린 한 남자 이야기를 들려준다. 이 이야기는 짧지만 많은 의미를 담고 있다. 당시의 광경을 상상하며 읽어 보라.

한 나병 환자가 예수께 와서 꿇어 엎드려 간구하여 이르되 원하시면 저를 깨끗하게 하실 수 있나이다 예수께서 불쌍히 여기사 손을 내밀어 그에게 대시며 이르시되 내가 원하노니 깨끗함을 받으라 하시니 곧 나병이 그 사람에게서 떠나가고 깨끗하여진지라 곧 보내시며 엄히 경고하사 이르시되 삼가 아무에게 아무 말도 하지 말고 가서 네 몸을 제사장에게 보이고 네가 깨끗하게 되었으니 모세가 명한 것을 드려 그들에게 입증하라 하셨더라 그러나 그 사람이 나가서 이 일을 많이 전파하여 널리 퍼지게 하니 그러므로 예수께서 다시는 드러나게 동네에 들어가지 못하시고 오직 바깥 한적한 곳에 계셨으나 사방에서 사람들이 그에게로 나아오더라.

이 이야기는 40절에서 시작된다. "한 나병 환자가 예수께 와서 꿇어 엎드려 간구(간청, 새번역)하여." 여기서 "간청하다"(애원하다, NIV)

라는 동사는 마가복음에서 자주 등장하며, 감정적인 비통을 함축한다. 하지만 이 구절에서 이 동사를 보지 않아도 이 나병 환자가 매우 불안해하는 사람임을 알 수 있다.

당시 사회에서 나병 환자는 매일같이 건강을 염려하며 살 수밖에 없는 존재였다. 그는 나병이 퍼지고 악화되지 않았는지 시시때때로 자신의 피부를 살피며 확인했을 것이다. 일할 수 없어 음식을 구걸해야 했기에 나병 환자는 늘 금전적인 불안 가운데 살았을 것이다. 게다가 불결한 존재로 취급받아 남들과 밀접하게 접촉하는 것이 금지되었기에 늘 타인과의 관계에 대한 불안 속에서 살았을 것이다. 모든 사람이 나병 환자들을 보기만 하면 온갖 문드러진 피부에 역겨워하며 뒤로 물러섰다. 일부 나병 환자들은 사지가 기형으로 변해 몰골이 흉측했다. 모든 면에서 나병 환자는 사람들 눈에 띄지 않도록 사회의 지하실로 추방되어 숨어 사는 존재였다. 이상적 자아에게 불안한 자아는 이 나병 환자와도 같다.

이제 예수님이 우리의 이상적 자아와 어떻게 다르게 반응하시는지를 보라. "불쌍히 여기사"(41절). 예수님은 이토록 불안한 자아에게 사랑과 애정을 느끼신다. 그분은 불안한 자아를 긍휼과 이해로 대하신다. 그리고 그분은 나병 환자에게처럼 이 감정을 말보다 더 강력한 방식으로 표현하신다. 그분은 "손을 내밀어 그에게 대시며"(41절). 그때 이 나병 환자의 기분이 어떠했을지 상상해 보라. 다른 모든 사람은 그를 역겨워하며 뒷걸음질 쳤다. 오직 예수님만 손을 뻗어 그를 만지셨다. 그분은 어느 누구도 하지 않으려는 행동을 하셨다. 그분은 나병 환자의 불안한 자아를 온전히 받아 주셨다.

이런 수용의 순서를 눈여겨보라. 예수님은 나병 환자를 치유하시기 '전에' 그에게 손을 뻗어 만지셨다. 그분은 불안을 낳는 상태를 제거하시기 전에 나병 환자를 불안해하는 상태 그대로 받아 주셨다. 나병 환자를 먼저 바로잡은 뒤에 수용의 손을 내미신 것이 아니다. 수용이 먼저였다.

계속해서 보면 알겠지만, 이 나병 환자는 예수님께 받아들여진 뒤에도 옳은 일(예수님이 시키신 일)을 하지 않을 것이다. 예수님은 나중에 그가 그분의 명령에 불순종할 가능성이 있는 상황에서도(결국 실제로 그렇게 된다) 상관없이 그를 받아 주셨다. 예수님의 수용은 무조건적이다. 나병 환자가 결국 불순종할지와 상관없이 예수님은 그에게 손을 내미셨다.

이 사실에 관해 깊이 생각해 보라. 예수님은 우리의 불안을 치유하시기 전에 우리의 불안한 자아를 받아 주신다. 그분은 우리의 불안을 제거하신 뒤가 아니라 우리의 불안한 자아를 있는 그대로 받아 주신다. 그분은 우리가 계속해서 실수할지 알면서도 상관없이 받아 주신다. 그분은 우리를 무조건적으로 받아 주신다.

문제는 우리다. 우리가 거기에 장단을 맞출 것인가? 내 불안한 자아에 대한 예수님의 수용을 받아들일 것인가? 그분의 제시를 받아들일 것인가? 진정한 '자기 수용'은 우리가 바뀌기 전에 온전히 받아 주시는 예수님의 수용을 받아들이는 것이다. 그분은 우리 모두를 그렇게 받아 주신다.

그렇다면 이상적 자아는 어떤가? 우리의 불안한 자아를 거부하고 미워하고 그 자아와 싸우는 이상적 자아는? 믿든 안 믿든, 예수님은 우리의 이상적 자아도 받아 주신다. 단, 우리의 이상적 자아는 우리 삶의 주인이 아니다. 우리 삶의 주인은 예수님이시다. 우리의 이상적 자아가 우리 삶을 다스리지 않는다. 예수님이 다스리신다. 따라서 예수님이 우리의 불안한 자아를 받아 주시면 이상적 자아는 그것을 따라야 한다.

예수님의 수용을 받아들이는 이 과정은 시간이 걸린다. 처음에 내가 할 수 있는 최선은 예수님께 방해가 되지 않도록 내 이상적 자아를 몰아내는 것이었다. 그러면 이상적 자아는 부루퉁한 얼굴로 구석에 쪼그리고 앉아 예수님이 내 불안한 자아를 자상하게 받아 주시는 광경을 노려보았다. 내 이상적 자아는 '왜 예수님은 저런 바보와 어울리시는 거지?'라고 투덜거렸다.

하지만 시간이 지나면서 예수님은 내 이상적 자아를 구석에서 끌고 나와 만져 주셨다. 내 이상적 자아는 예수님을 닮아 가는 법을 배우는 중이다. 내 이상적 자아가 예수님처럼 내 연약한 부분들에 대해 긍휼을 느끼기 시작했다. 이상적 자아가 불안한 자아에게 손을 뻗어 받아 주는 법을 배우는 중이다.

이런 내적 수용이 곧 영적 성장이다. 이 수용을 통해 나는 더욱 온전해진다. 내 이상적 자아와 불안한 자아 사이의 내적 전쟁이 끝나고 평화가 찾아온다. 이 온전함과 평화로 인해 이상적 자아(남들에게 보여 주고 싶은 부분)에 불안한 자아를 포함시킬 수 있게 된다. 이상적 자아는 불안한 자아에게 배워야 할 것들이 있다. 이 두 자아는 함께 살고 함께 자라야 한다.

불안한 자아를 애써 지하실로 추방할 필요가 없다. 내 '걱정 많은 여덟 살짜리 자아'와 내 '밤잠 못 이루는 담임목사 자아', 내 '투쟁 모드의 남편 자아'를 남들에게 소개해도 된다. 지금 나는 이런 자아를 아무 거리낌 없이 당신에게 소개하고 있다. 사실, 전에는 이 이야기를 지면으로 소개한 적이 한 번도 없다. 이 수준에 이르기까지는 수년간의 영적 성장이 필요했다. 영적 성장은 시간이 걸리지만 점점 나를 온전하게 한다. 불안은 이런 온전함을 이룰 수 있게 하는 기회다.

잠시 시간을 내서 당신이 지금까지 읽은 내용을 어떻게 생각하고 있는지 돌아보라. 당신의 이상적 자아에게 불안한 자아와의 전쟁을 멈추라고 말하겠는가? 당신의 불안한 자아에게 당신 안에 자리를 마련해 주겠는가? 예수님이 당신의 불안한 자아에게 손을 뻗으시는 모습을 상상할 수 있겠는가? 예수님이 지금 당신의 불안한 자아에게 뭐라고 말씀하시는가? 마찬가지로 중요한 질문이다. 예수님이 지금 당신의 이상적 자아에게 뭐라고 말씀하시는가?

더 깊은 영적 성장의 기회를 놓치다

예수님은 우리가 온전한 사람이 되기를 바라신다. 이는 나병 환자 이야기의 결말 부분에서 드러난다. 마가복음 1장 43-44절에서 예수님은 나병 환자에게 한 가지 명령을 내리셨다. 바로 다른 사람들에게 자신을 소개하라는 것이었다. 당시 관행에 따라 이 소개는 제사장에게 자신을 보이는 것으로 시작된다.

제사장은 당시 사회의 이상理想을 지키는 존재였다. 제사장은 나병 환자를 추방하기도 하지만, 다른 사람들이 안심하고 그와의 관계를 재개할 수 있도록 완치 상태를 확인해 주는 역할도 했다. 예수님은 이 나병 환자가 진정으로 온전해져서 더 온전한 수용을 경험하기를 바라셨다.

앞서 말했듯이, 이 나병 환자는 예수님의 지시를 거역하고 영적 성장의 이 단계를 건너뛰었다. 그는 나병이 치료된 것에 너무 기뻐한 나머지, 더는 아무것도 필요하지 않다고 생각했다. 그래서 그는 불안이라는 기회를 놓쳤다. 더 근본적인 변화로 가는 다음 단계를 놓치고 말았다. 그리하여 그는 자신의 온전한 치유를 놓쳤을 뿐 아니라, 예수님의 더 큰 계획을 방해하고 말았다(막 1:45). 이 이야기의 결말에는 중요한 기회를 놓친 아쉬움이 진하게 배어 있다.

더 감동적일 수 있었던 이 이야기의 안타까운 결말은 우리 자신의 불안 여정을 위한 경종 역할을 해야 한다. 나병 환자 이야기는 '불안은 영적 성장과는 상관없는 것이다'라는 접근법의 한계를 경고

한다. 이 접근법은 불안을 '일반 의학으로 치료해야 하는 정신 건강의 문제'로만 본다.

정신적 치료와 영적 성장은 전혀 상충하지 않는다. 성경은 "만물"의 회복 속에서 예수님의 임재를 발견할 수 있다고 말한다(골 1:17). 따라서 나는 예수님이 항불안제를 포함한 세상의 정신 건강 치료법을 통해서도 역사하신다고 확신한다. 개인적으로 나도 그런 약물 치료의 도움을 받았고, 그런 약을 허락하신 예수님께 감사드린다. 불안을 치료하는 의학은 하나님이 주신 좋은 선물이다. 기본적으로 나는 항불안제가 영적 성장을 전혀 방해한다고 생각하지 않는다. 하지만 항불안제를 통한 치료가 영적 성장과 동일한 것은 아니다. 불안의 증상 완화가 자동으로 영적 성장으로 이어지는 것은 아니기 때문이다.

나병 환자 이야기는 우리가 (약물을 통해서든 다른 치료법을 통해서든) 불안 증상에서 벗어났지만 '예수님이 원하시는 더 깊은 성장의 기회'는 놓칠 수 있다는 점을 경고한다. 내 경우, 내 이상적 자아와 불안한 자아 사이의 화해는 심한 불안 증상에서 처음 회복된 이후에 이루어졌다. 이런 더 깊은 치료는 심한 불안 증상이 사라진 뒤에도 몇 년간 지속되는 영적 성장을 필요로 했다.

더 깊은 성장은 무조건 주어지는 게 아니었다. 나는 그런 영적 성장에 관심을 전혀 쏟지 않을 수도 있었다. 그리고 그 성장은 내가 먹던 알약에 들어 있지 않았다. 그 성장을 이루기 위해서는 예수님이 내게 맞춤형으로 처방해 주신 다음 성장 단계들에 귀를 기울여야 했다.

당신을 위한 예수님의 다음 처방은 무엇일까?

chapter 7

조건 없이 받아 주는 연습,
치유의 시작

나는 심리치료사 앞 소파에 앉아 내가 어떻게 또다시 납치를 당했는지 설명했다. 내 컨설팅 업무에 관한 풀리지 않는 걱정이 머릿속에서 계속 맴돌아 주말 내내 가족들과 온전히 쉬지 못하고 있다고 말했다.

내가 마침내 말을 멈추자 심리치료사는 내 쪽으로 몸을 기울이며 질문을 던졌다. "이런 상황에서 어떤 행동을 할 수 있을까요?"

나는 신음을 내뱉었다. "알아요, 알아! 곱씹기를 멈춰야 하죠. 하지만 이 생각에 갇혀 버렸어요!" 나는 주먹을 쥔 채 넓적다리를 치며 좌절감을 표현했다. "아, 계속해서 그 생각만 나요."

"다른 '생각'을 하라는 말이 아니에요." 심리치료사가 부드러운 목소리로 답했다. "다른 '신체적' 행동을 말하는 거예요."

그 순간 나는 꿀 먹은 벙어리가 되었고, 주먹으로 넓적다리를 치는 속도가 줄어들었다. 무슨 답을 해야 할지 몰랐다. 아니, 심리치료사의 질문 자체를 잘 이해할 수 없었다.

심리치료사는 내 혼란을 눈치채고 이렇게 설명했다. "제 질문은 이거예요. 이렇게 머릿속에 갇혀 있을 때 몸으로 돌아가기 위해 할 수 있는 행동이 있을까요?"

심리치료사는 갑자기 몸을 쭉 펴더니 잠시 말을 멈추었다가 자기 팔뚝을 만지기 시작했다. "오, 느낌이 오네요." 나는 지금까지 함께한 시간을 통해 많은 부분에서 내 심리치료사를 깊이 신뢰하게 되었다. 그의 탁월한 통찰력과 지혜, 나를 향한 그의 따스한 연민 그리고 이 기이한 식감까지. 그는 문제의 돌파구를 찾기 직전에는 팔뚝에 소름이 돋는다고 한다. 나는 워낙 분석적인 사람이라 처음에는 이것을 이상하게 여겼다. 하지만 수년간 이 심리치료사와 함께하면서 몸의 신호에 관심을 쏟는 것의 가치를 배우게 되었다.

심리치료사는 내 몸에 더 관심을 기울이라고 말하고 있었다.

내 몸은 내게 무슨 말을 하고 싶었던 걸까?

머릿속에서 나오라

모든 사람은 어느 정도 불안을 경험한다. 그런데 불안에 가장 취약한 사람은 주로 자신의 머릿속에서 사는 사람이다. 불안은 우리의 머릿속에서 살고 자란다. 불안은 머릿속에서 맴도는 생각의 흐름을 먹고 살며, 그 생각으로 반복적인 곱씹기의 순환을 일으킨다. 불안은 내면의 많은 것들이 벌이는 내적 대화를 '이상적 자아'와 '불안한 자아' 사이의 전쟁으로 변질시킨다. 머리에 에너지를 많이 쏟으면 자신도 모르게 납치범에게 힘을 보태 줄 수 있다.

실제로, 우리 사회에서 불안이 계속해서 증가한 뜻밖의 요인은 정신노동이 육체노동을 대체해 온 현실이다. 나는 컨설턴트다. 내 일은 거의 전적으로 머릿속에서 이루어진다. 인터넷과 스마트폰은 우리를 더더욱 머릿속에서 상주하는 존재로 만들었다. 이제 우리는 일하지 않을 때도 스크린에서 흘러나오는 정보들을 처리하고 있다.

우리는 몸을 덜 움직이기 때문에 더 불안해한다.

이것이 많은 연구들이 단순히 신체 활동을 늘리는 자체를 불안 완화를 위한 매우 효과적인 방법으로 제시하는 이유다. 대규모로 진행된 한 연구 결과, 활동적으로 몸을 움직이는 생활양식이 불안장애 발생 위험을 60퍼센트까지 낮추는 것으로 드러났다.[1] 활동이 격렬할수록 (긍정적인 호르몬 변화 같은) 생리적인 작용을 통해 불안을 완화시킬 가능성이 높다. 하지만 단순히 머리로 가는 에너지를 몸 쪽으로 돌리는 것만으로도 효과가 있다. 이것이 그림을 그리거나 음악을 연주하는 것처럼 낮은 강도의 신체 활동도 불안을 줄여 주는 것으로 밝혀진 이유다.[2] 몸으로 뭔가 좋은 일을 하면 머릿속에서 자신을 괴롭힐 가능성이 줄어든다.

이외에도 머릿속에서 나오기 위한 많은 방법이 있다. 앞서 말한 자연으로 나아가는 것과 마음 챙김 호흡을 하는 것이 그런 방법들이다. 불안에 갇혀 있는 것처럼 느껴질 때는 몸이 무엇을 하기 원하는지에 관심을 기울여 보라. 어떤 행동이 필요할까?

불안해하는 사람에게 손 내밀기

특히 깊이 생각해 봐야 할 행동이 있다. 바로 다른 사람들 쪽으로 움직이는 것이다. 6장에서 우리는 예수님이 불안해하는 나병 환자 쪽으로 몸을 움직여 그에게 손을 뻗고 그를 만지셨다는 사실을 살펴보았다. 예수님의 움직임은 나병 환자가 주위 사람들에게로 움직이게 하시기 위함이었다. 이것이 예수님이 그에게 제사장을 찾아가 완치를 확인받으라고 명령하신 이유다. 그렇게 되면 그는 자신의 마을로 돌아가고 다른 사람들이 다시 그를 만질 수 있기 때문이었다.

뇌 과학자들이 최근에서야 증명하고 있는 사실을 예수님은 이미 아셨다. 바로 몸의 터치가 불안을 줄여 준다는 사실이다. 예를 들어, 한 연구에서는 참여자들을 원통형 MRI 기계에 넣고서 예기치 못한 (아마도 낮은 전압의) 전기 충격처럼 스트레스를 일으키는 온갖 자극을 가했다. 그런 불안을 경험하는 동안, 참여자들은 그들이 사랑하는 사람 또는 안면은 있지만 별로 왕래가 없는 사람 또는 완전히 낯선 사람과 신체 접촉을 하거나, 아예 누구와도 접촉하지 않는 식으로 각기 다른 환경에 노출되었다. 동시에 불안과 가장 큰 관련이 있는 뇌의 부위들의 신경 활동을 측정했다.

짐작했겠지만 사랑하는 사람을 만질 수 있었던 참가자들이 가장 낮은 수준의 불안을 보였다. 안면만 있는 사람과 접촉한 참가자들은 완전히 낯선 사람을 만진 참가자들보다는 나았다. 가장 심한 불안을 보인 참가자들은 누구였을까? 바로 아무도 만질 수 없던 참가자들이었다.[3]

우리는 불안할 때 누군가를 만지도록 창조되었다. 이것이 예수님이 불안해하는 사람들로 하여금 다른 사람들 쪽으로 몸을 움직이게 하신 이유다. 예수님은 우리를 변화시키실 때 이 변화가 우리의 머릿속에만 머물지 않기를 바라시는 듯하다. 예수님은 우리가 관계 안에서 변화를 표현함으로써 그 변화를 실질적인 것으로 만들기를 원하신다. 특히, 우리는 변화를 신체적인 방식으로 표현해야 한다. 그 예를 예수님이 들려주신 용서할 줄 모르는 종의 비유에서 볼 수 있다(마 18:23-34). 주인은 종의 빚을 탕감하여 그를 금전적 불안에서 해방시켜 주었다. 하지만 이 해방은 머릿속에만 머물러서는 안 된다. 머릿속에 있는 것을 몸으로 표현해야 한다.

이 비유는 다른 사람에 대한 종의 신체적 행동을 극적으로 보여 줌으로써 그의 머릿속을 드러낸다. 그는 자신처럼 금전적 불안을 겪는 이들을 짓밟는 사람이었다. 역시나 그는 자신에게 돈을 빚진 다른 종을 "붙들어 목을 잡고" 졸랐다(마 18:28). 이 모습을 본 주인은 그 종의 빚을 탕감해 주었던 것을 취소했다. 그 종은 자신을 받아 준 주인의 행동을 따라하는 것 즉 거울 반응mirroring을 보이지 않고, 오히려 다른 사람을 가혹하게 거부했다. 그가 적절한 다음 행동을 취하지 않은 것은 그의 해방이 머릿속에서 진정으로 이루어지지 않았다는 사실을 보여 준다.

우리는 다른 사람들 쪽으로 움직여야 한다. 하나님은 육체를 입은 다른 존재들과 관계를 맺고 살아가는 육체적 존재로 우리를 창조하셨다. 우리는 홀로 머릿속에서 살도록 창조되지 않았다. 우리 안에서 이루어지기를 바라는 것은 몸으로, 특히 주위 사람들과의 관계 안에서도 이루어져야 한다. 이것이 모든 형태의 영적 성장의 기본이다. 우리는 예수님께 받은 사랑으로 인해 다른 사람들을 사랑해야 한다(요 13:34). 주님이 우리를 섬겨 주신 것처럼 우리도 다른 사람들을 섬겨야 한다(막 10:43-45). 우리는 하나님의 형상을 따라 창조되었다(창 1:27). 이는 우리가 하나님의 성품을 서로에게 보여 줄 때 우리의 진정한 운명을 향해 자라 간다는 뜻이다. 예수님은 농사 비유(그분이 자주 사용하신 비유)를 통해 이런 본받음의 역학을 가르쳐 주셨다. 씨 뿌리는 자 비유에서 예수님은 "좋은 땅"이 결실을 낸다고 설명하셨다(막 4:1-10). 그런데 우리는 처음에 씨앗으로 받은 것을 키움으로써만 열매를 맺을 수 있다.

이 진리를 불안에 적용해 보자. 예수님은 불안해하는 나병 환자에게 긍휼의 손을 뻗어 그를 받아 주신 것처럼 이제 우리의 불안한 자아에게 손을 뻗어 받아 주신다. 하지만 이 수용은 우리의 머릿속에서만 머물러서는 안 된다.

예수님은 불안해하는 나병 환자가 그분의 수용을 자신의 인간관계 안에서 똑같이 표현할 수 있도록 구체적인 행동을 지시하셨다. 마찬가지로, 예수님은 우리도 그분이 보여 주신 수용의 본보기를 우리의 인간관계 안에서 실천하라고 명령하신다. 이는 내 영적 성장을 위해 불안한 자아를 지닌 주위 사람들이 필요하다는 뜻이다. 우리 주변에 있는 불안해하는 사람들은 우리를 받아 주신 예수님의 본보기를 따를 수 있는 기회들이다.

이는 분명 쉽지 않다. 서로를 받아 주라는 예수님의 명령에 계속해서 순종하는 고된 노력을 필요로 한다. 나 역시 이것이 쉽지 않다. 나처럼 불안으로 고생해 본 사람은 당연히 불안해하는 사람들을 향한 긍휼한 마음으로 가득할 것이라고 생각하기 쉽다. 하지만 전혀 그렇지 않다. 자신과 같은 처지의 다른 종을 짓밟은 비유 속 배은망덕한 종처럼, 나도 불안해하는 다른 사람들을 너무도 쉽게 거부한다.

우리는 자기 안에서 가장 혐오하는 것을 다른 사람에게서 볼 때 가장 심한 혐오감을 느낀다. 다른 사람들 속에 있는 불안한 자아가 내 불안한 자아를 생각나게 한다. 그래서 나는 예수님이 내게 허락하신 수용을 다른 사람들에게는 적용하지 않고, 대신 그들의 멱살을 잡는다. 물론 실제로 폭력을 쓰는 경우는 드물지만, 교묘한 방식으로 그들을 거부한다. 긴장으로 땀을 뻘뻘 흘리는 강연자를 보면 조소를 날린다. 내가 맡긴 일에 대해 직원이 자신 없는 모습을 보이면 한숨을 쉬며 짜증을 낸다. 혹시 그의 면전에서는 그냥 넘어가더라도 집에 돌아와 괜히 아내에게 화풀이를 한다.

이런 식의 '어두운 거울 반응'은 대개 무의식 차원에서 이루어진다. 하지만 우리 안에서 이 거울 반응을 감지하는 법을 배울 수 있다. 다른 사람을 비난하고 혐오하는 감정에 관심을 기울이라. 다른 사람의 다른 약점들은 그렇지 않은데 유독 그들의 불안이 내 안에서 이런 감정을 촉발할 수 있다. 그럴 때 성령은 내게 이렇게 속삭이신다. "커티스, 수용 작업을 좀 더 해야겠구나." 그렇게 성령은 내게 또 다른 '불안이라는 기회'를 제시하신다.

부디 기억하라. 우리는 자기 안에서 가장 혐오하는 것을 다른 사람에게서 볼 때 가장 심한 혐오감을 느낀다. 이런 어두운 거울 반응의 역학은, 성공한 리더 가운데 자신이 관리하는 이들의 불안을 잘 받아들이지 못하는 사람들이 그토록 많은 이유를 설명해 준다. 나는 컨설팅을 하면서 그런 리더들이 너무도 많음을 확인했다. 한 번은 고기능성 불안 덕분에 최고의 자리까지 올라온 한 CEO를 컨설팅한 적이 있다. 그의 리더십의 많은 부분은 투쟁 모드를 세련되게 치장한 것이었다. 그의 고위 경영진 한 명이 특히 그의 심기를 건드렸다. 이 CEO는 불안 문제를 다루는 여정의 초기에 있었기 때문에 이 임원을 심각한 골칫거리로 여겼다. 즉 그에게 이 임원은 '저 바깥에' 있는 문제였고, 그는 내가 이 문제를 해결해 줬으면 했다. 그는 자신이 이 임원에게서 바로 '자신의 불안'을 보고 있다는 사실을 깨닫지 못하고 있었다. 그는 자신이 혐오하는 자기 안의 불안을 상대방에게서 보고 있었다.

우리가 삶에서 만나는 '불안해하는 사람들'은 우리의 성장을 위한 기회가 될 수 있다. 그들은 '우리 안에서 예수님의 수용이 더 필요한 부분들'을 우리에게 비춰 준다. 지금 예수님이 (특히 당신의 화를 돋우는) 불안해하는 누군가를 생각나게 해 주시는가? 그렇다면 당신이 취해야 할 다음번 행동은 분명하다.

불안해하는 부모

이 처방이 특히 필요한 사람이 있다. 바로 불안해하는 자녀를 둔 부모다. 미국정신건강연구소National Institute of Mental Health 발표에 따르면, 10대들의 불안 수치는 성인보다 높다. 2021년의 한 연구를 보면, 그해 모든 미국 성인의 19퍼센트가 불안장애를 겪은 반면, 같은 해에 불안장애는 10대들의 거의 32퍼센트에 영향을 미쳤다. 청소년기 여자아이들의 불안장애 발병률은 그 어느 집단보다도 높다. 26퍼센트인 사춘기 남자아이들보다 월등히 높은 38퍼센트다. 게다가 이 수치는 날이 갈수록 높아지고 있다.[4] MZ세대의 절반 이상이 "최악의 상황이 벌어질 것으로 예상한다"라고 말한다.[5] 수천 명의 청소년을 대상으로 한 대규모 연구들은 청소년들의 평균적인 불안 수치가 1950년대에 정신병동에 입원한 환자들에 관해 기록된 수치를 넘어선다는 결과들을 보여 준다.[6]

보스턴 지역에서 오랫동안 소아과를 운영한 어느 의사가 내 친구에게 이렇게 말했다. "예전에는 창상과 찰과상을 치료했지만 요즘은 정신 질환과의 싸움에 모든 노력을 기울이고 있어." 불안이라는 유행병은 급속도로 퍼지고 있다. 이대로라면 지구 전체를 뒤덮을 기세다.

아이의 모든 고통은 부모에게 불안감을 안길 수밖에 없다. 하지만 그 고통이 아동 혹은 청소년 불안장애의 형태로 찾아오면 충격은 특히 더 클 수밖에 없다. 부모의 불안한 자아 중 상당 부분은 자신의 어린 시절 경험에서 비롯한 것이다. 따라서 그들에게 자녀의 불안을 보는 일은 어린 시절의 그 경험이라는 어두운 거울 속을 들여다보는 작업과도 같을 수 있다. 불안해하는 자녀의 모습은 부모의 어린 시절 불안한 자아를 깨울 수 있다.

부모가 자신에게서 보이는 것을 여전히 미워하고 있다면 그 미움은 수만 가지 모습으로 자녀 양육에 영향을 미칠 수밖에 없다. 그 미움은 비난, 짜증, 화, 죄책감, 두려움 같은 강한 감정의 형태로 나타날 수 있다. 조직 내에 불안을 퍼뜨린 CEO들처럼, 부모의 이런 반응은 가정 안에 불안 수치를 더욱 키울 수 있다.

이런 어두운 거울 반응의 역학을 지적하면 어떤 부모들은 의기소침할 수 있다. 그렇지 않아도 자신의 양육 방식에 대해 불안해하는 부모들은 한숨을 내쉬며 "아, 걱정거리가 하나 더 생겼네!" 하고 투덜거릴 수 있다. 불안해하는 부모는 이 글을 읽고 나서 자신이 불안해할까 봐 불안하고, 나아가 자신의 불안이 자녀를 더 불안하게 만들까 봐 불안할 수 있다. 그런 부모의 모습을 보고 자녀들은 더 불안해할 것이다. 이렇게 악순환이 이어진다. 이것이 불안이라는 어두운 거울의 무서움이다. 관계 안에서 우리의 불안한 자아만을 서로에게 비추면 결국 왜곡된 모습만 비추는 '사방이 거울로 된 미로'에 갇힌다.

이것이 모든 것을 예수님의 수용에서 시작해야 하는 이유다. 우리에게는 다른 거울이 필요하다. 우리의 자아가 아니라, '예수님'

을 보여 주는 거울이 필요하다. 우리는 예수님의 형상에서 시작해야 한다.

진정으로 하나님을 보여 주는 양육은 '하나님의 수용을 받아들인 부모'에게서 시작된다. 이는 자녀 양육에 대한 불안이 부모 자신의 영적 성장을 위한 좋은 기회가 된다는 뜻이다. 하나님은 부모로서의 약점과 실패와 두려움을 포함해 우리의 존재 전부를 받아 주신다. 우리가 모든 것을 제대로 하기 전에도, 우리가 수없이 실패를 한 뒤에도 그분은 우리 안에 여전히 불안해하는 부모의 모습을 있는 그대로 받아 주신다.

하나님은 모든 불안해하는 부모를 조건 없이 받아 주시기 때문에 모든 부모는 하나님의 무조건적인 수용을 자녀에게 비춰 줄 수 있다. 이 거울은 불안의 어둡고 왜곡된 거울과 근본적으로 다르다. 이 거울은 우리 자신에게서 시작되지 않기 때문에 다르다. 이 거울은 우리의 불안한 자아와 다른 사람들의 불안한 자아들 사이를 오락가락하며 비추는 거울이 아니다. 이 거울은 예수님의 모습에서 시작된다. 복음서들은 예수님이 나병 환자를 포함해 상처로 신음하는 수많은 사람을 조건 없이 받아 주시는 모습을 그리고 있다.

부모로서 우리는 하나님을 잘 보여 주는 충성스러운 거울이 되어야 한다. 우리의 자녀 양육은 하나님이 우리를 어떻게 양육하시는지를 보여 주는 것이어야 한다(엡 5:1-2). 하나님처럼 우리는 자녀에게 교훈과 규칙과 분명한 도덕적 방향을 제시해야 한다. 물론 우리가 (그 나병 환자처럼) 하나님의 교훈과 규칙과 도덕적 방향을 자주 무시하듯 우리 자녀도 우리의 가르침을 무시할 것이다. 그렇다 해도 예수님이 우리 앞에 서서 손을 뻗어 우리를 받아 주고 계신다는 사실에는 변함이 없다. 그분의 수용이 먼저이며, 가장 중요하다. 하나님은 "우리가 아직 죄인 되었을 때에" 우리를 받아 주셨다(롬 5:8). 따라서 부모로서 우리의 가장 중요한 역할은 이런 파격적인 수용을 최대한 충성스럽게 우리 자녀에게 비춰 주는 것이다.

충성스러운 거울은 완벽한 거울을 말하는 것이 아니다. 금이 가고 탁한 거울을 생각해 보라. 성경 시대의 거울은 자주 금이 가 있고 요즘 거울들보다 훨씬 탁했다(고전 13:12). 이런 종류의 거울은 원이미지를 완벽하게 보여 줄 수 없다. 그럼에도 불구하고 본체를 충성스럽게 보여 준다. 우리가 하는 자녀 양육은 곳곳에 금이 가고 탁할 수밖에 없다. 그럼에도 불구하고 우리는 불안해하는 자녀를 파격적으로 받아 주시는 하나님이라는 본체를 보여 줄 수 있다. 이것이 우리의 가장 중요한 임무다.

불안해하는 자녀를 양육하는 것은 당황스럽고 감정적으로 버거운 일이다. 부모인 자신도 힘든 마당에 자녀에게 필요한 도움을 어떻게 제공할지 답답하기만 하다. 전문적인 심리치료사와 약물 치료 같은 것들이 머릿속에 떠오를 수밖에 없다.

나는 의학 전문가가 아니기 때문에 의학적인 방면에서 속 시원한 답을 말해 주기 어렵다. 하지만 한 가지만은 절대적으로 확실하게 말할 수 있다. 부모가 세상 어떤 의학 전문가보다도 더 강력하고 효과적인 개입을 할 수 있다. 바로 자녀를 받아 주는 것이다. 사랑과 긍휼로써 무조건적으로 받아 주는 것이다. 나병 환자를 만지신 예수님처럼 자녀를 받아 주는 것이다. 포옹하고 등을 두드려 주는 행동으로 자녀를 받아 줄 수 있다. 때로는 아무 말 없이 곁에 있어 주는 것만으로도 불안해하는 자녀는 부모의 사랑을 뼛속 깊이 느낄 수 있다.

부모가 자녀를 무조건적으로 받아 주는 것은 그 어떤 항불안제보다도 강력하다. 모든 부모는 예수님을 통해 하늘 아버지의 받아 주심을 받아들이고, 자녀에게 그것을 전달해 줄 수 있다. 교육 수준이나 소득, 기술 따위의 자격은 조금도 필요하지 않다. 하나님은 우리를 이미 받아 주셨다.

있는 그대로 나를 받아 주는 연습

한 번 더 말하겠다. 다른 사람의 불안한 자아를 받아들이려면 먼저 하나님이 내 불안한 자아를 받아 주셨다는 사실을 받아들여야 한다. 다른 사람을 받아들이는 능력은 예수님이 우리를 사랑으로 받아 주셨다는 사실에서만 흘러나온다. 따라서 우리가 갈릴리 어딘가에서 예수님을 만난 그 불안해하는 나병 환자와 같다는 사실을 기억할 방법을 찾아야 한다. 어떻게 해야 할까? 특히, 우리가 머릿속에 종일 갇혀 있는 사람이라면 어떻게 해야 할까?

자, 이제 내 심리치료사가 내게 "이런 상황에서 어떤 행동을 할 수 있을까요?"라고 묻던 순간으로 되돌아가 보자.

나는 멍한 표정으로 아무 말 없이 소파에 앉아 있었다. 똑딱거리는 시계 초침 소리가 들릴 정도로 사방이 고요했다. 내 넓적다리 때리는 소리가 완전히 멈추었다. 내 심리치료사는 차분한 눈빛으로 미소를 지었다. 나는 그것이 대신 답을 알려 주지 않을 것이라는 뜻임을 알고 있었다.

나는 생각을 정리하려고 애썼다. 추론이나 분석으로는 적절한 행동을 찾아내지 못할 것 같았다. 그래서 그냥 내 몸이 원하는 것에 가만히 귀를 기울였다.

꼭 쥐고 있던 내 오른손 주먹이 서서히 풀렸다. 오른손을 왼쪽 어깨 쪽으로 천천히 뻗었다. 마치 외부의 힘이 조종한 것처럼 무의식적으로 나온 행동이었다. 나는 부드럽게 나 자신을 어루만지며 토닥이듯 두드렸다. 심리치료사는 가벼이 숨을 내쉬더니 눈에 이슬이 맺히기 시작했다. 내 시야도 뿌옇게 흐려졌다.

이내 자신을 향해 조용히 속삭이는 내 목소리가 들렸다. "얘야, 괜찮아. 다 괜찮아."

"얘야……라고?" 누구도 나를 "얘야"라고 부른 적이 없었다. 심지어 우리 부모님도. 아무도 나를 그렇게 불렀던 기억이 없다. 이 호칭은 어디에서 온 것인가?

나는 예수님에게서 왔다고 믿는다. 그리고 그 "애야"는 여덟 살의 래치키 키드, 커티스 창이지 않을까 싶다.

chapter 8

불안=상실×피하기

대출 담당자가 마호가니 책상 위로 또 다른 서류 뭉치를 내밀었다. 내가 펜을 잡기도 전에 아내는 슬그머니 손을 뻗어 내 오른쪽 다리 위에 얹었다. 아내는 내 다리 떨기를 멈추고자 세 차례나 꾹 눌렀다. 우리 부부는 베이 에어리어에서 첫 집을 장만하던 중이었다. 우리는 계약금을 내기 위해 있는 현금을 다 끌어모으고 부모님께도 돈을 빌린 상태였다. 다른 대출금에 대해 종신형처럼 느껴지는 원금과 이자를 매달 내려면 내 목사 월급으로는 생활이 빠듯할 수밖에 없었다. 서류에 서명을 하는 동안 내 얼굴은 침착했지만, 다리는 계속해서 떨고 있었다. 나는 긴장하면 다리를 꼰 채 쉴 새 없이 오른쪽 다리를 떠는 버릇이 있다. 아내는 내 다리 떠는 모습을 보며 내 불안 에너지를 감지한다. 1초당 다리 떠는 횟수가 불안의 강도를 보여 주는 것이다.

불안의 가장 흥미로운 특징은 많은 에너지를 생산하기도 하고 고갈시키기도 한다는 것이다. 불안은 서성이기, 손 비틀기, 안절부절못함, 다리 떨기 같은 행동에 에너지를 불어넣을 수 있다. 곱씹기, 걱정, 낙심은 우리의 에너지를 갉아먹어 잠을 방해하고 반응하는 능력을 마비시키기도 한다. 한 사람 안에서 불안은 에너지를 일으키고 고갈시키기를 번갈아 한다.

그런데 에너지의 흐름과 상관없이 결과는 대개 비생산적이다. 다리 떨기는 대출금을 갚는 데 아무런 쓸모가 없다. 다리 떨기로는 아내를 불안하게 하는 것 외에 아무것도 이룬 일이 없다. 서성이기와 곱씹기, 집착 같은 다른 불안 에너지의 표출도 마찬가지다. 가끔 우리는 잠시나마 불안을 유용하게 표출할 방법을 찾기도 한다. 하지만 그래 봐야 잠시뿐이다. 그런 방법으로 이면의 불안이 완전히 가시는 일은 별로 없다. 불안할 때 나는 강박적으로 집 안을 정돈한다. 하지만 정돈이라고 해 봐야 넋이 나간 얼굴로 소파 쿠션을 이리저리 옮기는 수준에 불과하다. 나는 살림의 여왕 마사 스튜어트도 울고 갈 만큼 깔끔하게 쿠션을 정리한 뒤 마침내 소파에 앉아 다리를 꼰 채 오른쪽 다리를 덜덜 떤다. 불안 에너지의 막강한 힘을 경험하고 싶은가? 더도 말고 일단 다리 떨기(혹은 당신만의 강박 행동)를 멈추려고 해 보라.

이토록 막강한 우리의 불안 에너지를 보다 생산적으로 활용할 길이 있을까?

내 불안한 생각을 조사해 주시는 분

성경에서 불안을 탐구하기 위한 핵심 자료는 바로 시편이다. 시편의 많은 기도문은 고통스러운 감정에 관한 표현들을 담고 있다. '평판이나 물리적 안정, 재정 공급, 건강' 등을 상실할 것에 대한 두려움이 구체적인 위협 요소다. 그 결과 나타난 증상이 '걱정', '두려움', '공포', '밀랍같이 녹는 마음', '잠을 못 이루는 것'으로 표현되고 있다. 시편은 그야말로 불안한 사람들을 위한 기도서다.

특히 중요하고도 유명한 기도는 시편 139편이다. 이 특별한 기도는 이 책에서 이미 소개한 주제들을 포함하고 있다. 이 기도는 하나님께로 나아오라고 초대한다. 이 하나님은 항상 우리 곁에 계신다. 오죽하면 이 시편 기자가 이렇게 물을 정도다. "주의 앞에서 어디로 피하리이까"(7절). 이 하나님은 우리가 아무리 숨기려고 해도 우리의 내면 깊은 곳을 훤히 아신다. 그래서 시편 기자는 하나님에 관해 이렇게 선포한다. "주께서 내가 앉고 일어섬을 아시고 멀리서도 나의 생각을 밝히 아시오며"(2절). 하나님은 우리 안에서 보시는 것을 받아 주신다. 그분은 우리의 많은 '자아들'을 모두 품어 주셨다. "주께서 내 내장을 지으시며 나의 모태에서 나를 만드셨나이다 내가 주께 감사하옴은 나를 지으심이 심히 기묘하심이라 주께서 하시는 일이 기이함을 내 영혼이 잘 아나이다"(13-14절).

시편 139편은 시편 기자가 자신의 불안을 조사해 보시라며 하나님을 초대하는 대목에서 절정에 이른다. "하나님이여 나를 살피사 내 마음을 아시며 나를 시험하사 **내 뜻**(내 불안한 생각들, NIV)**을 아옵소서**"(23절). 고대 히브리 세계관에서, 살펴야 할 "마음"은 우리의 가장 깊은 생각이 자리한 곳을 의미했다. 옛 히브리인들에게는 지금 같은 뇌의 개념이 없었다. 그래서 그들은 "불안한 생각들"을 포함해서 생각들의 가장 깊은 흐름이 "마음"에 있다고 생각했다.

우리의 "불안한 생각들"을 조사해 달라고 하나님을 초대하면 어떤 일이 벌어질까? 시편 139편은 하나님이 우리의 "불안한 생각들"에서 잘못을 찾아내실 수 있다고 말한다. "내게 무슨 악한 행위가 있나 보시고 나를 영원한 길로 인도하소서"(24절).[1] 불안의 감정과 내 안에 있는 잘못 사이에 차이가 있다는 점을 기억해야 한다. 아울러 성경은 불안의 감정 자체를 죄나 도덕적 잘못으로 취급하지 않는다는 점도 기억해야 한다. 불안을 정상적인 것이요, 떼려야 뗄 수 없는 삶의 일부로 여겨야 한다. 시편 기자는 자신이 평생 불안한 생각을 할 것이라고 가정하고 있다. 하지만 그런 생각에는 탐지해 내야 할 잘못이 포함되어 있을 수 있다.

이런 잘못 탐지의 목적은 벌이나 수치를 주려는 게 아니라 교정하기 위해서다. 하나님이 우리의 불안을 조사하시는 건 "영원한 길로 인도"하시기 위해서다. 이 조사의 최종 목표이자 결말은 진짜 생산적인 에너지를 갖는 것이다. 하나님은 우리를 새로운 길로 인도하고 계신다. 우리는 새로운 길로 가는 중이다. 그리고 "영원한" 이라는 단어에서 보듯, 이 에너지에는 계속해서 새로워지고 유지되는 특성이 있다.

불안 공식

어떤 조사에서든 간단한 공식 하나가 큰 도움이 될 수 있다. 조사하는 현상이 에너지의 본질처럼 복잡한 경우에는 특히 그렇다. 공식은 복잡한 현실을 단순화하여 가장 중요한 변수들에 초점을 맞출 수 있게 해 준다. 변수들은 원하는 결과를 얻기 위해 바꿀 수 있는 측면들을 말한다.

1905년, 앨버트 아인슈타인은 그 유명한 'E=mc²'(에너지=질량×빛의 속도의 제곱) 공식을 발표했다. 이는 에너지의 기본적인 본질을 담아낸 간단한 공식이다. 이 공식은 중력, 운동력, 공간, 시간 같은 기본적인 실재들을 복잡하게 계산해서 도출해 낸 것이다. 나 같은 보통 사람들은 아인슈타인 공식 이면의 계산을 다 이해할 수 없다. 하지만 $E=mc^2$은 그 많은 계산을 m(질량)과 c(빛의 속도)라는 가장 중요한 두 변수 사이의 관계로 간단하게 정리해 준다. [2]

복잡한 계산을 두 변수로 단순화한 덕분에 일반인이 이 공식의 핵심을 이해할 수 있게 되었다. 이 공식의 핵심은 매우 작은 질량 안에도 어마어마한 에너지가 포함되어 있다는 것이다. c(빛의 속도) 자체가 이미 엄청나게 큰 숫자다. 따라서 c의 제곱을 질량과 곱하면 실로 '막대한' 에너지가 탄생한다.

하지만 대부분의 경우, 이 에너지는 즉시 사용 가능한 상태가 아니다. $E=mc^2$은 막대한 에너지가 조약돌 같은 작은 질량 안에 '갇혀' 있다는 사실을 보여 준다. 이렇게 갇힌 에너지는 대개 사용 불가능한 형태로 있다. 아인슈타인 공식의 가치는 바꿔야 할 것에 초점을 맞추게 해 준다는 것이었다. 과학자들은 빛의 속도가 고정되어 있다는 것을 알았다. 이는 공식 중에서 c 부분은 바꾸는 것이 불가능하다는 뜻이다. 따라서 기회는 질량 변수에 있다. 결국 과학자들은 특정한 종류의 물질(특히 방사성 원소들)에서 작은(정확히는 아원자 차원의) 변화가 그 간힌 막대한 에너지를 풀어놓을 수 있다는 사실을 발견했다.[3] 이 접근법은 원자로에서 레이저와 휴대폰의 구글 맵 앱에 이르기까지 세상을 바꿔 놓은 혁신들을 낳았다.[4]

우리는 지금까지 불안을 조사하면서 하나님, 시간, 사랑, 죽음이라는 기본적인 실재들에 대해 다양한 계산을 하고, 여러 성경 구절과 이야기를 통해 그 계산들을 설명했다. 이제 실질적인 결과를 얻기 위해 바꿀 수 있는 것에 초점을 맞출 수 있도록 이 모든 통찰을 종합해 보자.

불안 공식은 다음과 같다.

불안=상실×피하기

이 공식에 따르면, 불안의 수준은 '상실Loss'과 '피하기Avoidance' 〔회피〕라는 두 변수의 결과물이다. 이 등식의 앞부분부터 살펴보자.

불안=상실×피하기

'불안=상실'은 불안이 상실, 정확히는 상실에 대한 두려움에서 비롯한다는 점을 보여 준다. 모든 불안은 미래의 상실에 대한 두려움이다.

모든 종류의 불안이 그렇다. 건강에 대한 불안은 신체 기능을 상실한 미래로 납치되는 것이다. 재정에 대한 불안은 미래에 돈을 잃을까 봐 초조해하는 것이다. 대인적 불안은 미래에 누군가의 존경을 잃을까 봐 두려워하는 것이다. 수행 불안은 유능하거나 성공적인 모습 같은 이상적 자아의 한 측면을 미래에 잃을까 봐 걱정하는 것이다.

다시 말하지만, 이 등식의 앞부분인 '불안=상실'은 살면서 어느 정도 수준의 불안을 피할 수 없다는 사실을 보여 준다. 상실을 피할 수 없기에 불안도 피할 수 없다. 왜 상실을 피할 수 없는가? 상실은 가장 기본적인 실재들인 하나님, 시간, 사랑, 특히 죽음이란 요소들로 계산할 때 도출되는 필연적인 결과이기 때문이다. 이 계산을 간단하게 정리해 보자.

___ **하나님**   하나님은 예수님을 통해 가장 정확하게 드러나신다. 예수님에 관한 복음 이야기들은 하나님이 불안 속에서 우리와 함께 계시고, 우리의 불안을 알아채게 도와주시며, 우리의 불안한 자아를 사랑으로 받아 주신다는 사실을 증명해 준다. 하지만 하나님은 '부활 전의 삶'에서 모든 상실을 막아 주시지는 않는다. 이 현실의 결정적 증거는 예수님 자신이 생명을 잃으신 것이다. 이는 기독교를 '이생에서 상실을 피하기 위한 청사진'으로 제시하는 것이 순전히 거짓이라는 점을 보여 준다.

시간 그 대신 하나님은 마지막 부활, 마지막 잔치에 모든 상실을 회복해 주겠노라 약속하신다. 그때까지 우리는 '지금과 아직'의 시간에서 산다. 지금과 아직 사이에서 우리는 상실을 경험할 수밖에 없다.

사랑 우리는 가장 사랑하는 것을 언제 잃을지 모르는 삶을 살고 있기 때문에 불안을 겪는다. 이 상황은 진정 인간이라면 누구나 불안을 겪을 수밖에 없는 이유를 더 잘 설명해 준다. 불안에서 해방되는 것은 모든 사랑을 버리는 것(사랑하는 사람을 잃을 가능성을 배제하는 것)이다. 이는 결국 비인간적으로 되는 것이다. 소시오패스와 사이코패스는 대개 불안을 거의 느끼지 않는다. 이는 잃을 가능성이 있는 그 어떤 것에도 사랑과 애착을 거의 느끼지 않기 때문이다. 하지만 인간은 이 세상을 사랑하면서 그 안의 모든 경험, 사물, 가치, 무엇보다도 사람들을 사랑하도록 창조되었다. 따라서 불안을 제로로 만들 수는 없다. 불안의 가능성을 제로로 줄이는 것은 곧 우리의 인간성을 제로로 만드는 것이기 때문이다. '지금과 아직'의 시간 속에서 모든 인간은 사랑하는 대상을 잃게 된다.

죽음 우리 모두는 죽을 수밖에 없는 인간이기 때문에 사랑하는 대상을 잃게 된다. 우리 모두는 죽는다. 그리고 죽으면 사랑하는 물건, 경험, 가치, 사람 모두를 잃는다.

지금부터 약 30초간 자신에게 물어보라. "나는 무엇을 잃을까 봐 가장 두려워하고 있는가?" 직장? 경험? 사람들의 존경? 사랑하는 사람? 그 상실의 가능성과 두려움을 떠올려 보라. 자, 떠올렸는가?

이제 이 질문에 관해 생각해 보라. "내가 언젠가 그 특정한 상실을 겪게 될 가능성은 얼마인가?" 그 가능성을 퍼센트로 계산해 보라.

어떤 대상을 선택하든 정확한 답은 100퍼센트다. 당신이 무엇을 사랑하든 그것을 잃게 되어 있다. 왜냐하면 당신은 죽게 되어 있기 때문이다. 죽으면 당신이 소중히 여기는 모든 물건, 경험, 가치, 사람을 잃게 된다.

예를 들면, 나는 생산적인 활동을 잃을까 봐 두려워한다. 나는 항상 유용한 일을 해야 직성이 풀리는 사람이다. 이상하게 들릴지 모르지만 나는 은퇴가 두렵다. 일하지 않는 나를 상상할 수 없다. 나는 골프처럼 순전히 즐기기만 하는 취미를 갖지 않는다. 사실, 나는 유용한 활동만을 좋아하기 때문에 지금껏 취미를 잘 찾지 못했다. 하지만 내 의지와 상관없이 언젠가 반드시 생산적인 활동을 하지 못하게 될 날이 온다. 나는 언젠가 반드시 죽기 때문이다. 그날이 오면 나는 더는 생산적이지도 쓸모 있지도 않을 것이다. 그 상실을 포함해서 다른 모든 상실이 내게 100퍼센트 확실하게 보장되어 있다.

이것이 불안의 지독하고도 고약한 아이러니다. 우리는 불안을 상실에 관한 불확실성으로서 경험하지만, 사실상 모든 상실은 절대적으로 확실하다. 우리가 삶에서 맛보게 될 상실을 관리하려고 노력할 수는 있다. 예를 들어, 상실이 닥치는 시기를 최대한 늦출 수 있다. 하지만 상실에 대한 관리는 결국 한계에 이를 수밖에 없다. 빛의 속도와 마찬가지로 죽음은 우리 모두에게 상수다. 죽는다는 현실은 변하지 않는다. 그리고 그 상실의 크기는 실로 막대하다. 아니, 그 상실은 그야말로 전부의 상실이다.

하지만 '전부'가 '끝'을 의미하지는 않는다. 기독교는 우리의 상실이 '최종적인 것'이 아니라는 소망을 제시한다. 나중에 살펴보겠지만, '최종적인' 부활의 소망을 올바로 이해하는 것은 불안을 통한 영적 성장에 매우 중요하다. 하지만 많은 그리스도인이 하나님이 이생에서 '상실 피하기'를 보장하셔야 한다는 믿음을 무의식적으로 품고 있다. 성경적인 기독교는 우리가 이 땅에서 사는 동안 상실을 완전히 피할 수 있다고 약속해 주지 않는다. 예수님처럼 우리 모두는 죽을 것이며, 모든 것의 상실을 경험할 것이다. 예수님의 경우처럼 우리의 최종적인 소망인 부활은 모든 인간에게 닥치는 완전한 상실을 거쳐서만 가능하다.

따라서 우리가 상실에 대해 불안해하는 것은 전혀 기만이 아니다. 사실, 그것은 아주 기초적인 진실을 직시하는 것이다. 오히려 기만은 우리가 궁극적으로 상실을 피할 수 있다고 믿는 것이다. 그 펌킨 패치 행사장에서 나를 공황 발작으로 몰아갔던 비이성적인 생각들에 관해 다시 생각해 보자. 나는 딸들, 아내, 그리고 급기야는 내 생명을 잃을까 두려워하기에 이르렀다. 미래로 철저히 납치를 당해 마치 그 순간 그런 상실이 실제로 일어나고 있는 것처럼 내 몸이 실제로 반응했다. 당장 그런 상실이 일어난다는 생각은 비이성적이었지만 언젠가 그런 상실이 일어난다는 것은 전혀 비이성적인 결론이 아니다. 나는 죽을 것이다. 그리고 죽을 때 내 딸과 아내, 내 생명을 잃을 것이다. 내가 이런 상실을 피할 수 있다는 생각은, 피할 수 없는 것을 피할 수 있다는 생각으로 나 자신을 기만하는 것이다.

상실이라는 피할 수 없는 현실은 불안 자체를 제거해야 할 문제로 취급하는 것이 실수인 근본적인 이유다. 물론 불안장애는 치료할 수 있고 치료해야 한다. 불안장애는 불안에 대한 그릇된 반응이다. 하지만 불안 자체를 제거할 수 있거나 제거해야 한다는 생각은 기만이다. 불안을 '죄'로 취급하는 그리스도인들은 이런 기만에 빠져 있다.

이 기만은 불안을 '질병'으로 취급하는 일반 정신 건강 분야의 접근법들도 왜곡시킬 수 있다. 사회과학자들인 앨런 호위츠와 제롬 웨이크필드는 *All We Have to Fear*(우리가 두려워해야 할 모든 것)라는 책에서 이 문제를 지적했다. 그들은 정신 건강 산업에서 필연적 상실에 대한 정상적인 반응을 점점 병으로 취급하는 현실에 우려를 표시한다.[5]

다시 말하지만, (피할 수 없는) 불안과 (불안에 대한 그릇된 반응인) 불안장애에는 중요한 차이가 있다. 이런 그릇된 반응 중에서 가장 만연한 반응은 무엇일까? 바로 '피하기'다.

이 점은 불안 공식의 나머지 절반에 표현되어 있다.

불안＝상실×피하기

피하기는 배가시키는 효과를 낳는다. 피할 수 없는 것을 피하려고 하면 언제 손에서 빠져나갈지 모르는 것을 붙잡으려고 하는 것이다. 이런 부질없는 노력이 불안 에너지의 본질이다. 우리가 피할 수 없는 것을 피하려고 사용하는 습관들이 아이러니하게도 불안을 증폭시킨다. 상실이라는 정해진 현실을 피하려고 하면 걱정하고 초조해하고 두려워하는 일에 파괴적인 에너지를 쏟게 된다. 우리의 뇌가 불가능한 것을 하려고 하면서 무익한 순환에 갇힌다. 불안에 관한 뇌 연구 분야를 주도하는 한 학자는 이 분야의 연구 결과를 이렇게 정리했다. "과도한 행동적·인지적 회피는 불안장애의 주요 특징이다."[6] 성경적으로 표현하면, 시편 139편 24절에서 말하는 "악한 행위"로서의 '불안한 생각들'의 중심에 회피가 있다.

좋고 필요한 영적 습관이 '피하기' 습관이 될 때

불안을 배가시키는 '피하기'를 포착하기란 쉽지 않다. 피하기는 치유의 능력처럼 원래는 좋고 필요한 영적 습관에서 나타날 수 있기 때문이다.

나는 보수적인 복음주의 교회에서 어린 시절을 보냈기에 치유 사역을 거의 경험해 보지 못한 상태였다. 그러던 차에 하버드대학교에 입학해서 교내 기독교 동아리에 가입했다. 거기서 다양한 기독교 교단에서 온 친구들을 사귀게 되었다. 난생처음으로 나는 남미계 오순절파 교인들, 은사주의 계열의 신자들을 알게 되었다. 그 친구들은 성령과 끈끈하고 강력한 관계를 맺고 있는 것처럼 보였고, 만날 때마다 성령 충만한 경험에 관한 이야기를 했다. 나는 이 친구들을 보며 영적으로 변화를 맞이했다. 기도할 때 방언을 하기 시작했고 성령의 능력과 임재를 사모하게 되었다.

대학교 4학년 때 나는 그 전까지 경험해 보지 못한 수준의 근심에 사로잡혔다. 하루는 아침에 눈을 떴는데 등이 견딜 수 없이 아팠다. 어린 시절부터 나는 척추가 굽은 선천성 척추측만증을 앓았다. 사춘기 시절에는 거추장스러운 허리 보조기를 차고 다닌 적도 있었다. 하지만 심각한 통증을 느낄 정도는 아니었다. 그런데 졸업을 불과 한 학기 앞둔 어느 날부터 통증이 심해지더니 수업 시간에 의자에 앉아 있지 못하게 되었다. 집에서도 책상에 앉아 공부를 할 수 없었고, 결국 졸업에 필수적인 졸업 논문을 마무리하지 못했다. 학교를 그만둘 수밖에 없는 상황이었다. 어쩔 수 없이 시카고 본가로 돌아갈 비행기를 예약하기로 했다.

불확실성이라는 두려움이 나를 휘감았다. '이러다 영영 회복되지 못하면 어쩌지? 이제는 이 친구들을 못 보는 걸까?'

불안은 나를 미래로 점점 더 멀리 납치해 갔다. 원래 나는 대학원에 진학해 교수가 될 생각이었다. 사실, 이것이 하나님이 나를 위해 예비하신 미래라는 성령의 말씀을 받았다고 생각했다. 그런데 갑자기 대학교 졸업장을 받을 수 있을지조차 불확실해진 것이다.

다른 상실의 가능성들도 속속 머릿속에 떠올랐다. '평생 장애인이 되면 어쩌지? 어떤 여자도 내게 눈길조차 안 주면 어쩌지? 결혼이나 할 수 있을까? 그럼 자식은?'

기독교 동아리 친구들은 내게 너무도 중요했다. 그래서 시카고 본가에 돌아가는 것을 미루고 학교 밖에서 몇몇 친구들의 집에 머물렀다. 모든 친구들이 나를 중심으로 모여 기도에 힘을 쏟았다.

한번은 친구가 다른 도시에 살던 치유 기도의 은사로 유명한 목사님을 모시자는 제안을 했다. 그 목사님은 우리의 초대에 흔쾌히 응했고, 우리는 그것을 하나님이 나를 고쳐 주실 것이라는 증거로 받아들였다.

그 목사님이 오기까지 똘똘 뭉친 우리 친구들 사이에서 기대감이 한껏 부풀어 올랐다. 치유 기도 모임을 위해 우리는 전에 없이 열심히 기도했다. 친구들은 기도하면서 성령께 엄청난 일이 일어날 것이라는 말씀을 들었다고 전했다.

그 목사님을 초대한 친구는 내 방에 들러서 문안으로 고개를 내밀었다. "하나님이 반드시 널 낫게 해 주실 거야."

"정말? 나도 몹시 기대가 되는데……" 나는 말끝을 흐렸다. "그런데 어떻게 그렇게 확신하는 거니?"

그 친구는 과학을 공부한 만큼 누구보다도 논리적인 사람이었다. "하나님은 널 우리 공동체 안에 두기를 원하셔. 그런데 네가 여기서 우리와 함께 있으려면 치유를 받아야 하잖아. 그러니까 하나님은 널 고쳐 주실 거야."

내 안에서 여러 감정과 생각이 상충했다. 친구의 말이 맞기를 간절히 원했다. 내가 치유를 약속하는 말씀을 확실히 받았는지 확신할 수는 없었지만 내 안에서 기대감이 치솟았다. 뭔가 놀라운 일이 정말로 일어날 것만 같았다. 이것이 하나님이 주신 느낌일까? 아니면 내 친구들의 기대에서 온 느낌일까? 그것도 아니면 나 자신의 절박감에서 비롯한 느낌일까? 알 수 없었다. 하지만 친구들은 확신으로 넘쳤고, 나도 친구들의 말을 믿고 싶었다.

사람들을 실망시키고 수치를 당할까 봐 두려워하던 리틀리그 투수는 여전히 내 안에 남몰래 살고 있었다. 나는 내가 고침받지 못하면 친구들이 어떻게 생각할까 두려워했다. 그러자 불안이 증폭되었다. '이런 두려움은 내가 믿음이 없다는 뜻일까? 내가 믿음이 없어서 치유를 방해하게 되는 것은 아닐까? 약속된 기도회 전에 내가 죄를 짓기라도 하면 어쩌지?' 내가 기도회 전에 학교에서 매력적인 여학생을 음란한 눈으로 보게 될까 봐 걱정이 되기 시작했다. 내 실수로 일을 그르칠까 봐 두려웠다. 그래서 내 양심을 전에 없이 철저히 돌아보고 조그만 잘못이라도 생각나면 즉시 하나님께 고백하고 회개했다.

기도회가 열리는 날 밤, 그 목사님과 가장 친한 내 친구 몇 명이

학교 밖의 한 아파트에서 모였다. 다른 친구들은 학교 안에서 철야 기도로 모였다. 어떤 친구들은 이 기도회를 기대하며 며칠간 금식을 했다.

목사님은 나이가 좀 있는 친절하고 온유한 분이었다. 그는 내게 손을 얹고 기도하기 시작했다. 그러자 나를 둘러싼 친구들도 따라 기도하기 시작했다. 방언 기도가 들려왔다. 성령을 부르는 소리가 들려왔다. 친구들은 내가 이미 나았다고 선포했다.

그런데…… 아무런 일도 일어나지 않았다.

병 고침이 일어나지 않았다는 말이다. 그날 밤 내 등은 치료되지 않았다. 그 뒤로도 마찬가지였다. 내 등의 상태는 지금까지도 똑같다. 그 기도회가 끝나고 몇 주 뒤 나는 시카고 본가로 돌아갔다. 결국 나는 고통을 안고 살아가는 법을 배웠고, 이듬해에 학교(그리고 그 기독교 동아리)로 돌아올 수 있었다. 나는 그 뒤로 학사 학위를 받았고, 계속해서 삶을 살아갔다.

친구들은 함께 모여서 이 경험에 관해 이해하려 시도하지 않았다. 그렇게 뜨겁게 기도해 놓고서 성령이 우리의 기대대로 역사하시지 않은 일을 직시하기 위해 따로 모이는 시간을 갖지 않았다. 우리는 실망에 관한 이야기를 피했다.

우리의 피하기는 이해할 만했다. 우리가 살펴봐야 했던 것들에 관해 생각해 보라. 치유가 나타나지 않은 것은 친구들이 성령의 말씀을 잘못 들었기 때문일까? 아니면 내가 뭔가 잘못을 저질렀던 탓일까? 두 가지 가능성이 있었지만 우리 모두는 둘 중 어떤 가능성도 직시하고 싶지 않았다. 어느 쪽이든 그것은 감당하기 힘든 너무 불편한 진실이었다. 그래서 우리는 그 일을 아예 잊고 아무 일도 없던 것처럼 지내려고 했다.

하지만 나는 그럴 수 없었다. 한껏 품었던 기대가 와르르 무너져 내렸다. 그리고 그 일은 내게 어떻게든 영향을 미쳤다. 이런 혼란스러운 실망을 경험한 사람은 나만이 아니다. 은사주의든 아니든, 너무도 많은 기독교 공동체가 리더들이 치유의 약속에 관해 제대로 들었는지 의문을 표시하는 일을 피하고 있다. 그래서 의심의 무게는 오롯이 실망한 당사자의 어깨 위에 놓인다.

이렇게 한껏 기대했다가 실망한 사람들은 하나님을 의심하게 되는 경우가 많다. '하나님은 계시지 않은지도 몰라.' '하나님이 이렇게 내 기대감을 잔뜩 끌어올렸다가 실망시키셨으니 하나님이 사랑이 많은 분이라는 말은 다 거짓인지도 몰라.' 어떤 이들은 자신을 의심한다. '내 믿음이 부족한 것인지도 몰라.' '나도 모르는 숨은 죄를 품고 있는지도 몰라.' 겉으로 드러나지는 않더라도 혼란과 의심은 저 깊은 곳에서 소용돌이를 치고 있다. 이런 영적 불안을 그냥 방치하면 곪고 증폭해서 하나님과의 관계에 스며들 수 있다.

돌아보면 그 치유 기도의 경험은 상실을 피하려는 욕구로 가득했다. 나는 미래에 관한 꿈을 잃는 것을 피하고 싶었다. 내 친구들은 나를 잃는 것을 피하고 싶었다. 그리고 기대했던 치유가 일어나지 않자 우리 모두는 영적 확신을 잃는 것을 피하고 싶었다. 이 모든 피하기는 이해할 만하고 좋은 의도, 아니 사랑에서 비롯했다. 하지만 그 결과는 더 큰 수준의 불안이었다.

오해하지는 말라. 나는 치유 기도가 좋고 꼭 필요한 영적 습관이라고 믿는다. 여기서 내 경험을 소개한 것은 상실을 피하려는 욕구가 좋은 습관을 왜곡시켜 "악한 행위"로 변질시킬 수 있음을 보여주기 위해서다. 상실을 피하려는 욕구로 인한 영적 왜곡 없이, 지나친 확신 없이, 응답되지 않은 기도에 대해 누구를 탓하지 않고 건강하게 치유 기도를 할 수도 있다. 하지만 피하기 욕구를 감지하지 못하면, 쉽게 해로운 형태의 치유 기도에 빠져 불안감이 커지는 결과를 낳을 수 있다.

나를 불안에 가두는 함정

영적 피하기는 영적 불안을 증폭시킨다. 이런 상황은 '무조건 문제가 해결됐다고 선포하는 것'과 '기도로 불안을 없애려는 것' 같은 안 좋은 습관으로 나타난다. 이런 영적 습관은 상실의 가능성을 부인하는 것이며, 이는 더 많은 영적 불안을 낳는다. '어쩌면 내 믿음이 부족한 것인지도 몰라. 내게 숨겨진 죄가 있는지도 몰라. 하나님이 나를 사랑하시지 않는지도 몰라. 어쩌면 하나님은 사디스트이신지도 몰라.'

신체적 피하기는 신체적 불안을 증폭시킨다. 폐소공포증 같은 신체적 공포증을 앓는 사람들은 자신의 몸이 제한된 공간에 갇히는 것을 피하려고 한다. 그러다 보니 모든 공간의 제약적인 측면에만 초점을 맞춘다. 시간이 지나면 몸은 어디를 가나 벽과 천장이 얼마나 가까운지에만 너무 예민하게 신경을 쓰게 된다. 신체적 피하기가 습관으로 굳어지면 심지어 지극히 작은 제약의 기미만 보여도 극심한 신체적 공포 증상이 나타날 수 있다.[7]

정신적 피하기는 정신적 불안을 증폭시킨다. 내 래치키 키드 시절을 다시 생각해 보자. 내가 어머니의 정확한 퇴근 시간을 알아낼 수 있었다면 두려움이 완전히 사라졌을까? 절대 그렇지 않다. 시카고에 겨울이 와서 눈보라가 일어나자(시카고에서는 죽음만큼이나 필연적인 일) 내 두려움 수치가 치솟았다. 어머니가 은행을 떠난 정확한 퇴근 시간과 예상 귀가 시간(불확실성을 피하기 위한 데이터)을 아니까 오히려 시계의 초침이 움직일 때마다 걱정의 수치가 따라서 올라갔다.

내 치유 기도 사건에서처럼 피하기는 포착하기 어려운 모습으로 나타날 수도 있다. 불안해하는 부모들을 예로 들어 보자. 어떤 부모는 적절한 관심 수준을 넘어 자녀를 지나치게 간섭한다. 헬리콥터처럼 자녀 주변을 맴도는 부모들은 피하기와 정반대 행동을 하는 것처럼 보일 수 있다. 하지만 헬리콥터 양육의 이면에는 불안에서 비롯한 피하기가 있다. 헬리콥터 부모들은 사랑하는 자녀가 상실을 경험할 수밖에 없다는 현실을 어떻게든 피하려고 한다. 그들은 상실을 막기 위해 '우리는 모든 것을 바로잡을 수 있다'라고 스스로를 속인다. 결국 이런 식의 피하기는 자녀에게 도를 넘은 관심을 쏟게 한다.

그런가 하면 자녀를 너무 풀어 주는 부모가 있다. 이런 부모는 헬리콥터 부모와 정반대처럼 보인다. 하지만 표면 아래를 파헤쳐 보면 여기서도 불안과 피하기를 발견할 수 있다. 자녀에게 신경 쓰지 않는 부모들은 자녀의 필연적인 고통(그리고 자신이 유능한 부모라는 확신이 무너지는 것)을 두려워한다. 그래서 그들은 스스로에게 '모든 것이 괜찮다'라고 말한다. 이런 식의 피하기는 자녀에게 스스로 자랄 건강한 여지를 주는 차원을 넘어서 자녀를 지나치게 방치하게 한다. '우리는 모든 것을 바로잡을 수 있다'와 '모든 것이 괜찮다'는 둘 다 불안에서 비롯한다. 피하기가 서로 다른 행동으로 표현된 것일 뿐이다.

겉으로는 정반대처럼 보이는 반응 중에는 깊이 파 보면 이렇듯 연결점이 발견되는 경우가 많다. 몸이 상할 정도로 공부하는 학생과 게으른 학생은 둘 다 실패(이상적 자아의 일부 측면의 상실)를 피하려는 욕구를 지니고 있다. 전자는 지나친 공부로 실패를 피하려고 하고, 후자는 아예 노력하지 않음으로써 실패를 피하려고 한다. 건강 염려증 환자와 건강검진을 거부하는 사람을 생각해 보라. 전자는 모든 검사를 받아 죽음의 필연성을 피하려고 하고, 후자는 검사를 아예 받지 않음으로써 죽음을 외면한다.

이는 불안이 하나님이 설계하신 투쟁-도피 시스템을 납치하기 때문이다. 눈앞의 위협을 피하기 위해 우리는 그 위협 주변을 '맴돌거나' 그 위협으로부터 '벗어나려고' 한다. 헬리콥터 부모, 지나치게 공부하는 학생, 건강 염려증 환자는 (상실을 피하기 위해) 두려움 주변을 '맴돈다.' 자녀를 방치하는 부모, 게으른 학생, 건강검진을 거부하는 사람은 (역시 상실을 피하기 위해) 두려움에서 '벗어나려고' 한다. 둘 다 행동은 다르지만 상실의 가능성을 피하는 것이다. 자신의 피하기 습관(맴돌기/벗어나기)을 파악하면 불안 수치를 낮추기 위해 어떤 조치를 해야 할지 판단할 수 있다.[8]

어떤 종류의 피하기 습관을 갖고 있든 결과는 불안 에너지다. 피하기는 피할 수 없는 것을 피하려는 것이기 때문에 불안 에너지를 낳는다. 피하기는 무의미한 짓이다. 피하기는 불가능한 것을 하려는 시도이기 때문에 피하기를 이어 가기 위해서는 점점 더 많은 에너지를 끌어모아야 한다. 이것이 불안이 우리를 지치게 하는 동시에 중독시키는 이유다. 불안한 사람은 돌고 도는 다람쥐 쳇바퀴에 갇혀 있다. 두려움 주변을 맴돌든 두려움에서 등을 돌려서 가든, 아무리 빨리 달려도 제자리다. 피하기 습관은 우리를 불안에 갇히게 하는 함정이다.

변화를 위한 기회

불안 공식은 '피하기를 줄이는 것이 곧 불안을 줄이기 위한 강력한 방법'이라는 사실을 보여 준다.

'E=mc²' 공식처럼 '불안=상실×피하기' 공식도 변화를 위한 기회를 알려 준다. 피하기는 주요 변수다. 빛의 속도와 마찬가지로 상실은 고정되어 있는 값이고, 피할 수 없으며, 막대하다(사실, 우리는 결국에는 전부를 잃게 되어 있다). 하지만 물질 속 아원자의 변화가 에너지 수준에 큰 영향을 미치는 것처럼, 피하기를 조금만 줄여도 불안 수치는 크게 줄어든다. 그 과정에서 불안 에너지는 더 생산적인 에너지로 전환된다. 이 기회를 풀어놓으려면 피하기를 다루는 방식을 바꾸어야 한다.

피하기 습관은 분명 바꿀 수 있다. 많은 심리학적 연구가 피하기를 줄이면 불안이 눈에 띄게 줄어든다는 점을 보여 준다.[9] 하지만 불안을 줄이려면 '훈련'이 필요하다. 우리에게는 피하기 습관이 깊이 배어 있다. 대개 이 습관은 (나의 래치키 키드 시절 작전처럼) 아주 어릴 적부터 시작된다. 피하기는 반복을 통해 무의식적이고 습관적으로 변한다. 따라서 피하기 습관을 줄이려면 연습이 필요하다.

피하기 습관을 줄이려면 면밀한 조사가 필수다. 피하기가 영적 어두움에서 비롯하는 경우도 있다. 때로 우리는 성경에서 '우상숭배'라고 부르는 이 핵을 찾아내야 한다. 실제로 CEB 역본에서는 시편 139편 24절의 "악한 행위가 있나 보시고"를 "내 안에 **우상숭배적인** 행위가 있나 보시고"로 번역한다. 우상은 우리 삶에서 마땅히 하나님께 속한 역할(특히 우리를 향한 그분의 사랑)을 대체하는 모든 것을 말한다. 우상숭배는 하나님 사랑의 대체물에 대한 우리의 믿음을 표현한 습관들이다. 불안의 중심에 이런 우상숭배가 있는 경우가 있다. 우상숭배의 핵심이 바로 '피하기'다. 우상숭배는 하나님을 믿어야 하는 우리의 존재적 진실을 피하는 것이다.

물론 모든 불안의 중심에 우상숭배가 있는 건 아니다. 하지만 그런 경우가 분명히 있다. 이것이 시편 139편 기자가 하나님께 자신의 "불안한 생각들"을 살펴 "우상숭배적인 행위"가 있는지 조사해 달라고 요청드린 이유다. 그리고 불안의 중심에서 우상숭배를 발견하는 것은 곧 놀라운 기회를 발견하는 것이다. 그 우상을 부술 수 있다면 영적으로 원자를 부수는 것과도 같기 때문이다. 그렇게 되면 갇혀 있던 막대한 양의 에너지가 풀려나 하나님이 우리를 위해 예비하신 종류의 생산성을 얻을 수 있게 된다.

이 불안 공식을 우리 삶에 실질적으로 어떻게 적용할 수 있을까? 어떻게 하면 피하기를 줄여 불안을 줄이고, 불안 에너지를 시편 139편에서 "영원한 길"로 묘사한 생산적이고 계속해서 새로워지는 에너지로 바꿀 수 있을까? 특정한 불안의 중심에 있는 숨은 우상숭배를 어떻게 찾을 수 있을까? 다음 장에서는 불안 공식을 사용하기 위한 사례 연구를 소개하겠다.

나, 무엇을 잃을까 봐
두려운 걸까

삑! 삑! 삑!

경적처럼 들리는 알람 소리에 사무실 책상에서 내 엉덩이가 나도 모르게 들썩했다. 때는 2020년 3월 16일 월요일이었다. 나는 이 낯선 소리의 근원지를 찾아 의자를 빙 돌렸다. 마침내 그것이 내 호주머니 속 휴대폰에서 나는 소리였음을 깨달았다. 휴대폰을 꺼내 문자 메시지를 읽었다. 우리 카운티에서 그날 외출 제한 명령을 선포하는 메시지였다.

베이 에어리어의 다른 지역들과 마찬가지로 산타클라라 카운티는 코로나19의 위협에 봉쇄 조치를 처음 시행한 지역 중 하나였다. 장을 보러 마트에 갔다. 거리는 이미 한산했다. 마치 유령 도시를 방불케 했다. 하지만 마트 앞에는 사람들의 줄이 길게 늘어서 있었고, 몇몇 품목은 이미 바닥나 있었다.

이후 몇 주간 바이러스와 불확실성이 사방으로 퍼져 나갔다. 덩달아 내 불안감도 급속도로 치솟았다. 나는 할 수 있는 모든 방법을 동원했다. 자연을 맛보며 현재에 집중하고자 수시로 자전거를 타러 밖으로 나갔다. 그런데 겉으로는 편안하게 자전거를 타는 것처럼 보였지만 사실은 불안한 생각들의 등을 타고 미래의 두려운 시나리오 속으로 끌려가고 있었다. '이다음에는 어떤 일이 벌어질까?' '이 봉쇄 조치는 얼마나 지속될까?' '모든 것이 무너져 내릴까?' 그러다 보니 자전거를 타러 밖에 나갈 때보다 오히려 불안감이 더 심해진 채 집에 돌아왔다.

나의 일부는 '저 바깥에' 있는 문제들로 관심을 돌리고 싶어 했다. 나는 내 진짜 문제가 세상에서 벌어지고 있는 일에 관한 데이터가 부족한 것이라고 생각했다. 그래서 강박적으로 인터넷을 검색해 최근 코로나19 확진자 숫자, 연구 결과, 중국 우한과 이탈리아 같은 먼 곳에서 날아온 보고서들을 확인했다. 내 인터넷 검색 기록에는 '톰 행크스의 혈중 산소 농도'도 있었다.

이렇게 내 관심을 '저 바깥'으로 돌리면서도 나는 그 불안이 '여기 내 안에' 있다는 것을 깨닫기 시작했다. 사실, 나는 내 몸 안에서 불안 수치가 높아지는 것을 정확히 측정할 수 있다. 나는 최근 심장 질환 진단을 받았고, 전염병에 더 취약할 수밖에 없는 몸이다. 그래서 자전거를 탈 때 심박 모니터를 차고 다닌다. 보통은 페달을 밟으면 심박이 흰색에서 파란색을 거쳐 초록색(운동 시 목표로 하는 수준)으로 꾸준히 올라가는 것을 볼 수 있다. 나는 수치를 노란색 아래로 유지하도록 노력한다. 당연히 빨간색은 넘으면 안 된다. 그런데 봉쇄 조치 초기에 자전거를 타다가 처음부터 초록색인 것을 보고 깜짝 놀랐다. 조금만 활동을 해도 노란색을 넘어 심지어 빨간색까지 넘어갔다.

나는 여전히 불안이 가득한 사람이었다. 심지어 운동도 제대로 하지 못할 상태였다. 나는 성숙하지 못하다며 스스로를 꾸짖었다. 생각만큼 영적 진전을 이루지 못한 나 자신을 비난했다. 이런 순간에는 나 자신을 받아들이는 행동이 특히 중요했다. 자기혐오가 발동한 것을 느낄 때마다 오른손을 왼쪽 어깨에 대고 부드럽게 두드렸다. 그러면서 계속해서 나 자신에게 "얘야, 괜찮아. 다 괜찮아"라고 말했다.

이런 활동은 불안 수치가 높아지는 속도를 늦추는 데 도움이 되었다. 또한 나는 늘 기도했다. 관상 기도도 했다. 하지만 불안의 상승은 느려지기는 해도 멈추지는 않았다. 도시 봉쇄가 시작된 지 3주 정도 지날 무렵 내가 잠을 잘 못 잔다는 사실을 발견했다. 이는 심각한 경고 신호였다.

그즈음 기도하던 중에 내 안에서 성령이 느껴졌다. 그것은 일종의 불편한 느낌이었지만 불안으로 인한 느낌과는 달랐다. 그것은 '거룩한 불편'이었다. 그것은 나를 내 생각의 소용돌이로 몰아넣는 불편이 아니었다. 오히려 그것은 행동하라는 초대요, 촉구처럼 느껴졌다.

의학계는 팬데믹의 의학적 본질을 미친 듯이 조사하고 있었다. 나는 내 불안의 영적 본질을 조사하라는 성령의 부르심을 느꼈다.

어디서부터 시작해야 할까?

내가 두려워하는 상실의 본질 파악하기

불안 공식(불안=상실×피하기)에 따르면, 먼저 우리가 두려워하는 상실의 정확한 본질을 파악해야 한다. 그 부분에서 피하기 습관을 줄이면 가장 큰 효과를 거둘 수 있기 때문이다. 여기에는 노력이 든다. 상실로 들어가기를 피하는 게 인간의 자연스러운 성향이기 때문이다. 우리는 가장 두려운 상실에 관한 인식을 우리 정신의 깊은 곳, 주로 덜한 상실들 아래에 묻어 두는 경향이 있다.

팬데믹으로 인한 내 불안을 처음 조사하기 시작할 때는 내가 가장 걱정하는 것이 '건강'이라고 생각했다. 특히나 최근 심장 질환 진단을 받았기 때문이었다. 나는 머릿속의 라디오 활동을 시작했다. 예수님의 영과 함께 멀찍이 떨어져서 내 불안한 생각들에 귀를 기울였다. 그러자 뜻밖의 사실이 드러났다. KFEAR보다 KWORK의 소리가 더 시끄러웠다. 내 생각들은 주로 내가 운영하는 컨설팅 회사에 관한 것이었다. 나는 일에 대한 두려움에 사로잡혀 있었다.

팬데믹 기간에 이 새로운 두려움의 소리가 점점 커졌다. 그리고 점점 더 빨라졌다. 마치 랩처럼 들릴 지경이었다. 내 머릿속에서 맴도는 생각들을 랩으로 만들면 다음과 같을 것이다.

팬데믹은 이코노믹

봉쇄는 붕괴

돈은 뚝

비영리는 비호감

떠나가는 고객들

누가 여기에 돈을 쓰려 할까?

매일매일

나는 말하네.

누가 여기에 돈을 쓰려 할까?

누가 여기에 돈을 쓰려 할까?

지금 당신이 무슨 말이라도 하고 싶은 줄 안다. "혹시 랩 가수가 될 생각이라면 제발 본업을 그만두지 마시길." 그렇다. 바로 이것이 내 두려움의 요지다. '본업을 그만둘 수밖에 없는 상황이 오면 어떻게 하지?'

누가 여기에 돈을 쓰려 할까? 게다가 내 회사를 이끌고 2008-2009년 대침체Great Recession 기간을 지나온 경험이 있었기에 상황이 얼마나 힘들 줄 알고 있었다. 극심한 장기 불황이 찾아오면 비영리단체에서는 우리 회사 같은 컨설팅 서비스에 사용하는 지출을 가장 먼저 삭감하고 가장 나중에 부활시킨다. 2020년 봄, 많은 전문가들은 대침체보다 더 심한 장기적 경제 붕괴를 예고했다. 우리 회사가 이 불황에서 살아남을 수 있을까? 회사를 잃을지 모른다는 두려움이 내 불안의 이면에 자리했고, 성령은 나를 그곳으로 이끌고 계셨다.

성령의 음성을 알아듣는 법

우리 모두는 그 두려움 속으로 들어가라고 초대를 받았다. 상실에 대한 두려움을 깊이 파 들어가는 일은 누구나 할 수 있다. 그런데 정작 자신의 생각을 조사하자니 한 가지 중요한 질문이 생긴다. 성령의 음성인지 어떻게 알아들을 수 있을까? 우리가 우리 자신의 목소리가 아닌 성령의 음성을 듣고 있는지 어떻게 알 수 있을까?

이 질문은 '생각'의 원천에 관한 질문이다. 우리 대부분이 성령의 음성을 귀로 듣지 않기 때문이다. KFEAR의 소리와 그것을 들을 때 찾아오는 통찰은 외부의 화자에게서 온 것이 아니라, 내 생각 속에서 이루어진 것이었다. 우리의 두려움을 조사해 보면 우리 머릿속에 있는 생각들은 다양한 내적 원천에서 비롯한다. 그래서 특정한 생각이 성령에게서 온 것인지 우리 자신에게서 온 것인지를 정확히 판단하기가 쉽지 않다.

이렇게 성령의 음성을 우리 자신의 음성과 구분하기가 어렵다 보니 자신의 생각들을 조사하는 일이 엄두가 나지 않을 수 있다. 일부 그리스도인이 이 난관을 해결하기 위해 사용하는 방법은 '오직' 성령에게서만 올 수 있는 통찰만 받아들이는 것이다. 일부 은사주의 계통에서는 이것이 지식의 말씀이라는 은사를 강하게 추구하는 모습으로 나타난다. 이는 하나님이 (다른 사람 같은) 외부의 원천을 통해 정보를 주시는 것이다. 이런 정보는 우리 자신 안에서 비롯할 가능성이 전혀 없다. 실제로 이 은사주의 계열의 신자들은 "하나님이 알려 주시지 않고서는 그가 이 사실을 알 수가 없어!"라는 말로 지식의 말씀의 신뢰성을 주장한다.

나는 우리 자신의 머릿속에서 나올 수 없는 음성을 성령이 외부로부터 주실 때가 분명 있다고 믿는다. 성경에는 이런 기적적인 역학의 사례가 틀림없이 있다. 하지만 기본적으로 성령은 그분의 음성과 우리 자신의 생각을 이렇게 엄격히 구분할 것을 요구하시지 않는다.

로마서 8장 26절을 메시지 성경으로 보면, 우리보다 우리 속을 더 잘 아시는 성령이 우리에게 멀리 떨어져 있는 외부의 화자가 아니라 우리 "곁에서" 우리를 도우신다고 강조한다.

예수님은 우리와 성령이 더 친밀하고도 내적 차원에서 연결되어 있다고 말씀하신다. 요한복음 14-17장에서 예수님은 성령이 '우리 안에' 살아 계셔서 우리를 "모든 진리 가운데로 인도"하실 것이라고 계속해서 강조하신다(요 16:13). 이는 우리 안에 계신 성령이 우리 안에 이미 있는 모든 진리로 우리를 인도하신다는 뜻이다. 성령이 우리 안에 있는 기존의 생각들을 원재료로 삼아 우리와 함께 새로운 통찰을 빚어 주신다고 볼 수 있다. 우리와 성령의 관계는 '이분법적' 관계가 아니다. "이 생각이 성령에게서 온 것인가, 내게서 온 것인가?"라는 질문은 잘못됐다.

우리의 생각을 깊이 파헤칠 때 더 적절한 질문은 "이 생각의 톤과 내용이 예수님의 음성과 닮아 있는가?"라는 것이다.

음향 분야에서는 녹음된 오디오 샘플이 원음에 최대한 가까운 것을 추구한다. 이 원칙을 영적으로 적용해 보면 이렇다. 성령은 예수님의 영이시며, 예수님은 그분의 영이 그분의 것을 우리에게 알려 줄 것이라 약속하셨다(요 16:14). 성령은 원음이신 예수님과 똑같은 방식으로만 우리를 인도하신다.

이것이 사복음서를 읽는 것이 그토록 중요한 이유다. 성령의 음성을 들으려는 사람은 사복음서를 반드시 읽어야 한다. 사복음서를 읽는 것, 특히 그 이야기들에서 우리 자신을 보는 방식으로 사복음서를 읽는 것은 '원음'을 듣는 것과도 같다. 예수님에 관해 읽으면 우리의 음성 인식 능력이 발달된다. 우리 내면의 생각 가운데 무엇이 우리 주님의 '원음'에 가까운지를 분간하는 능력이 자라난다. 불안을 경험할 때 이런 종류의 영적 성장은 외부의 지식의 말씀을 절박하게 찾는 것보다 훨씬 효과적이고 믿을 만하다. 우리의 불안한 생각들을 조사하는 일은 원음과 일치하는 성령의 음성을 듣기 위한 좋은 훈련의 장이 될 수 있다.

성령의 음성에서 오는 통찰은 예수님의 원음과 '톤' 측면에서 정확히 일치한다. 비난하거나 수치심, 두려움, 불안을 일으키는 음성을 듣는다면 그것은 성령에게서 온 음성이 아닐 가능성이 높다. 그런 음성은 오로지 우리 자신의 생각에서만 비롯한 다른 내적 목소리다. 우리가 이것을 알 수 있는 건 사복음서 어디에서도 예수님은 비난하거나 수치심, 두려움, 불안을 일으키는 말씀을 하신 적이 없기 때문이다.

성령이 주시는 통찰은 '신학적인 내용' 측면에서도 예수님의 원음과 일치한다. 특정한 상실을 100퍼센트 면하게 해 주겠다는 성령의 음성을 들었다면, 그것은 사실 성령의 음성이 아니라 우리 자신의 피하기 성향이 표출된 것일 가능성이 높다. 예수님은 오히려 제자들에게 모든 것을 잃을 준비를 하라고 가르치셨기 때문이다(마 16:24-25; 눅 18:24-34).

상실에 대한 우리의 두려움을 조사할 때 성령의 음성은 질문의 형태를 띨 가능성이 높다. 탁월한 질문은 예수님이 제자들과 함께 통찰을 형성하기 위해 쓰신 방법이다. 성경학자 마틴 코펜하버는 예수님이 많은 질문을 던지셨다는 점을 보여 주었다(사복음서에서 307개의 질문). 이런 식으로 함께 진리를 형성하는 방식은 예수님이 분명한 선포로 질문에 답해 주신 경우보다 훨씬 많다.[1] 질문하기는 예수님의 영이 우리 곁에서 우리를 진리로 인도하기(억지로 끌고 가는 것이 아니라) 위해 자주 사용하시는 방식이다.

불안할 때 우리는 성령에게서 오는 "왜?"란 질문에 특히 주목해야 한다. "너희는 **왜** 두려워하느냐?"는 예수님이 풍랑 한가운데서 불안해하는 제자들에게 하신 질문이다(막 4:35-41, NIV). 예수님은 빈 무덤 밖에서 불안해하는 막달라 마리아에게도 "왜"라는 질문을 던지셨다(요 20:13).

성령이 말씀하시는 방식에 관한 이런 영적 통찰을 이제 팬데믹 기간 동안 내가 겪은 일에 적용해 보겠다. KFEAR의 소리를 들어 보니, 나는 내 컨설팅 회사를 잃을까 봐 걱정하고 있었다. 하지만 성령은 내 곁에서 나와 함께 계속해서 내 생각들을 더 깊이 파헤치셨다. '내가 그 일을 이토록 두려워하는 진짜 이유는 무엇인가?'

한번은 관상 기도를 하던 중에 내 마음속에서 답이 선명해졌다. 펜데믹은 내 이상적 자아를 위협하고 있었다. 우리 회사는 곧 '세상이 나를 바라보는 통로'였다. 세상은 나를 성공한 기업가로 보고 있었다. 목회자 자리에서 실패한 뒤에 나는 이 새로운 정체성을 구축하기 위해 부단히 노력했다. 이 회사를 잃는 것은 내 이상적 정체성의 그 부분을 잃는 것을 의미했다.

상실의 이 층을 걷어 내고 나니 내가 어떤 피하기 행동들을 하고 있는지 파악할 수 있었다. 내 이상적 자아는 사람들의 존경을 잃을까 봐, 불안한 자아를 사람들의 이목에서 지우는 방식으로 피하고 있었다. 불안한 자아 역시 엄연히 내 일부이기에 이런 피하기 행동은 역효과를 낳아 더 큰 불안으로 이어진다. 불안을 줄이려면 이런 피하기 행동을 줄여야 했다. 내 불안한 자아를 사람들에게 보이지 않으려는 노력을 멈추어야 했다. 구체적으로 어떻게 해야 할까?

내가 취한 행동은 전국에 있는 내 믿음의 친구들에게 이메일을 보내는 것이었다. 내 이상적 자아만 보여 주고 싶은 대상도 일부러 포함시켰다. 이메일을 통해 회사를 잃는 것에 대한 내 두려움을 고백하고 기도를 요청했다. 많은 친구들이 공감과 중보 기도와 포용으로 화답해 주었다. 그들이 보여 준 친절은 내 불안한 자아를 받아들이고 그 자아를 내 이상적 자아와 조화시키는 일에 도움이 되었다.

모든 사람이 저마다 상실의 층들을 지니고 있다. 많은 사람이 이상적 자아의 상실을 두려워하지만, 정신적 표면 아래에 다른 종류의 상실에 대한 두려움이 있을 수 있다. '불안=상실'이라는 공식은 상실에 대한 두려움을 파헤쳐야 한다는 점만 말해 준다. 그 층들이 어떻게 배열되어 있는지는 말해 주지 않는다. 그 배열을 아는 유일한 방법은 시편 139편의 기도를 드리면서 하나님께 당신과 당신의 불안한 생각들을 살펴 달라고 요청하는 것이다. 성령은 공식이 아니라, 개인적인 안내자시다. 우리가 마음을 열면 마음을 살피시는 분께서 우리와 함께, 우리 안에서 우리의 불안한 생각들을 파헤쳐 주실 것이다. 주님의 음성에 귀를 기울이면 부드럽게 던지시는 질문을 듣게 될지도 모른다. "이 상실이 **왜** 그토록 두렵게 느껴지느냐?"

상실 관리의 한계를 받아들이라

불안 공식에서 상실 부분의 깊은 층들을 파헤치면 상실 관리의 한계를 받아들일 수 있게 된다. 우리는 상실을 완전히 피할 수는 없지만 때로 상실의 날이 무뎌지게 관리할 수 있다. 예를 들어, 나는 결국 육체의 삶을 잃을 것이다. 그럼에도 불구하고 나는 이 상실이 최대한 늦게 찾아오도록 꾸준히 운동을 한다. 또한 남은 시간 동안 최대한 활동적이고 생산적인 상태를 유지하기 위해 운동을 한다.

상실 관리의 실질적인 단계들을 밟으면 불안을 줄이는 데 도움이 된다. 걱정으로 무기력에 빠져 있는 것보다 생산적인 일을 하는 편이 낫다. 무언가 노력을 하면 불안한 생각들을 잊어버리는 데 도움이 된다. 운동은 스트레스 완화에 도움이 되는 호르몬을 분비시킨다.

하지만 이 모든 노력은 상실 피하기가 아니라, 상실 관리일 뿐이다. 내가 아무리 운동을 열심히 해도 모든 상실 중의 상실인 죽음을 피할 수는 없다. 우리 부부는 상실 관리의 한계를 늘 기억하기 위해 우리 집의 운동기구를 모아 놓은 방의 바벨들 위에 "이 속세의 괴로움 체육관"이라는 글귀를 붙여 놓았다. 이는 "우리가 이 속세의 괴로움을 벗어던졌을 때"라는 죽음의 필연성에 관한 햄릿의 독백에서 가져온 표현이다. 이는 약간 농담 삼아 적어 놓은 글귀지만, 우리의 상실 관리에는 한계가 있음을 기억나게 해 주는 진지한 글귀이기도 하다.

영적 성장에서 우리의 상실 관리에 한계가 있다는 점을 인정하는 것이 중요하다. 나는 팬데믹 초기에 내가 운영하는 회사를 잃을지 모른다는 두려움을 다루기 위해 상실 관리에 최선을 다했다. 고객들에게 더 다가갔고, 서비스를 다각화했으며, 현금 흐름을 철저히 살폈다. 하지만 그러면서도 이 모든 노력이 확실성을 보장해 주지 않는다는 사실을 늘 기억했다. 덕분에 건강한 한계 이상으로 과로하지 않을 수 있었다. 해야 할 일을 다 하기만 하면 불확실성에서 확실히 벗어날 수 있다고 착각할 때 과로할 가능성이 매우 커진다. 그 일을 완수할 때까지 쉬지 않게 된다.

팬데믹 기간에 나는 회사를 살리려 노력하는 가운데서도 예수님이 들려주신 어리석은 부자 비유를 늘 기억하려 했다(눅 12:16-21). 이는 점점 더 큰 곳간에 점점 더 많은 물건을 쌓아 잠재적인 상실을 관리하려고 했던 사람에 관한 비유다. 하지만 그 사람은 하나님께 꾸지람만 들었다. "어리석은 자여 오늘 밤에 네 영혼을 도로 찾으리니 그러면 네 준비한 것이 누구의 것이 되겠느냐." 이외에도 여러 비유를 통해 예수님은 우리가 상실을 다루는 우리의 능력을 심각하게 과대평가할 수 있다고 경고하신다. 모든 상실 관리는 한계가 있다. 아무리 좋은 음식을 먹고 매일 운동을 해도 예기치 못한 불치병 진단을 받을 수 있다.

나는 상실을 관리하면서 하나님께 실질적인 도움을 요청했다. 하나님께 "누가 여기에 돈을 쓰려 할까?"라는 내 걱정스러운 질문에 구체적인 답을 달라고 요청했다. 더 많은 고객을 보내 달라고 기도했다. 성경은 무엇이든 필요한 것을 하나님께 요청하라고 말한다(눅 18:1-8). 하지만 하나님께 우리의 상실 관리를 도와 달라고 요청하되 도를 넘어서는 안 된다. 요청과 주제넘은 요구, 소망과 무조건적인 확신 사이에는 큰 차이가 있다.

'지금과 아직'의 세상에서 하나님께 드리는 모든 기도는 불확실성의 영향을 받는다는 점을 기억해야 한다. 내가 친구들에게 기도를 요청하는 이메일을 보낸 직후, 큰돈이 되는 프로젝트가 들어왔다. 나는 타이밍으로 보아 하나님이 내 기도에 분명히 응답하신 것이라고 생각했다. 그런데 마지막 순간에 그 프로젝트가 어그러졌다. 하지만 마지막 기도 요청을 하고서 오랜 시간이 지나 또 다른 프로젝트들이 들어왔다. 왜일까?

왜 이렇게 예측 불가능한가? 우리가 기도로 클릭하기만 하면 원하는 모든 것을 배달해 주는 우주의 온라인 쇼핑몰인 것처럼 하나님을 비인격적인 존재로 취급하지 못하게 하시려는 것은 아닐까? 우리가 소비자로서 하나님께 다가가지 않게 하시려는 것은 아닐까?

우리는 자녀로서 하나님께 다가가야 한다. 우리 하늘 아버지의 선물은 우리 어머니의 크리스마스 선물과도 같다. 때로 어머니는 정확히 내게 필요한 것을 주신다(예를 들어, 어머니가 새 지갑을 주시기 전까지 나는 내 낡은 지갑이 너무 해졌다는 사실을 몰랐다). 그런가 하면 머리를 긁적이게 하는 선물도 있다("어머니, 내가 스카프를 싫어하는 걸 아시잖아요"). 우리 어머니가 예측 불가능한 것은 인격을 지닌 인간이기 때문이다. 또한 어머니는 자신만의 생각을 지닌(그리고 목을 따뜻하게 유지하는 것이 건강에 좋다는 사실을 아는) 부모다. 어쩌면 하나님이 예측 불가능하신 것도 우리의 부모이자 인격적인 분이시기 때문이 아닐까?

물론 이는 이론일 뿐이다. 어째서 우리 하늘 아버지께서 상실 관리를 위한 우리의 노력 중 어떤 것은 지지하시고 다른 어떤 것은 지지하시지 않는지 그 이유를 나는 확실히 모른다. 지금과 아직 사이의 간격이 마침내 사라지는 날 그 답을 얻으리라. 그때까지 나는 정확한 답을 알 수 없다.

팬데믹 기간에 상실 관리의 한계를 받아들인 것이 불안 증상을 완화하는 데 도움이 되었다. 다시 정상적으로 잠을 자게 되었고, 운동할 때도 정상적인 심박 수준을 유지했다. 하지만 곱씹기만은 좀처럼 사라지지 않았다. 나는 이 형태의 불안 에너지를 계속해서 조사해야 했다.

성령은 나와 함께 상실에 대한 내 두려움을 조사해 주셨다. 이제 불안 공식의 후반부를 살펴볼 차례다.

chapter 10

어떻게든
상실을 피하려 든다면

불안 공식(불안=상실×피하기)의 후반부는 불안 수치에 가장 큰 영향을 미치는 변수인 '피하기'에 관한 것이다. 우리가 두려워하는 상실을 제대로 파악하고 파헤쳐야 하지만 상실 관리는 결국 한계가 있다. 많은 상황에서 우리는 임박한 상실의 실질적인 양을 바꿀 수 없다. 무엇보다도 인생 전체를 생각하면 우리는 철저히 절망적이다. 완전한 상실인 죽음이 우리 모두를 기다리고 있다.

따라서 인생 전체에 걸친 불안의 양은 피하기의 양에 따라 결정된다. 이는 우리가 바꿀 수 '있는' 부분이다. 이 부분을 바꾸기 위해서는 먼저 피하기가 습관으로 굳어진 부분을 찾아내야 한다. 이번 장에서는 피하기 습관의 본질을 설명하고, 팬데믹 기간에 내가 경험한 예를 들고자 한다.

내 피하기 습관 찾기

팬데믹 기간에 내 삶에 가장 끈질기게 나타난 불안의 표현은 '곱씹기'였다. 곱씹기는 상실을 '맴도는' 피하기의 한 종류다. 자녀 주변을 맴도는 헬리콥터 부모와 마찬가지로 내 생각은 우리 회사 주변을 맴돌았다. 그렇게 상실을 피할 길을 계속해서 모색했지만 모두 헛수고였다. 그런데도 나는 여전히 '내가 모든 것을 바로잡을 수 있다'라는 착각에서 벗어나지 못하고 있었다. 그런가 하면 '벗어나기' 유형의 피하기 습관도 있다는 점을 기억하라. 이는 해당 상황에 관한 생각에서 벗어나려는 것이다. 이 역시도 무의미한 시도다. 이런 피하기를 행하는 사람들은 '모든 것이 괜찮다'라고 말하며 자녀를 방치하는 부모들과 비슷하다.

피하기를 줄이려면 자신의 특정한 피하기 습관부터 파악해야 한다. 옳은 조치를 취하려면 자신이 어떤 피하기 습관에 빠져 있는지를 알아야 한다. 다음은 흔히 나타나는 피하기 습관들이다. 개중에는 당신에게 익숙한 습관이 있을 수 있다.

벗어나기(도피) 습관	맴돌기(투쟁) 습관
특정 대화 피하기. SNS 중독 . 쇼핑 중독. 일중독과 강박적인 바쁨. 알코올이나 약물, 포르노 중독.	곱씹기(맴도는 생각). 강박 행동. (과거나 현재의) 시나리오를 반복해서 떠올리기. 다른 사람 괴롭히기. 내려놓지 못함.

물론 두 가지 피하기 습관을 다 행하는 사람도 있다. 하지만 내 경험으로 볼 때 대부분의 사람은 '도피'와 '투쟁' 중 어느 한쪽으로 치우치는 경향이 있다. 대체로 나는 투쟁 쪽이다. 내 곱씹기는 내 투쟁 성향의 정신적 표현이다.

이 두 가지 유형의 피하기 습관을 두 가지 종류의 공을 다루는 것으로 생각하면 이해하기 쉽다. 말하자면 하나는 고무공이고, 하나는 반죽 덩어리 공이다.

벗어나기 습관은 통통 튀는 고무 탱탱볼을 다루는 것과도 같다. 상실에 대한 두려움을 이런 공으로 빗대면, 벗어나기 행동은 공을 던졌는데 그 공이 튀어 돌아와 내 얼굴을 때리는 것과 비슷하다.

벗어나기 습관의 전형적인 예가 있다. 사람들은 상실의 가능성이 있는 주제에 관한 대화를 피하는 경우가 많다. 어떤 사람들은 재정이나 건강의 상실을 두려워해서 돈이나 질병에 관한 대화를 피한다. SNS 중독 이면에는 또래들과의 연결을 잃지 않으려는 욕구가 있다. 청소년들의 경우에 특히 그렇다. 사회는 그 두려움에 "포모 FOMO; Fear of Missing Out"라는 이름을 붙였다. 많은 어른과 청소년에게 SNS는 고립이나 허무함에 대한 두려움을 잊기 위한 수단이다.

이런 벗어나기 습관은 각종 중독으로 발전하기 쉽다. 벗어나기 습관은 상실의 가능성에서 일시적으로 벗어나게 해 주기 때문에 중독성이 무척 강하다. 하지만 이런 습관은 상실의 가능성을 실제로 없애 주지는 않는다. 그래서 마치 마약처럼 계속해서 새로운 주사를 맞아야 한다.

피할 수 없는 것을 멀리 던져 버릴 때마다 그것이 더 강하게 되돌아온다. 그래서 그것을 다시 던져 버리기 위해서는 전보다 더욱 강한 행동이 필요하다. 하지만 그럴수록 그것이 더 강한 힘으로 되돌아온다. 이 과정이 계속해서 반복된다.

이런 되돌아오기가 중독의 본질이다. 이것이 대부분의 약물 남용 치료가 불안 치료를 포함하는 이유다. 대부분의 경우 약물 남용은 감각을 마비시켜 상실의 가능성을 잊어버리려는 시도다.

반면, '맴돌기' 습관은 반죽 덩어리 공을 다루는 것과도 같다. 맴돌기 습관은 상실을 잡고 빙빙 돌리는 것이다. 그러면 공은 점점 더 끈적끈적해진다.

피하기로서의 맴돌기 습관은 포착하기가 특히 힘들다. 그것은 이 습관이 피하기의 정반대 행동처럼 보이기 때문이다. 이 습관은 상실에 맞서고 위협을 향해 돌진하는 것처럼 보인다. 바로 이 점이 기만적이다. 맴돌기 습관은 끊임없이 상실을 생각하거나 행동을 반복하거나 머릿속으로 시나리오를 계속 상상하거나 수시로 상실의 가능성을 들먹이며 다른 사람들을 괴롭히면서 상실을 다루는 것처럼 보인다. 물론 이 습관은 주제 자체를 피하는 것은 아니다. 하지만 가장 깊은 차원에서 보면 이것 역시 상실을 피하려는 것이다.

벗어나기 습관은 상실이 더 강한 힘으로 되돌아오게 만들고, 맴돌기 습관은 상실이 점점 더 끈적끈적해져 달라붙게 만든다. 불안은 우리를 이런 생각으로 몰아간다. '이 공을 한 번만 더 돌리면, 이 문제를 가능한 모든 각도에서 보면, 모든 부분을 다루면, 결국 상실의 가능성이 사라질 것이다.' 하지만 상실의 가능성은 언제나 존재한다. 따라서 상황에 관해 계속해서 생각하며 상실의 모든 가능성을 피하려고 하면 불안을 떨쳐 낼 수 없다. 불안이 계속해서 우리를 옭아맨다. 점점 더 불안해질 뿐이다.

자신의 특정한 피하기 습관을 파악하고 그것이 왜 무의미하고 중독적인지 알면 중독을 줄이기 위한 변화가 시작될 수 있다. 우리의 행동이 아무런 소용이 없는 시간낭비일 뿐이라는 사실을 깨달아야 중독된 행동을 그만둘 마음이 진정으로 생길 수 있다. 팬데믹 한복판에서 우리 회사의 운명에 관해 곱씹던 중 내가 무엇을 하고 있는지가 마침내 보이기 시작했다. 나는 끈적끈적한 반죽 덩어리 공을 손안에서 계속해서 빙빙 돌리고 있었다. 이런 진실을 깨닫고 나니 이 습관을 그만두겠다는 결심이 섰다.

피하기 습관의 중독 끊기

모든 중독이 그렇듯, 피하기 습관은 우리 마음속에 깊이 뿌리를 내린다. 신경과학 분야의 연구는 우리의 뇌에서 이 과정이 실질적으로 이루어진다는 사실을 보여 준다. 모든 행동은 우리 뇌에 신경 경로를 뚫는다. 그리고 반복된 행동은 그 경로를 더 깊게 만든다. 중독은 꽤 오랜 시간 동안 파괴적인 경로가 깊게 파여 굳어진 상태다.

모든 중독을 끊는 열쇠는 신경 경로를 계속해서 깊이 파는 행동을 '멈추고' 더 건강한 신경 경로를 뚫는 새로운 행동으로 '대체하는' 것이다. 이렇게 '멈추고 대체하는' 작업은 하루아침에 이루어지는 경우가 거의 없다. 이것이 피하기 습관을 즉시 없애는 것이 아니라, 시간을 두고서 서서히 줄이는 것을 실질적인 목표로 삼아야 하는 이유다.

내 피하기 습관은 눈에 보이지 않는 정신적 행동인 곱씹기였다. 이 행동에 대해서는 '멈추고 대체하는' 작업을 눈에 보이도록 몸을 써서 하는 게 도움이 되었다. 더 많은 감각을 동원할수록 더 많은 신경 경로에 영향을 미칠 수 있다. 우리 딸아이는 내게 작은 나무 상자 하나를 만들어 주었다. 나는 그것을 침대 옆 테이블 위에 올려놓았다. 나는 그 상자를 나의 '하나님 상자'라 부른다. 내가 곱씹기에 빠져 있다는 것을 깨달으면 그 생각을 종이에 써서 '하나님 상자' 안에 넣고 성령께 그 상자를 닫도록 도와 달라고 요청한다. 회사에 관해 곱씹을 때마다 나를 쿠키 상자에 손을 넣다가 걸린 장난꾸러기 소년으로 상상했다. 그런 다음, 성령이 부드러우면서도 단호한 음성으로 그 해로운 생각을 상자에 넣으라고 명령하시는 상상을 했다.

보다시피 내 맴돌기 중독을 대체하기 위한 행동은 벗어나기의 요소를 지니고 있다. 나는 생각을 멀리 던져 버리는 것을 행동으로 표현했다. 이런 종류의 대응책은 중독을 끊기 위해 투쟁-도피 시스템 안에서 자연적인 에너지를 활용하는 것이다. 피하기 습관을 맴돌기와 벗어나기 중 어느 한쪽에 발을 딛고 있는 것으로 상상하면 도움이 된다. 자신이 어느 쪽에 발을 딛고 있는지 알고 나면 중독의 불균형을 바로잡을 수 있는 방법이 무엇인지 단서를 얻을 수 있다. 이런 대응책은 (이 자체가 또 다른 중독이 되지 않는 한) 중독의 신경 경로를 새로운 신경 경로로 대체할 수 있게 해 준다.

벗어나기 습관에 빠져 있는 사람의 경우에는 과하지 않게 상실 주변을 '맴돌' 방법을 찾아보는 것이 좋을 수 있다. 심리학자들은 이런 대응책을 "노출 치료exposure therapy"라고 부른다.[1] 벗어나기 습관에 중독되어 있다면 두려운 상실에 제한적이고 통제된 양만큼 노출될 방법을 고민해 보라. 나처럼 '하나님 상자'를 만들어 자신이 피하고 있는 근원적인 상실의 두려움을 종이에 써서 그 상자에 넣어도 좋다. 그 상실을 피하기 위해 (SNS 중독 같은) 벗어나기 습관에 자주 빠진다면 그 종이를 꺼내서 그 상실에 관해 10분간 기도하며 생각하라. 이렇게 상실의 가능성에 스스로를 노출시키면 그것이 우리를 붙잡고 있는 힘이 약해진다.

나는 대체로 벗어나기 스타일이 아니다. 그런데도 한 가지 벗어나기 습관에 중독되었던 경험이 있다. 수년 전 나는 필요하지 않은 물건들을 검색하느라 저녁 시간을 상당히 허비했다. 심지어 나는 그 습관을 지속시키기 위해 군이 필요를 만들어 냈다. "여보, 전동 후추 그라인더 필요하지 않아요? 필요하지 않다고? 그러면 에어프라이어는 어때요?" 내가 원한 것은 물건 자체가 아니었다(음, 솔직히 에어프라이어는 원했다). 실제로 내가 원한 것은 검색을 하는 데서 오는 신경적 쾌감이었다. 따분할 때마다 나는 그 쾌감을 원했다. 나는 왜 조그만 따분함도 견디지 못하고 재빨리 치우려 했을까?

단서가 있다. 첫째, 이 중독은 내 50세 생일이 가까워지면서 증폭되었다. 둘째, 나는 일을 그만둔 뒤로 저녁마다 이 충동을 경험했다. 오랫동안 내 저녁 시간은 아이들로 채워져 있었다. 아이들이 어릴 적에는 잠을 재워야 했고, 아이들이 좀 더 큰 뒤에는 숙제를 도와주었다. 하지만 그즈음, 아이들은 더는 내 도움을 필요로 하지도 원하지도 않았다.

나는 내가 두려워하는 상실이 생산적인 활동의 상실이라는 것을 깨달았다. 최고급 전동 후추 그라인더를 검색하면 잠시나마 내가 쓸모 있는 인간이라는 느낌이 들었다. "여보, 자, 후추 그라인더가 없는 것보다 생산성이 얼마나 좋아질지 생각해 봐요." 이는 아무것도 할 일이 없는 것에 대한 내 근원적인 두려움에서 도망치려는 벗어나기 행동이었다.

이 경우, 내 대응책은 맴돌기 방향 쪽으로 기우는 것이었다. 여기서 내가 이미 사용하던 관상 기도 습관이 도움이 되었다. 관상 기도는 '생산성의 상실'에 노출되는 일종의 영적 '노출 치료'다. 이는 침묵과 고요함 속에서 하나님을 만나는 것이다. 관상 기도는 그저 하나님 곁에 가만히 있는 것 외에 아무런 목적도 갖고 있지 않다. 그래서 따분함이 밀려와 뭔가 할 일을 찾기 위해 구매할 물건을 검색하고 싶을 때마다 20분간 관상 기도를 했다. 처음에는 오랜 시간 동안 이를 유지하기가 힘들었다. 아무 목적이 없는 느낌에서 벗어나고 싶은 마음이 간절해졌다. 하지만 고요함에 파묻힐수록 아무것도 하지 않는 시간을 견뎌 내기가 수월해졌다. 시간이 지나면서 이 대응

책은 내 중독을 크게 줄여 주었다.

중독을 끊기 위해서는 자신만의 대응책을 찾아야 한다. 가장 좋은 대응책은 성령과 함께 만든 대응책이다. 성령께 인도하심을 구하고 예수님의 '원음'에 가까운 생각들에 귀를 기울이라.

인내와 은혜의 톤을 가진 생각들에 특히 귀를 기울이라. 중독을 줄이려면 시간이 걸린다. 그리고 일 보 전진 이 보 후퇴와 같은 상황이 반복될 수 있다. 그럴 때는 로마서 8장 26절의 약속을 기억하라. 성령이 우리 곁에서 우리의 연약함을 도우신다.

이면의 우상숭배를 회개하라

불안과 죄의 관계에 관해 한 번 더 짚고 넘어가자. 불안 자체는 죄가 아니다. 불안은 '지금과 아직' 사이에서 인간으로 사는 삶의 피할 수 없는 일부다. 그리고 대부분의 피하기 습관은 건강하지 못한 습관이긴 하지만, 노골적인 죄라기보다는 '나쁜 습관'으로 이해하는 편이 더 정확하다. 하지만 불안한 생각 이면에 우상숭배의 죄가 숨어 있는 경우도 분명 있다. 이것이 시편 139편 기자가 하나님께 자신의 불안한 생각을 살펴 자기 안에 우상숭배적인 행위가 있는지 확인해 달라고 요청한 이유다.

우리가 두려워하는 상실을 깊이 파헤쳐 보면 우상숭배의 죄가 발견될 수 있다. 앞서 소개했던 우상숭배의 정의가 기억나는가? 우상숭배는 하나님을 향해 저지르는 '피하기'다. 하나님의 사랑과 공급하심을 믿어야 함을 외면하는 것이다.

이면에 우상숭배가 숨어 있지 않은지 확인하기 위해 우리는 불안을 적극 조사해야 한다. 우상은 불안을 이용해 인간의 충성심을 얻어 내기 때문이다. 우상은 불확실성에 대한 인간의 취약성을 공략한다. 우상은 사람들을 하나님에게서 멀어지게 하기 위해 '불확실성과 상실을 피할 수 있다'고 약속한다.

이사야 40-41장을 보라. 이야기는 하나님이 이스라엘 백성을 매우 불안한 시기로 이끄시면서도 안심시키시는 장면으로 시작된다. 앗수르제국이 옛 근동의 국가들을 휩쓸고 지나가고 있었다. 이스라엘 백성을 향한 하나님의 말씀은 불안해하는 아이를 달래는 사랑 많은 어머니의 목소리와도 같다. "너희의 하나님이 이르시되 너희는 위로하라 내 백성을 위로하라 너희는 예루살렘의 마음에 닿도록 말하며"(사 40:1-2).

하지만 하나님의 사랑의 위로를 이스라엘 백성이 땅, 독립, 정치적 지위 같은 소중한 것들을 상실하지 않을 것이라는 약속으로 봐서는 안 된다. 하나님은 이스라엘을 비롯한 국가들을 바로잡기 위해 앗수르의 침공을 허락하셨다. 하나님은 그분의 백성들에게 이런 상실을 '피하려고' 하지 말고 이런 상실을 '통해' 그분을 믿으라고 초대하고 계셨다.

하지만 하나님의 백성은 피하기를 원했다. 그래서 금속 세공인과 금 세공인들을 통해 하나님 대신 자신들을 돌봐 줄 우상을 만들었다(사 40:18-20).

이사야 41장 5-7절은 이스라엘 백성이 우상에게 충성을 바치게 된 과정을 묘사하고 있다.

> 섬들이 보고 두려워하며 땅끝이 무서워 떨며 함께 모여 와서 각기
> 이웃을 도우며 그 형제에게 이르기를 너는 힘을 내라 하고 목공은
> 금장색을 격려하며 망치로 고르게 하는 자는 메질꾼을 격려하며
> 이르되 땜질이 잘된다 하니 그가 못을 단단히 박아 우상을 흔들리지
> 아니하게 하는도다.

우상은 그 우상 자체의 물리적 안정성으로("흔들리지 아니하게 하는도다") 불확실성과 상실을 피할 수 있다고 약속한다. 이는 정치적·사회적·군사적 확실성을 약속하는 것이었다. 다시 말하지만 이 구절은 불안 자체가 우상숭배라고 말하는 것이 아니다. 죄는 "두려워" 떠는 "섬들"이나 "무서워" 떠는 "땅끝"에 있지 않다. 우상이 이런 불안을 피할 길을 마련해 줄 수 있다고 믿는 게 죄였다. 이어진 우상 제작은 하나님이 이사야 40장 1-2절에서 주신 사랑의 위로에 대한 대안을 마련하려는 것이었다. 이것이 41장 5-7절에서 우상 제작자들이 하나님의 위로를 흉내 내는 이유다. "힘을 내라." "잘된다." 그들의 말은 오늘날 불안한 사람들이 주변에서 흔히 듣는 피상적인 위로의 말

처럼 들린다. "걱정하지 마. 다 잘될 거야."

고대 세상에서 우상들은 인간의 불안을 공략해 확실성에 관한 거짓 약속을 제시했다. 이것이 불확실성이 가득한 곳마다 우상숭배가 성행한 이유다. 긴 여행이라는 불확실한 상황을 앞두고서 제사를 드릴 우상이 있었다. 자식이 아플 때 기도할 우상도 있었다. 추수를 앞두고서 곡식을 바칠 우상도 있었다. 이외에 온갖 우상이 그득했다. 우상들은 상실을 피하려는 기본적인 인간 욕구와 뒤엉켜 있었다.

우리의 피하기 습관이 이면의 우상숭배에서 비롯했는지를 어떻게 분간할 수 있을까? 그 어두운 핵을 어떻게 발견할 수 있을까?

다시 말하지만, 불안에 관한 영적 조사에서 우리는 성령의 적극적인 도우심이 절실하다. 불안 공식은 우리의 우상숭배가 어디에 숨어 있을 가능성이 가장 높은지만 알려 줄 뿐이다. 우상숭배는 우리의 가장 깊은 상실들 및 가장 중독적인 피하기 습관과 얽혀 있다. 단, 모든 피하기 습관이 우상숭배에서 비롯한 것은 아니며, 우상숭배가 존재하더라도 피하기 습관만 보고서 그 우상의 정확한 정체성을 판단하기는 어렵다. 같은 피하기 습관이라고 해도 사람마다 다른 영적 진단을 내릴 수 있다. 곱씹기는 그냥 곱씹기일 수 있다. 그냥 점차 줄여야 하는 나쁜 정신적 습관일 수 있다. 하지만 곱씹기가 당장 회개를 요하는 미묘한 우상숭배에서 비롯한 경우도 있다.

하나님의 말씀은 "마음의 생각과 뜻"을 날카롭게 판단하신다(히

4:12). 우리보다 우리 속을 더 잘 아시는 성령은 우리의 깊은 생각 속에 숨은 죄의 존재를 탐지하게 도와주신다(롬 8:26; 요 16:8). 궁극적으로, 피하기 습관 속의 우상숭배를 분간하기 위해서는 그분의 음성을 들으려는 노력이 필요하다.

(실제로 불안 이면에 우상이 존재하는 경우) 내가 성령과 협력해 우상을 찾아내기 위한 정확한 공식을 제시할 수는 없지만, 듣는 법에 관해 한 가지 팁을 더 줄 수는 있다. 그 팁은 자신의 방어적 태도에 관심을 기울이라는 것이다.

팬데믹으로 불안하던 시기에 내 생각을 조사하던 중 내 안에서 흥미로운 저항이 일어났다. 대개 나는 자기 성찰을 환영하는 편이지만 이번에는 이상했다. 특히, 내가 '왜 회사 생각이 여전히 내 머릿속을 맴돌고 있는 거지?' 하며 더 이상의 영적 질문을 억누르고 있음을 감지했다. 앞서 말했듯이 나는 '회사의 상실'에 대한 내 두려움이 '성공한 기업가라는 내 이상적 자아의 상실'에 대한 두려움이라는 사실을 발견했고, 그것으로 조사를 마쳤다고 생각했다. 하지만 성령은 내가 여전히 회사에 관한 생각을 곱씹고 있는 이유에 관해 더 탐구할 것을 촉구하셨다.

질문에 대한 우리의 반응을 보면 많은 것이 드러난다. 내 반응은 여덟 살 당시처럼 얼버무리는 것이었다. 누나들이 학교에서 돌아와서 "왜 밖에 있니?"라고 물었을 때 여덟 살의 나는 "그냥 마당에서 놀고 싶어서"라고 대답했다. 지금의 나는 스스로에게 이렇게 말하고 있었다. "저 밖에서 무시무시한 팬데믹이 세상을 휩쓸고 있어. 그러니 회사 걱정이 여전한 것은 당연한 거야."

내적으로 둘러대는 이런 식의 반응은 불안 이면에 숨어 있는 우상에 대한 단서가 될 수 있다. 우상들은 조사당하는 것을 거부한다. 이사야 41장 5-7절의 일꾼들처럼 우상은 "괜찮아"라는 말로 질문을 회피한다. 누군가가 "다 괜찮아. 문제될 게 전혀 없어"라고 계속해서 말하면 경계심을 품어야 한다. 내 경우에 다음번 방어 조치는 하나님께 이렇게 말하는 것이었다. "보세요. 제가 성공한 기업가로서 내 이상적 자아를 뒷받침하기 위해 회사를 이용해 왔다는 사실을 이미 깨달았어요. 이제 다 괜찮아요. 그런 짓은 이미 그만뒀습니다!" 하지만 성령은 계속해서 더 많은 층을 조사하셨다. 하나님의 작업은 끝나지 않았다. 하나님은 내 피하기를 간파하셨다. 나는 '거룩한 불편'을 떨칠 수 없었다. '왜지? 내가 회사에 미련을 갖는 이유는 무엇일까?'

기도하다가 마침내 항복하고 하나님께 내 안에서 벌어지고 있는 일을 보여 달라고 간청했다. 그러자 방어용 무기로 가득한 요새의 이미지가 머릿속에 떠올랐다. 요새 위로는 한 단어가 적힌 깃발이 휘날리고 있었다. '공급.'

이것이 내가 팬데믹 기간에 내 곱씹기의 중심에 떡 버티고 있는 우상을 발견하게 된 과정이다. 팬데믹 위기가 닥치기 전에도 하나님은 내게 그분 사랑의 특정한 측면을 받아들이라고 조용히 촉구하고 계셨다. 그분이 나를 사랑하시는 공급자라는 것이었다. 공급받지 못할지도 모른다는 두려움은 훨씬 전부터 내 삶에 깊이 뿌리를 내리고 있었다. 중년 남성인 내게 불안한 생각들을 심어 주고 있는 것은 여덟 살 때의 내게 불안한 생각들을 심어 주던 것과 사실상 다르지 않았다. "누가 여기에 돈을 쓰려 할까?"라는 질문 이면에는 "누가 나를 돌봐 줄까?"라는 더 무거운 질문이 있었다. 어릴 적에 나는 "부모님이 집에 오시지 않으면 아무도 나를 돌봐 주지 않을 거야"라며 초조해했다. 중년의 나는 "우리 회사가 살아남지 못하면 아무도 나를 돌봐 주지 않을 거야"라며 불안해하고 있었다.

내 삶에서 이사야 40-41장 장면이 재현되고 있었다. 하나님은 어떤 재정적 불확실성 속에서도 나를 사랑하고 돌봐 주시리라 약속하셨다. 하지만 나는 피하기를 선택했다. 나는 맴돌기나 벗어나기를 선택했다. 나는 확실성을 원했다.

내 회사를 세우려는 마음은 우상을 세우려는 숨은 마음과 깊이 연결되어 있었다. 흔들리지 않는 무언가, 상실의 가능성을 피하게 해 줄 무언가를 세우고 싶었다. 우리 회사가 내 우상, 내 궁극적인 공급자로 변질되었다. 내 곱씹기는 이 우상이라는 핵 주변을 맴돌았다.

우리의 가장 강한 우상들은 우리가 가장 두려워하는 상실을 피하게 해 주겠노라 약속한다. 내가 가장 두려워하는 상실이 당신이 가장 두려워하는 상실과 반드시 똑같지는 않다. 나는 공급의 상실을 가장 두려워한다. 내 아내는 꿈과 이상의 상실을 가장 두려워한다. 내 친한 친구는 소속의 상실을 가장 두려워한다. 또 다른 친구는 독립성의 상실을 가장 두려워한다. 우상은 온갖 다양한 형태로 찾아온다. 우상이 공략하는 불안 자체가 수만 가지이기 때문이다. 우리 모두는 성령의 도우심으로 각자 내적 조사를 벌여야 한다. 이것이 시편 139편 기자가 자신의 "불안한 생각들"을 살펴 '자신만의' 우상숭배적인 행위가 있는지 확인해 달라고 하나님께 지혜롭게 요청한 이유다.

하지만 좋은 소식이 있다! 시편 139편은 보상을 가리킨다. 악한 행위를 찾으면 "영원한 길"로 이어진다. 불안은 우리가 우상숭배에 취약하다는 점을 드러낼 뿐 아니라, 회개의 기회를 제시한다.

회개하려는 마음이 솟아나는 건 우리가 핵심 우상을 정확히 발견했다는 또 다른 신호다. 내 경우, 이 마음은 슬픔으로 표현되었다. 그것은 "구원에 이르게 하는 회개를 이루는" "하나님의 뜻대로 하는 근심"이었다(고후 7:10). 나는 좀처럼 눈물을 흘리지 않는 편이다. 하지만 내가 우리 컨설팅 회사를 돌봐 주시는 공급자를 하나님에서 우상으로 대체했다는 사실을 마침내 인정하고 고백할 때 나도 모르게 울음이 터져 나왔다. 기도로 죄를 고백하고 하나님께로 돌아간 뒤 며칠 내내 눈물이 끊이지 않았다. 그 경험은 충격적인 동시에 놀랍도록 후련한 경험이었다.

회개하는 동안 강한 감정들이 나를 휘감았다. 기도 가운데 나는 그 요새를 다시 상상하며, 옛날 성의 해자에 걸쳐 놓은 들어 올리는 다리와 그 불경한 깃발을 내리는 장면을 떠올렸다. 그렇게 하자 슬픔이 기쁨으로 변했다. 성령이 내가 본 영화의 장면을 통해 감정적인 경험을 만들어 내고 계신 것처럼 느껴졌다. 그것은 연합국 병사들이 오랫동안 지배를 당하던 유럽의 도시들을 마침내 해방시키며 기쁨으로 축하하는 장면이었다. 내 안의 상태가 그랬다.

회개와 함께 풀려난 것은 감정 에너지만이 아니었다. 기도를 하니 영적으로도 힘이 났다. 회개 이후 약 두 달간 하나님의 임재가 구체적이고도 생생하게 느껴졌다. 나는 주로 뒷마당에서 기도를 드리는데, 그 시절 우리 집 뒷마당은 더없이 성령으로 충만했다.

이 특별한 영적 분위기는 두어 달 후 마침내 가라앉았다(그런 시기가 왔다가 가는 이유와 타이밍은 하나님이 주시는 선물에 관한 신비 중 하나다). 하지만 다음 해 내내, 그리고 그다음 해에도 내게서 창조적인 에너지가 계속해서 뿜어져 나왔다. 우리 컨설팅 회사는 팬데믹 기간을 무사히 견뎌 낸 정도가 아니라, 새로운 방향으로 더욱 번창했다. 예를 들어, 나는 비영리단체의 새로운 유색인종 리더들을 훈련시키는 프로그램을 새로 개발해 큰 성공을 거두었다. 가장 인기 있는 훈련 중 하나는 '불안 관리'다. 이 훈련은 기독교인을 위해 근본적인 성경적 원칙을 더욱 분명하게 담은 '불안에 관한 온라인 동영상 코스'로 발전했다. 그리고 그것이 결국 이 책의 탄생으로 이어졌다.

몇 년 전만 해도 회사 일 관련해 기독교적 색채를 공개적으로 드러내는 것에 부담감을 느꼈을 것이다. 모험을 하지 못하고 방어적으로 굴었을 것이다. 왜일까? 그렇게 하면 베이 에어리어의 비영리단체 시장에서 어려움을 겪을지 모른다는 생각이 머릿속에서 계속해서 맴돌았기 때문이다. 베이 에어리어는 몹시 세속적인 지역이라 기독교와 연관된 모습을 보이면 따가운 부정적 시선을 받기 십상이다. 내가 복음주의 그리스도인을 대상으로 하는 강연자로 전국에 알려지면 누가 우리 회사에서 진행하는 컨설팅에 돈을 쓰려 할까? 예전 같았으면 걱정이 되어 내 작은 우상을 지키려고 애썼을 것이다.

자신의 우상을 지키려 들지 않을 때 우리는 더 강력하고 창조적인 사람이 된다. 우리 모두의 안에는 방대한 에너지가 저장되어 있다. 피하기 습관은 이 에너지를 가둔다. 우상숭배라는 핵을 중심으로 도는 피하기 습관은 특히 많은 감정적·영적·창조적 에너지를 가둔다. 우상을 부수면 불안의 원자핵이 깨진다. 그러면 생산적인 에너지가 걷잡을 수 없이 분출될 수 있다.

이것이 당신에게 무엇을 의미할까? 지금 당신이 두려운 상실을 막기 위한 방어에 쏟고 있는 모든 에너지를 상상해 보라. 그 에너지를 하나님이 세상 속에서 그분의 목적을 이루는 데 사용하신다면 어떤 일이 벌어질지 상상해 보라.

part three

내 모든 불안을
하나님께

/ 염려의 한복판에서 만나는 차원이 다른 평강

The Anxiety
Opportunity

chapter 11

'잃은 것을 되찾는 날이 온다'는
복음의 의미

이 장을 본격적으로 읽기 전에 1분 정도 간단한 글쓰기 활동을 해 보자. 당신이 나와 비슷한 성향이라면 책을 읽을 때 이런 활동이 나오면 조용히 건너뛰는 편일 것이다. 여기서도 그러고 싶다면 충분히 이해한다. 하지만 이번만큼은 한번 해 볼 것을 강력히 추천한다. 얼핏 보기에는 불안과 전혀 상관이 없어 보이겠지만, 장담컨대 매우 상관이 있다. 60초만 시간을 내서 이 간단한 활동을 해 보면 이번 장의 내용을 소화하는 데 큰 도움이 될 것이다.

1. 빈 종이 한 장과 펜을 준비하라.
2. 휴대폰에서 타이머를 60초로 맞추라.
3. '나의 영생(영원한 삶)'이라는 말을 들으면 떠오르는 모든 것을 1분간 적어 보라.
4. 너무 오래 생각하지 말라. '옳은' 답을 내놓아야 한다는 부담감을 갖지 말라. 이는 자유연상이다. 단어, 이미지, 느낌, 뭐든 머릿속에 떠오르는 대로 적으면 된다.

자, 다 썼는가? 좋다. 이제 종이를 한쪽으로 치우라. 이 이야기는 잠시 뒤에 다시 하자.

이번 장에서 우리는 영원에 관한 생각들과 그 생각들이 우리의 불안에 미치는 영향을 서로 연결시킬 것이다. 대부분의 그리스도인에게 이 연결은 생소할 것이다. 그들은 영원이라는 복잡한 주제가 현재의 걱정들과 무슨 상관이 있는지에 관해 배우기는커녕 애초에 영원에 관해 적절한 가르침을 받은 적이 없기 때문이다. 이 연결이 생소하다면 영원과 부활의 약속에 관해 깊이 생각해야 할 필요가 있다. 그 노력은 전혀 아깝지 않을 것이다. 영원과 부활 이야기야말로 기독교에서 가장 흥미진진하고 소망 가득한 주제이기 때문이다.

본격적으로 시작하기 전에 도움이 될 만한 짧은 이야기를 소개하겠다.

회복의 약속

우리 집 막내딸의 열여덟 번째 생일 파티가 끝났다. 손님들은 다 돌아갔고, 우리는 주방을 치우고 남은 소시지와 과자, 음료수를 한데 모으기 시작했다. 그러다 갑자기 딸이 나를 바라보며 음료수를 시원하게 유지하기 위해 얼음을 담았던 커다란 양동이를 가리켰다. 그 순간 나는 고개를 끄덕였고, 우리 둘 다 동시에 소매를 걷어붙였다. 말이 필요 없었다. 우리가 지난 수년간 해 오던 도전이 또다시 시작되었다.

도전은 간단하다. 둘 다 차가운 얼음물 양동이에 손을 담그고 서로를 노려본다. 차가운 얼음물에 손을 오래 담그고 있는 사람이 이긴다. 내가 이 도전을 왜 시작했는지는 잘 기억나지 않지만 어쨌든 지금은 이 시합이 우리 집 전통이 되었다.

예전에는 내가 매번 쉽게 이겼다. 딸아이는 1분을 넘기지 못했다. 1분이면 손에서 감각이 사라지기 시작한다. 손이 얼얼한 게 곧 떨어져 나갈 것 같은 지독한 느낌이다. 얼음물처럼 차가운 물로 샤워해 본 적이 없다면 충격을 받을지도 모르겠다. 당장 물에서 손을 확 빼고 싶을 것이다. 처음 몇 분 동안은 실제로 손을 잃거나 영구적인 손상을 입을 위험이 없다. 손이 떨어져 나가는 느낌은 잠시뿐이다. 결국은 회복된다. 전문 트레이너들은 운동선수들이 팔다리, 아니 심지어 온몸을 15분간 얼음물에 담그게 한다. 건강 효과를 얻으려면 신체 일부가 죽어 가는 것처럼 느껴지는 동안을 버텨야 한다.

"처음 들어가면 숨이 멎을 것만 같다. 실로 강렬한 경험이다. 하지만 5-10분 뒤에는 더 쉬워진다. 특히 심호흡을 하면서 긴장을 풀면 더 그렇다." 미국 체력관리학회National Strength and Conditioning Association 전문가들은 그렇게 설명한다. "처음 몇 번은 더없이 불편하고 고통스럽지만 점점 내성이 생긴다."[1]

이렇게 버티는 능력을 기르는 비결은 간단하면서도 어렵다. 잃은 것을 되찾을 것이라고 믿어야 한다. 버티기 위해서는 상실의 고통스러운 느낌이 영원하지 않고 결국 몸의 감각이 돌아올 것이라고 믿어야 한다. 이 믿음은 필수적이다. 상실 너머 회복이 온다는 사실을 알면 고통 중에 회복을 기대할 수 있고, 이 기대는 인내력을 더 끌어올려 준다.

나는 어떤 시합에서든 지기를 싫어한다. 그래서 이 비밀을 딸에게 숨겨 왔다(우리 같은 중년 남자들은 이길 수 있을 때 최대한 이겨야 한다). 대개 1-2분 사이에 딸아이의 눈에 두려움이 차올랐다. '여기가 한계인가? 이러다 손을 잃는 거 아냐?' 아이의 머릿속에 이런 생각이 떠오르는 순간, 게임 끝이다.

그래도 딸아이는 기특하게 포기라는 단어를 몰랐다. 아이는 조금씩 비밀을 터득하기 시작했다. 시합을 다시 할 때마다 점점 더 오래 버텼다.

그렇게 딸아이는 열여덟 번째 생일까지 이르렀다. 이번에는 나를 무너뜨리겠다는 각오가 전에 없이 불타 보였다. 우리는 소매를 걷어붙이고 대결을 시작했다. 얼음물에 손을 담근 지 1분이 지났다. 그리고 2분, 3분……. 딸아이의 얼굴에서는 그 어떤 의심의 빛도 보이지 않았다. 4분이 지났다. 딸아이는 조금도 흔들림이 없었다.

처음 보는 침착한 모습에 나는 당황하기 시작했다. 그 탓에 갑자기 내 비밀을 까먹고 말았다. 극심한 고통이 팔을 타고 어깨까지 올라와 참을 수 없을 지경이었다. 고통이 그 너머에 있는 것을 상상하는 내 능력을 넘어섰다. '이게 뭐 하는 짓이야!'와 '빨리 가서 해야 할 일이 산더미처럼 쌓여 있다고!'와 같은 생각이 떠오르기 시작했다. 나는 5분을 넘기지 못하고 손을 뺐다. 딸은 퉁퉁 붓고 마비된 주먹을 들고 자신의 첫 승리에 환호했다.

불안에 관해 우리는 훨씬 큰 결과가 걸린 도전을 마주하고 있다. 하지만 본질은 비슷하다. 우리는 상실의 경험이 끝날 때까지 버터야 한다. 훨씬 힘든 이 도전에서 이기는 비결도 전혀 다르지 않다. 잃은 것을 되찾을 것이라고 믿어야 한다. 상실 속에서 끝까지 버티려면 상실 너머에 있는 미래의 회복을 예상해야 한다. 이것이 영원에 관한 올바른 시각을 부여잡는 것이 불안을 이기는 데 중요한 이유다. 영원은 우리가 잃은 것을 되찾는 때다. 그리스도인에게 인생 속 불안에 대한 궁극적인 답은 '미래의 회복에 관한 약속을 부여잡는 것'이다. 따라서 영원 그리고 그 미래로 가는 문을 열어 주는 부활의 약속을 정확히 이해하는 것이 너무도 중요하다.

죽음이라는 가장 거대한 상실 앞에서

불안과 영원 사이의 이 연결은 기독교 공동체에서 잘 가르치는 주제가 아니다. 하지만 이것이야말로 불안이라는 기회를 온전히 풀어놓는 열쇠다. 그러니 내가 이 연결을 하는 동안 끝까지 읽어 주길 바란다. 먼저 우리가 여기까지 온 여정을 빠르게 복습하면서 시작해 보자. 불안은 미래의 상실에 대한 두려움이라는 사실을 기억하는가? 우리는 상실을 피할 수 없는 '지금과 아직'의 시간 속에서 살고 있기 때문에 이 두려움을 경험할 수밖에 없다. 우리는 상실에서 벗어나거나 상실을 맴도는 방식으로 상실을 피하려고 한다. 하지만 이 피하기는 스스로를 속이는 짓일 뿐이다. 인간이 처한 기본적인 현실들로 인해 그 어떤 피하기 습관도 통하지 않는다. 피하기 습관은 결국 역효과를 낳아 불안을 더 키울 뿐이다.

이 사실이 불안 공식(불안=상실×피하기)의 핵심적인 통찰이다. 불안 공식은 이 사실을 수학적으로 표현한 것이다. 피하기를 줄이면 상실의 효과를 불필요하게 증폭시키지 않을 수 있다. 피하기만 줄여도 많은 일상적 상실에 대한 불안을 관리 가능한 수준으로 낮출 수 있다. 피하기 습관이 내 우상을 지키기 위한 것이라면 그런 방어 자세를 해제함으로써 막대한 영적 능력을 풀어놓을 수 있다.

하지만 정말 큰 손실은 어떻게 하는가? 지금 나는 커리어, 평생 모은 저축, 배우자, 자녀, 궁극적으로는 목숨의 상실 같은 충격적인 사건을 말하는 것이다. 의사가 심각한 얼굴로 건강검진 결과 차트를 꺼내며 "이런 말씀을 드리기가 죄송스럽지만……"이라고 말한다면 우리는 그 순간을 어떻게 다루어야 할까?

큰 상실 앞에서 우리는 극도의 불안에 빠지기 쉽다. 불안 공식은 이 사실도 수학적으로 보여 준다. 피하기 항목을 줄여도 상실 항목은 그대로 남아 있다. 건강검진 결과를 듣는 순간처럼 상실의 양이 막대하면 전체 불안은 여전히 막대할 것이다.

우리 모두는 큰 상실의 그림자 속에서 살고 있다. 모든 상실 중의 상실인 '죽음'이 우리 모두를 기다리고 있다. 작은 상실들을 모두 합쳐도 이 필연적인 마지막 상실에 못 미친다. 불안 공식은 기껏해야 벗어나기나 맴돌기라는 부질없고 역효과를 부르는 짓을 하지 말고 죽음이라는 최종 결과를 직시해야 할 이유만 알려 줄 따름이다.

불안 공식은 상실을 피하려는 노력을 그만두게만 해 줄 뿐이다. 불안 공식 자체는 상실의 그 어떤 회복도 약속해 주지 않는다.

상실을 다루는 세 가지 고전적 방식

이 한계로 인해 불안 공식은 예수님 생전에 나타난 상실 대응 방식들과 비슷하다. 예수님 시대의 그리스-로마 철학자들은 큰 상실에 대해 크게 세 가지 선택지를 제시했다. 스토아주의〔스토아학파〕, 에피쿠로스주의〔에피쿠로스학파〕, 플라톤주의〔플라톤학파〕. 이 세 가지들은 형태와 이름은 달라졌지만 지금도 여전히 우리 사회를 지배하고 있다. 당시(그리고 이 시대를 위해서도) 예수님은 이 세 가지 선택지와 완전히 다른 새 길을 여셨다. 예수님의 방식이 얼마나 다른지를 제대로 이해하기 위해 이 세 가지 주류 선택지를 간단히 살펴보자.

스토아주의는 기본적으로 추종자들에게 '상실에도 불구하고 선을 행할 것'을 촉구한다. 스토아주의는 죽음이 모든 것의 상실을 가져오며 그렇지 않은 척하는 것은 부질없는 짓이라는 우리의 계산을 그대로 따른다. 스토아주의는 상실의 필연성에도 불구하고 주어진 시간 동안 도덕적인 삶을 삶으로써 의미를 찾으려고 한다. 고대 스토아주의는 특정한 고전적 가치들의 집합으로 '선행'을 엄격하게 정의한 반면, 현대 스토아주의는 그 정의를 각 개인에게 맡기는 경향이 있다. 오늘날 특히 인기 있는 가치는 타인 중심주의(사랑을 베풀고

종의 마음을 품고 친절하게 구는 것 등)다. 현대 스토아주의의 메시지는 이렇게 압축할 수 있다. "당신은 결국 죽을 것이다. 그러니 숨이 붙어 있는 동안 다른 이들에게 꽃을 전해 주라."

반면, 에피쿠로스주의는 사람들에게 '상실에도 불구하고 삶을 즐기라'고 권한다. 또한 에피쿠로스주의는 상실의 필연성을 받아들이되 주어진 시간 동안 즐거움을 극대화하라고 강조한다는 면에서 스토아주의와 다르다. 이 시대에는 즐거움의 정의도 개인에게 달려 있으며, 대개는 감각적인 쾌락을 추구한다. 현대 에피쿠로스주의자들은 이렇게 말한다. "당신은 결국 죽을 것이다. 그러니 할 수 있을 때 꼭 장미 냄새를 맡으라."

스토아주의도 에피쿠로스주의도 죽음 너머의 미래에 관한 비전을 제시하지 않는다. 둘 다 현재의 삶에서 뭔가를 극대화하는 데 집중한다. 스토아주의의 경우에 그 뭔가는 '도덕적 선'이고, 에피쿠로스주의의 경우에는 '개인적 즐거움'이다. '플라톤주의'는 막연하나마 내세 관념이 있다. 이 점에서 어느 정도는 기독교를 닮았다. 사실, 이런 약간의 유사성 때문에 오늘날 많은 그리스도인이 플라톤주의를 미래에 관한 예수님의 비전과 뒤섞는 실수를 저질렀다. 이로 인해 많은 혼란이 발생했다.

플라톤주의는 진정한 기독교와 매우 다르다. 플라톤주의는 '당신의 상실은 진짜가 아니다'라고 주장한다. 플라톤주의는 우리의 현재 삶을 궁극적으로 진짜인 것의 흐릿한 그림자에 불과한 것으로 묘사한다. 이생과 별개인 더 높은 영적 차원이 진짜 현실이다. 플라톤주의는 현재의 사랑, 정욕, 욕구, 슬픔은 일시적이고 비실체적인 것이기 때문에 그런 것에 마음을 두지 말아야 한다고 강조한다. 우리의 영혼은 모든 육체적 경험에서 벗어나게 된다. 이렇게 이생과 세상 것들에 거리를 두라고 강조한다는 점에서 플라톤주의는 성경적 기독교가 아닌 불교와 뉴에이지 철학들에 가깝다. 플라톤주의를 간단하게 정리하자면 이렇다. "당신의 육체는 죽을 것이다. 그러니 이 세상 것들 위로 떠다니라."

이런 차이가 있음에도 불구하고 스토아주의, 에피쿠로스주의, 플라톤주의는 "우리가 잃은 것을 되찾게 될까?"라는 질문에는 같은 답을 내놓는다. "절대 아니다." 이 세 가지 선택지는 서로 다른 것들을 부여잡고서 상실을 이겨 내라고 말한다. 각각 인간의 도덕성, 즐거움, 영혼을 부여잡으라고 말한다. 하지만 이 가운데 어떤 방식도 회복을 약속하지 않는다.

이 세 가지 선택지는 우리가 가장 두려워하는 상실을 회복시켜 주지 않는다. 우리 몸을 돌려주지 않기 때문이다. 세 가지 선택지 모두 우리의 몸이 땅에서 분해되어 영원히 사라지는 것을 기정사실로 여긴다. 따라서 이 세 가지 선택지에서는 상실의 진정한 회복이 불가능하다. 우리의 몸은 우리가 삶에서 원하고 사랑하는 것들과 분리될 수 없기 때문이다.

재정이나 관계, 건강 측면에서 당신이 두려워하는 큰 상실에 관해 생각해 보라. 그 모든 상실은 육체적 삶과 떼려야 뗄 수 없는 무언가를 잃는 것을 포함하지 않는가? 재정적 상실이 위협하는 것은 잘 먹고 편안하게 자는 능력이다. 열렬하게 사랑하는 배우자를 잃으면 성적 만족과 사귐의 즐거움을 잃는다. 뇌에 산소 공급이 멈추면 재미있는 생각들도 소멸된다. 몸을 잃으면 당신이 원하는 것을 잃는다. 몸을 잃으면 당신이 사랑하는 것을 잃는다.

예수님의 방식

고대 세상을 지배했고 오늘날의 세상도 지배하고 있는 이런 기본 선택지들의 배경에서 예수님은 "우리가 잃은 것을 되찾게 될까?"라는 질문에 완전히 다른 답을 내놓으신다. 예수님은 자신의 행동, 가르침, 삶, 죽음, 부활을 통해 이렇게 선포하신다. "물론이다! 너희는 잃은 것을 되찾을 것이다. 아니, 그 이상으로 회복할 것이다!" 부활의 약속은 모든 것을 돌려주겠다는 약속이다. 부활은 우리의 몸을 돌려주는 것이기 때문이다. 이것이 부활이란 단어의 의미다. 우리의 몸은 땅에 묻혀 사라지는 것이 아니라, 회복되어 다시 꽃의 향기를 맡고, 다른 이들에게 꽃을 주고, 들판을 (그 위로 떠다니는 것이 아니라) 달릴 것이다. 우리는 잃은 것, 아니 그 이상으로 되찾을 것이다.

'그 이상'인 이유는 그리스도인의 부활이 '영원한' 몸을 돌려받는 것이기 때문이다. 우리의 몸은 썩지 않을 형태로 되살아날 것이다(고전 15:42-57). 우리는 미래의 모든 상실도 면하게 될 것이다. 우리는 잃은 것을 되찾고 그 모든 것을 영원히 간직하게 될 것이다. 마침내 죽음 자체를 영원히 이기게 될 것이기 때문이다.

나아가서 우리는 이 영원한 몸을 통해 그 이상의 이상을 받게 된다. 예수님은 우리의 썩지 않는 부활의 몸이 영광스러울 것이라고 약속해 주셨다(고전 15:43; 빌 3:21). 영광스러운 몸은 하나님이 인간을 위해 의도하신 모든 능력을 얻을 것이다. 타락과 그 하녀인 죽음 때문에 크게 훼손된 능력이 다 회복될 것이다(창 3:17-19).

타락과 죽음의 힘 때문에 다른 사람들 안에 있는 영광을 보는 우리의 눈도 흐려졌다. 마태복음 17장 1-9절에서 제자들이 죽음을 이기고 영광스럽게 될 예수님의 몸을 미리 본 사건은 우리가 마침내 다른 사람들의 영광의 몸을 만날 때 경이감에 휩싸일 것임을 말해 준다. 우리는 새로운 영광의 몸으로 더 많은 것을 할 수 있게 된다. 그리고 서로의 영광을 더 분명히 볼 수 있게 된다. 부활은 '최상의 나'로 들어가는 문이다.

우리는 가끔 영원한 영광을 엿본다. 우리 모두는 미래의 영광이 어떤 것인지를 미리 본 적이 있다. 예를 들어, 뛰어난 운동선수나 뮤지션이 가장 놀라운 기량을 선보이는 것을 보며 경이감에 젖어들었던 적이 있는가? 이것이 바로, 주일마다 교회에서 미소로 우리를 반겨 주지만 외적으로 볼품은 없었던 고령의 어르신을 우리가 부활 후에 다시 만날 때 경험할 경이감과 비슷하다.[2] 남몰래 하나님께 충성하고 조용히 하나님의 백성을 섬기며 우리에게 사랑을 베풀던 그 어르신의 영광을 온전한 형태로 보고 벌린 입을 다물지 못하게 될 것이다. 그리고 이내 벌떡 일어나 박수를 보내게 될 것이다.

영광스러운 영원한 몸으로 회복된다는 부활의 약속은 기독교가 스토아주의, 에피쿠로스주의, 플라톤주의와 철저히 구별되는 점이다. 또한 이것이 큰 상실과 그로 인한 불안에 대한 진정한 기독교적 접근법의 독보적인 차별점이다. 예를 들어, 스토아주의자, 에피쿠로스주의자, 플라톤주의자는 피하기 습관의 무의미함에 관한 이전 장의 내용에 고개를 끄덕이며 이렇게 말할 것이다. "우리와 생각이 같군요. 우리도 죽음을 직시해야 한다고 생각해요." 하지만 잃은 것을 되찾을 것이라는 우리의 믿음에는 고개를 갸웃거릴 것이다. 그들은 이 주장을 어리석다고 말할 것이다.

이와 비슷하게, 현대의 정신 건강 전문가들은 이 책에서 소개한 활동 중 많은 것을 인정할 것이다. "맞아요. 마음 챙김 호흡, 자기 인식, 자기 수용, 인지적 노력 같은 방법은 충분히 효과적이죠." 하지만 부활의 믿음에 대해서는? 세상의 정신 건강 전문가들, 심지어 종교를 존중하는 이들도 정중함을 잃지 않으면서도 고개를 저을 것이다. "음, 우리는 그런 것을 하지 않아요."

예수님의 부활은 기독교를 정의하는 핵심 요소다. 사도 바울은 부활이 참이 아니고 "만일 그리스도 안에서 우리가 바라는 것이 다만 이 세상의 삶뿐이면 모든 사람 가운데 우리가 더욱 불쌍한 자이리라"라고 단언한다(고전 15:19). 불안에 대한 우리의 궁극적인 접근법을 포함해서 우리의 모든 것이 부활에 달려 있다.

그리스도인들은 도덕이나 즐거움, 우리의 영혼 이상의 것을 부여잡고 있다. 우리는 불안과의 싸움에서 우리의 궁극적인 적을 이기신 분인 '예수님'을 부여잡는다. 그 적은 바로 모든 상실 중의 상실인 죽음이다. 예수님은 그 궁극적인 적을 이기신 유일한 분이시기에 "우리가 잃은 것을 되찾게 될까?"라는 질문에 자신의 부활한 몸으로 대답하신다. "물론이다! 너희는 잃은 것을 되찾을 것이다. 아니, 그 이상으로 얻을 것이다! 너희는 영광스러운 영원한 몸을 얻을 것이다."

하지만 우리는 기다리는 동안 버티는 법을 배워야 한다. 예수님이 만물을 회복시키기 위해 돌아오시는 날, 우리는 영광스러운 영원한 몸을 얻는다. 우리는 전화해서 이 회복과 다시 만남의 "그 날과 그 때"(마 24:36)를 알아낼 수 없는 집에 있는 아이와도 같다. 우리는 그날 예수님이 현관문을 열고 들어와 우리에게 온전히 변화된 '최상의 나'를 주실 것이라는 약속을 굳게 부여잡고 버텨야 한다.

특히 인생의 큰 상실 속에서도 이 약속의 날까지 버티기 능력을 길러야 한다. 내 딸이 그 시합에서 했던 것처럼 우리는 약속된 회복을 바라보며 큰 상실 속을 통과하는 법을 배워야 한다. 상실에서 벗어나려 애쓰거나 상실 주변을 맴돌아서는 안 된다. 상실을 통과하며 버텨야 한다. 이 버티는 능력은 쉽게 얻어지지 않는다. 예수님

이 제자들에게 하셨던 것처럼 우리 안에서 이 능력을 길러 주셔야
한다.

기독교식 플라톤주의가 판치다

예수님은 죽음이 가까이 오자 부활의 약속에 관한 가르침에 박
차를 가하셨다. 요한복음 12장 23-28절의 의미를 찬찬히 살펴보자.

> 예수께서 대답하여 이르시되 인자가 영광을 얻을 때가 왔도다 내가
> 진실로 진실로 너희에게 이르노니 한 알의 밀이 땅에 떨어져 죽지
> 아니하면 한 알 그대로 있고 죽으면 많은 열매를 맺느니라 자기의
> 생명을 사랑하는 자는 잃어버릴 것이요 이 세상에서 자기의 생명을
> 미워하는 자는 영생하도록 보전하리라 사람이 나를 섬기려면
> 나를 따르라 나 있는 곳에 나를 섬기는 자도 거기 있으리니 사람이
> 나를 섬기면 내 아버지께서 그를 귀히 여기시리라 지금 내 마음이
> 괴로우니 무슨 말을 하리요 아버지여 나를 구원하여 이때를 면하게
> 하여 주옵소서 그러나 내가 이를 위하여 이때에 왔나이다 아버지여,
> 아버지의 이름을 영광스럽게 하옵소서 하시니 이에 하늘에서 소리가
> 나서 이르되 내가 이미 영광스럽게 하였고 또다시 영광스럽게
> 하리라 하시니.

이 구절은 예수님이 밀에 관한 진리를 가르치시는 장면으로 시작된다. 예수님은 탁월한 가르침을 펼 때 자주 그러셨듯이 여기서도 청중에게 익숙한 이미지를 사용하신다. 그분은 익숙한 이미지를 통해 청중이 뜻밖의 새로운 통찰을 보게 만드는 방법을 즐겨 사용하신다. 당시는 농경 사회였기에 모든 청중은 자신들의 미래가 씨 뿌리는 행위에 달려 있다는 사실을 잘 알고 있었다.

예수님은 인간이 죽어 장사되는 것을 씨 뿌리기에 비유하는 탁월함을 보이신다. 인간과 씨앗은 모두 같은 운명을 맞는다. 둘 다 땅에 떨어져 죽는다. '그대로 있는' 밀은 서로 비슷한 두 가지 방식으로 해석할 수 있다. 이 밀은 (스토아주의나 에피쿠로스주의처럼) 이생 너머가 있다고 믿지 않는 사람을 의미할 수 있다. 이런 삶은 짧은 존재 이상으로 이어지지 않는다. 말 그대로 '그대로 있다.' 이 한 알의 밀은 자신만이 모든 밀(인간)의 보편적인 운명(장사/죽음)을 피할 수 있다고 스스로를 속이는 사람을 의미할 수도 있다. 후자의 경우에는 불안 공식의 핵심적인 통찰로 대응할 수 있다. 즉 상실을 피하려는 노력은 부질없는 짓이다. 피하기는 문자적으로든(밀의 경우) 비유적으로든(인간의 경우) 소용이 없다.

예수님은 "자기의 생명을 사랑하는 자는 잃어버릴 것이요"라는 말씀으로 상실을 피하려는 노력이 헛되다는 점을 강조하신다(요 12:25). "자기 생명을 사랑하는" 것은 하나님이 원하시는 방식으로 삶과 그 안의 많은 보물(우리가 사랑하는 사람들, 우리가 품은 생각들, 우리가 느끼는 경험들)을 가치 있게 여기는 것을 의미하지 않는다. 복음서들을 읽어 보면 모든 면에서 삶을 사랑하시고 온전히 사신 인간 예수님을 볼 수 있다. 이 구절에서 "자기 생명을 사랑하는" 것은 우상숭배를 의미 한다. 예를 들어, 내가 공급의 상실을 피하기 위해 불안 가운데 하나 님 대신 우리 회사를 부여잡았던 것이 그런 경우다. 우리가 우상숭 배적인 '사랑'에 의지해 삶을 보전하려고 하면 예수님은 모든 것을 잃을 것이라고 경고하신다. 우상을 통한 피하기는 통하지 않는다. 삶의 막대한 부분을 허비할 뿐이다. 그런 시도를 하다가는 "자기 생 명을 잃어버릴 것"이다.

뛰어난 시인처럼 예수님은 극적인 대조법을 사용해 우상에 대한 거짓되고 무익한 '사랑'을 경고하신다. 그분은 요한복음 12장 25절에 서 이렇게 약속하신다. "이 세상에서 자기의 생명을 미워하는 자는 영생하도록 보전하리라." 예수님은 좋은 것들을 우상으로 변질시 키는 '거짓 사랑'에서 회개하는 것에 관해 시적인 과장법으로 '미움' 이란 단어를 자주 사용하신다. 예를 들어, 예수님이 제자들에게 "자 기 부모까지 미워"하라고 명령하신 것은(눅 14:26) 부모의 인정(고대 유 대 문화에서 특히 중요했던 것)을 잃는 것에 대한 두려움이 하나님에 대한 충 성을 밀어내지 않도록 하라는 말씀이다. 예수님은 부모를 비롯해서 이생의 다른 모든 것에 대한 우리의 사랑이 적정선을 넘어 우상으로 변질되지 않기를 바라신다.

안타깝게도 "이 세상에서 자기의 생명을 미워하는 자는 영생하도록 보전하리라"라는 구절은 오늘날 기독교계에서 좀처럼 사라지지 않는 한 가지 오해를 뒷받침하기 위해 자주 오용되었다. 이 오해는 우리의 영원한 상태가 하늘이라고 불리는 다른 차원에서 육체가 없는 영혼으로 존재하는 것이라는 믿음이다. "이 세상에서 자기의 생명을 미워하는" 것은 기독교식 플라톤주의로 변질될 수 있다. 즉 세상 관심을 끊고 오직 영원한 영혼에만 집중하는 것이 될 수 있다.

내가 속한 보수주의 복음주의 교회는 어릴 적 내게 이런 메시지를 불어넣었다. 나는 "이 세상의 것들은 다 불타 버릴 것이니 그것들에 너무 관심을 쏟지 말라"라는 메시지를 여러 형태로 반복적으로 들었다.

무엇이 영원히 유지될까? 답: 우리의 영혼과 천국.

천국에서 우리의 영혼은 영원히 무엇을 할까? 육체가 없는 '영혼'은 어떤 종류의 활동을 할 수 있을까? 내가 어릴 적에 들은 답은 '떠다니는 것'(따분하다)에서 '쉬는 것'(정말 따분하다)과 '하나님을 영원히 예배하는 것'(솔직히, 가장 따분하게 들린다)까지 뭔가 모호하고 매력적이지 않게 느껴졌다. 하나님을 영원히 예배한다는 말을 들으면 따분하기 짝이 없는 주일예배만 상상되었다. 어릴 적에 시카고 베어스의 미식축구 경기가 시작되기 전에 집에 도착할 수 있도록 예배가 일찍 끝나기를 바라며 내내 시계만 쳐다보던 기억이 난다. 고대할 미식축구 경기조차 없이 영원토록 그런 예배만 드린다고 생각하니 흥미가 완전히 사라졌다.

대중문화에서 그리는 내세에 관한 이미지까지 더해져서 내 머릿속에서 이런 영적 그림이 깊이 자리를 잡았다. 예를 들어, 〈천국은 기다려 준다Heaven Can Wait〉는 내가 열 살 때 나온 영화다. 이 영화의 트로프trope는 이후 제작된 비슷한 영화들에서도 반복해서 나타난다. 픽사의 2020년 작 〈소울Soul〉도 그렇다. 예를 들어, 워렌 비티가 분한 이 영화의 주인공은 죽어서 구름과 별 같은 것이 있는 '천국'이라는 멀리 있는 다른 차원으로 옮겨진다. 이 영화들은 플라톤주의처럼 우리의 궁극적인 자아('영혼')를 우리의 육체적인 몸과 엄격하게 구분한다. 영혼이 여러 몸에 들어갔다 나오는 식의 '실수연발comedy of errors' 요소를 가진 이 영화들은 이런 플라톤주의 구분법을 바탕으로 한다. 대개 결말은 주인공이 몸이 없는 '영혼'으로서 '천국'에서의 최종적이고도 영원한 삶을 받아들이는 것을 포함한다.

이 플라톤주의의 비전은 대중의 상상력에 깊이 각인되어 있다. 심지어 어린아이들도 이 비전에 세뇌되었다. 어릴 적에 나는 와일 E. 코요테 같은 등장인물이 강력 폭약에 산산조각이 나거나 머리에 무거운 쇠모루가 떨어지는 식의 〈벅스 바니Bugs Bunny〉 만화영화를 주일마다 빠짐없이 봤다. 조각이 난 코요테는 날개가 돋더니 하프를 켜며 '진주 문'이 있는 '천국'으로 날아간다. 심지어 어른이 되어서도 어릴 적에 텔레비전에서 본 장면을 기억에서 지워 버리기가 쉽지 않다.

당신은 영원에서의 삶을 어떻게 상상하는가? 이 장의 첫머리에서 쓴 종이를 꺼내서 다시 읽어 보라. 다음 세 가지 질문으로 당신의 비전을 평가해 보라.

당신은 누구인가? 팔다리를 갖고 숨을 쉬고 심장이 뛰는 육체적 몸인가? 아니면 자신을 영화에 나오는 유령처럼 육체 없이 떠다니는 '영혼'으로 상상하는가? '누구'라는 질문에 분명한 답을 갖고 있는가?

당신은 어디에 있는가? 산, 나무, 꽃, 바다 같은 피조 세계의 측면들을 가진 지구에 있는가? 건물, 조각상, 보트 같은 인공적인 것들이 보이는가? 아니면 구름과 빛 같은 형체 없는 것들이 보이는가? 공중에 있는가? '어디에'라는 질문에 분명한 답을 갖고 있는가?

당신은 무엇을 하고 있는가? 먹고 마시고 춤을 추고 일하고 뭔가를 만드는 식으로 당신이 좋아하는 활동을 하고 있는가? 그런 활동을 사랑하는 사람들과 하고 있는가? 아니면 생전의 경험과 거의 상관없는 활동을 하고 있는가? 혹은 아무것도 하지 않고 있는가? '무엇을'이라는 질문에 일관된 답을 갖고 있는가?

머릿속에 무엇이 떠올랐는가? '누가, 어디에, 무엇을'이라는 기본적인 질문에 확실히 답하지 못했는가? 그렇다면 스토아주의나 에피쿠로스주의의 영향을 받았을 가능성이 높다. 이 학파들은 영원에 관한 뚜렷한 시각이 없다. 이 학파들은 현대 기독교에도 많은 영향을 미쳤다. 그래서 요즘 기독교의 가르침은 부활보다 도덕적 행위(스토아주의)나 개인적 성취(에피쿠로스주의)에 더 초점을 맞추는 경향이 있다.

부활절 설교에서 부활의 실질적인 의미와 영광스럽게 된 영원한 몸을 건너뛰고 부활을 이생에서의 도덕적 개혁이나 새로운 성취에 관한 비유로만 다루는 경우가 많으니 실로 충격이다. 기독교를 '옳은 일을 하는 것'이나 '원하는 삶을 얻는 것'으로만 보면 우리의 영원한 상태를 상상할 때 종이에 아무것도 쓰지 못하거나 기껏해야 극도로 모호한 영계 같은 내용을 쓸 수밖에 없다.

아니면 당신이 상상한 영원한 상태는 육체에서 벗어나고 세상과 동떨어진 플라톤주의의 시각을 더 닮아 있는가? 자신에게서 플라톤주의의 영향을 감지했다면 당신만 그런 것이 아니다. 내가 대학생 시절에 이번 장의 첫머리에서 제시한 글쓰기 활동을 했다면 필시 내 글에서 영원에 관한 플라톤주의 시각이 진하게 묻어났을 것이다. 다행히 대학원 시절에 나는 성경학자인 N. T. 라이트〔톰 라이트〕에게서 직접 배우는 특권을 누렸다. 그의 강의와 그 뒤로 읽은 그의 많은 책은 영원에 관한 나의 시각에 큰 영향을 미쳤다. 특히 그의 책 《마침내 드러난 하나님 나라*Surprised by Hope*》는 사후에 일어나는 일에 관한 그리스도인의 시각을 정확하게 바로잡아 준다.[3]

이 책을 비롯한 여러 저작에서 라이트는 교회에 들어온 플라톤주의의 영향을 다루고 있다. 그는 플라톤주의가 영원에 관한 기독교의 가르침을 왜곡시켰다고 지적한다. 이 왜곡에는 복합적인 이유가 있지만 간단한 역사적 설명은 이렇다. 기독교가 주후 1,000년 동안 그리스-로마 세상에 퍼지면서 아우구스티누스 같은 주요 사상가들은 기존의 이방 세계관, 특히 플라톤주의를 따르는 사람들에게 복음을 전하고 싶어 했다. 내가 이전 책에서 지적했듯이 아우구스티누스는 대체로 이 일을 훌륭하게 해냈다. 특히 그는 플라톤주의의 깊은 욕구들이 오직 그리스도를 통해서만 충족될 수 있다는 점을 보여 주었다.[4]

하지만 아우구스티누스(와 그의 지적 후계자들)도 복음 전도자들이 늘 마주하고 있는 위험에서 자유로울 수 없었다. 그것은 주변 문화 속으로 들어가기 위해 복음을 왜곡시킬 위험이다. 플라톤주의 세계관을 지닌 이들 속으로 파고들기 위해 노력하는 과정에서 아직 오지 않은 미래에 관한 기독교의 비전은 육체를 벗은 영혼과 세상의 현실에서 벗어난 천국을 강조하는 쪽으로 기울어지기 시작했다. 중세 초기와 대중적인 차원에서 특히 그러했다.

특히 플라톤주의 시각이 기독교 안에 뿌리를 내린 것은 일말의 진실을 품고 있기 때문이다. '하늘로 올라간다'와 '육체를 벗은 영혼' 같은 표현은 죽음과 부활 사이의 중간 상태를 지칭하는 것으로 보인다. 예수님의 부활로 죽은 자들의 부활이 완성되기 전에 죽는 사람들에게는 새로운 몸을 기다리는 기간이 있다. 이 중간 상태에서 우리가 정확히 어떤 상태로 있는지는 신비에 둘러싸여 있지만(의식은 있을까? 행동하고 돌아다닐까?) 우리는 하나님의 품에 평안하게 있을 것으로 보인다. 이렇게 임시적인 의미에서 우리는 '하늘로 올라가고' '육체가 없는 영혼'으로 존재할지도 모른다. 성경이 구체적으로 말해 주지 않기 때문에 이 중간 상태가 정확히 어떠할지 우리는 알 수 없다.[5]

중간 상태에 관한 여러 추측이 있지만 그것과 상관없이 그것은 말 그대로 '중간' 상태다. 설령 우리의 임시적인 상태가 몸이 없는 상태라 해도 그것은 어디까지나 '기다리는' 상태다. 그 상태는 우리가 기다리고 있는 영원한 미래가 아니다. 그것은 궁극적인 의미에서 우리가 바라보고 있는 미래가 아니다. 내가 몸이 떨어져 나가는 느낌에만 집중한 나머지 얼음물에 손 담그기 시합에서 기권했던 것처럼, 이 중간 상태에 지나치게 초점을 맞추면 포기하게 된다.

중간 상태와 최종 상태에 관한 혼란은 장례식 예배에서 자주 나타난다. 그리고 어떤 죽음에 대해서는 몸에서 벗어난 미래에 관한 비전이 당장은 더 매력적으로 다가올 수 있다. 수년 전 우리 아버지는 만성 신장 질환으로 고생하시다가 고통스럽게 돌아가셨다. 이런 경우, 몸에서 벗어나는 것이 당장은 위안처럼 보일 수 있다. 장례식 예배 때 우리 부모님이 다니던 교회 목사님은 내 등을 두드리며 이렇게 말했다.

"이제 아버님은 영원한 쉼을 누리고 계십니다." 목사님은 내 옆에 앉으면서 부드러운 목소리로 말했다. "지금 아버님은 하나님과 함께 최종적인 집에 계신답니다."

그는 좋은 의도로 나를 격려한 것이었지만 그의 말은 성경적으로 정확하지 않았다. 우리 아버지의 "쉼"은 중간 상태일 뿐이며, 아버지는 여전히 "최종적인 집"을 기다리고 계신다. 이는 단순히 신학적 오류만이 아니다. 이는 목회적으로도 매우 중요한 문제다. 우리 아버지가 더는 고통을 당하고 계시지 않다는 사실은 무척 감사했지만, 내가 가장 바라는 것은 아버지를 되찾는 것이었다. 지금도 여전히 나는 아버지를 잃은 아들이다. 현관문을 열고 들어와 나를 안심시키고, 창피한 리틀리그 경기가 끝난 뒤 내 등을 토닥여 주었던 몸을 입은 아버지. 나는 그 아버지를 잃었다. 내게 가장 필요한 말은 언젠가 영광스러운 새 몸을 입은 아버지를 되찾을 수 있다는 말이었다.

나는 그 목사님이 좋은 뜻으로 하는 격려의 말에 말없이 미소를 지어 보였다. 신학 토론을 할 때와 장소가 아니었다. 하지만 속으로는 그 시각을 바로잡았다. 나는 영원에 관한 내 비전을 떠올리려고 노력했다. 내가 사랑하는 이들을 잃은 사람들을 위로할 때 하는 말을 스스로 떠올리려고 노력했다. 머릿속에 평소 어떤 비전을 품고 있느냐가 중요하다. 사랑하는 아버지를 잃은 상황에서 내가 무엇을 붙잡고 버티느냐가 중요했다. 내 목숨의 상실에 관해 내가 무엇을 붙잡고 버티느냐가 중요하다. 당신의 큰 상실에 관해 당신이 무엇을 붙잡고 버티느냐가 중요하다.

많은 그리스도인이 품은 영원에 관한 비전은 애매하고 막연하다. 그것은 우리의 중간 상태(실제로 성경에서 애매하게 이야기하는 것)를 우리의 영원한 미래와 혼동하기 때문이다. 우리는 영구적인 미래에 더 집중해야 한다. 나는 이것이 성경에서 중간 상태에 관한 단서를 거의 제공하지 않는 이유라고 생각한다. 성경은 최종 목적지에 관해서는 생생하게 묘사하는 반면, 중간 단계에 관해서는 분명하게 이야기하지 않는다. 성경 기자들은 우리가 한눈을 팔다가 경기를 포기하지 않기를 바라는 듯하다. (이사야 60-66장의 아름답고도 생생하고 자세한 묘사 같은) 최종 상태에 관한 성경의 묘사들은 분명 몸을 입은 상태를 가리킨다. 우리는 중간 상태를 넘어 최종적 회복을 고대해야 한다.

이 모든 것은 불안을 다루는 데 중요하다. 두려운 상실을 통과할 때까지 버티려면 미래에 관한 분명한 비전을 부여잡아야 한다. 이 장을 시작하면서 당신이 자유연상 활동에서 쓴 글은 의사에게서 나쁜 소식을 들을 때 당신이 무엇을 부여잡을 것인지를 보여 준다. 당신이 쓴 내용이 없거나 막연하거나 부정확하다면 아직 준비가 안 된 것이다. 우리 모두는 예수님의 진리를 머릿속에 가득 채워야 한다. 올바른 비전이 중요하다.

우리가 경험하는 모든 불안은 예수님의 도움으로 영원에 관한 비전을 바로잡고 그분의 진리를 더 굳게 부여잡을 기회다. 다음 장에서는 이 과정에서 예수님과 어떻게 협력할지에 관해 더 탐구해 보자.

chapter 12

상실을 견디게 하는
단 하나의 약속

영원과 부활에 관한 11장의 논의가 생소하고 혼란스러웠다 해도 이상하게 생각할 것 없다. 당신만 그런 것이 아니다. 사복음서는 예수님의 부활로 새로운 약속을 받았을 때 제자들도 처음에는 혼란스러웠다고 말한다. 그들은 상황을 파악할 시간이 필요했다. 특히, 예수님의 도움이 필요했다. 또한 자책할 것도 없다. (내가 수년 동안 해 온 것처럼) 기독교 교육을 책임져 온 사람들이 부활을 불안과 연결시키기는커녕 불안의 온전한 의미를 당신에게 제대로 가르쳐 주지 않은 탓이다.

하지만 어떤 경우든 이 주제를 당신과 상관없는 신학 '전문가들'의 영역으로만 치부해서는 곤란하다. 예수님은 그분이 부활을 통해 영원으로 가는 문을 여셨다는 사실을 당신이 깨닫기를 원하신다. 이 문을 정확하게 상상하면 불안을 비롯해서 당신 삶의 모든 것이 변한다. 사실, 불안은 이 새로운 비전을 풀어놓는 열쇠 역할을 할 수 있다.

두려움에 빠진 제자들에게 나타나신 예수님

예수님은 제자들의 비전을 바로잡고자 하셨고, 그러기 위해 먼저 그들의 불안부터 다루셨다. 누가복음 24장에서 부활하신 예수님은 예루살렘에 모인 제자들을 찾아가셨다. 제자들은 두려움에 빠져 있었다. 예수님의 십자가 죽음은 그들에게 막대한 상실을 주었고,

미래에 더 큰 상실이 다가오고 있었기 때문이다. 그들은 사랑하는 주님께 미래를 걸었지만 예수님은 허망하게 죽임을 당하셨다. 이제 그들은 다음 차례가 자신들일까 봐 두려워하고 있었다. 당연히 그들 모두는 극심한 불안에 빠져들었다. 사복음서 모두에서 그런 제자들의 모습을 그리고 있다.

누가복음 24장 36-43절 이야기에 초점을 맞춰 보자. 부활하신 예수님이 제자들에게 다시 나타나셨다. 놀라운 사실은 이 만남에 제자들이 안심하기는커녕 더 큰 불안에 빠졌다는 것이다. 성경은 그들이 "놀라고 무서워하여 그 보는 것을 영으로 생각하는지라"라고 기록한다(37절). 물론 제자들이 놀란 것은 예수님이 나타나시리라 전혀 예상하지 못했기 때문이다. 하지만 그들은 왜 예수님을 보고서 겁을 집어먹었을까? 예수님은 제자들을 안심시키려고 나타나셨을 텐데, 왜 그들은 그분을 보고서 안심하지 않았을까? 답은 그들이 "영"을 보았다고 생각했기 때문이다. 그들은 눈앞에 있는 존재가 육체를 벗은 영이라고 착각했다(다른 역본들에서는 "유령"이라는 단어를 사용한다). 오늘날의 많은 그리스도인과 마찬가지로 그들은 부활의 육체적인 특징을 이해하지 못했다.

다시 말해, 처음에 제자들은 자신들이 잃은 것을 되찾았다고 생각하지 못했다. 예수님과 함께했던 소중한 경험들은 모두 육체적인 경험이었다. 예수님은 육신을 입고서 그들과 함께 걷고 먹고 배를 타신 분이었다. 그들이 사랑했던 예수님은 몸이지 이런 유령 같은 존재(그들의 착각)가 아니었다. 그래서 그들은 상황을 이해할 수 없었다. 그 순간 그들은 오늘날의 많은 그리스도인과 같았다. 죽음 이후 상황에 관한 그들의 관념은 막연하고 낯설고, 그들이 가장 소중히 여겼던 경험들과 동떨어진 것이었다. 그래서 그들의 불안이 다시 타올랐다.

우리도 당시의 제자들과 다르지 않다. 부모님 차가 집 앞에 도착하고 문이 열리고 연기 같은 모양의 두 개의 영이 내게로 날아오면 나의 여덟 살짜리 래치키 키드 자아가 어떤 기분일지 상상해 보라. 그런 종류의 상봉은 제자들처럼 나도 놀라게 만들지 않을까?

예수님의 다음 행동을 주목해서 보라.

예수께서 이르시되 어찌하여 두려워하며 어찌하여 마음에 의심이
일어나느냐 내 손과 발을 보고 나인 줄 알라 또 나를 만져 보라 영은
살과 뼈가 없으되 너희 보는 바와 같이 나는 있느니라 이 말씀을
하시고 손과 발을 보이시나(눅 24:38-40).

예수님은 부활의 육체적 특징을 강조함으로써 제자들의 두려움을 다루셨다. 예수님은 그들을 위해 퍼즐 조각을 맞춰 주셨다. 예수님은 그들에게 예전에 그분의 손과 발을 만졌던 것처럼 그분의 새로운 손과 발을 만지라고 말씀하셨다. 시대를 막론하고 우리를 안심시키는 상봉은 '몸의 상봉'이다.

부활의 육체적 특징을 강조하는 것은 "두려워하며 …… 마음에 의심이" 일어난 제자들을 다루는 데 너무도 중요했다. 예수님은 신학적 해설을 하시지 않았다. 예수님은 인간 불안의 중심을 다루셨다. 예수님은 제자들의 근본적 질문인 "우리가 잃은 것을 되찾게 될까?"에 답하고 계셨다.

　"내 손과 발을 보고 나인 줄 알라." 제자들은 자신들이 잃은 분을 온전히 되찾았다는 것을 확신했다. 예수님의 손과 발은 크나큰 상실의 흔적을 지니고 있었다. 예수님을 제자들에게서 앗아 갔던 잔혹한 십자가 처형의 흔적이 고스란히 남아 있었다. 예수님이 보고 만질 수 있는 혈육의 상태로 돌아오셨다는 사실은 제자들이 잃어버린 것, 아니 그들이 잃어버린 분을 되찾았다는 확실한 증거였다. 예수님은 제자들을 위해 새로운 선線을 그리고 계셨다. 그 선은 그들이 소중히 여겼던 과거에서 시작해 그 귀한 것들의 죽음과 상실을 '지나' 잃어버린 모든 것의 회복까지 이어지는 선이다. 이 선을 정확히 그린 것이 예수님이 제자들의 불안을 다루신 방식이었다.

　예수님은 우리를 위해서도 같은 선을 그려 주고 싶어 하신다. 그것은 현재의 현실에 관한 흔적이 우리가 알아볼 수 있을 만큼 고스란히 남아 있는 미래, 그런 미래에 관한 그림을 얻을 때만 우리의 불안이 진정으로 해결될 수 있기 때문이다. 우리는 우리가 잃을까 두려워하는 모든 것에서 시작해 죽음을 지난 뒤 미래의 회복으로 이어지는 선을 필요로 한다. 이것이 '육체가 없는 하늘의 영혼을 상상하는 플라톤주의'가 섞인 기독교의 비전이 우리의 불안을 해소시켜 주지 못하는 이유다. 그 비전이 그리는 미래는 우리가 소중히 여기는 육체적 경험들, 우리가 잃을까 두려워하는 육체적 경험들의 흔적이 전혀 없기 때문이다. 다시 말하지만, '영혼이 영원한 삶을 위해 저 하늘로 날아가는' 비전은 우리가 잃은 것을 돌려주지 않는다. 그 대신, 낯설고 막연하고 궁극적으로 거짓인 대체물을 줄 따름이다.

관통선이 중요한 이유

예수님이 누가복음 24장에서 이루신 일은 "관통선^{throughline}"이라는 개념을 떠올리게 한다. 관통선은 드라마 영역에서 사용하는 핵심 개념 중 하나다. 뛰어난 이야기꾼들은 관중이 등장인물들이 자신의 기본 특성을 끝까지 유지할 것이라고 (무의식적으로라도) 믿어야만 이야기를 믿는다는 점을 알고 있다. 유명한 메소드 연기 옹호자인 콘스탄틴 스타니슬랍스키는 관통선 개념을 이렇게 설명했다. "연기자들은 자신이 맡은 등장인물이 특정한 장면에서 …… 무엇을 하는지, 혹은 무엇을 하려고 하는지 이해해야 할 뿐 아니라, …… 이 목표들을 하나로 연결해서 내러티브를 중심으로 등장인물을 이끌어 가는 관통선을 이해하려고 노력해야 한다."[1]

관통선은 주로 등장인물의 과거, 현재, 미래를 연결하는 이면의 동기다. 어떤 행동이 이전의 행동들과 전혀 연결되지 않아 관중이 '이 인물이 저런 행동을 할 리가 없어!'라고 생각하는 순간, 이야기는 망가지기 시작한다. 물론 이야기에 뜻밖의 요소가 있어서는 안 된다는 뜻은 아니다. 오히려 정반대다. 좋은 이야기는 예기치 못한 반전을 포함한다. 다만 반전이라도 관통선과의 일관성을 유지해야 말이 된다.

많은 책이나 영화는 '원하던 목적을 잃어버렸다가(혹은 잃어버릴까봐 두려워하다가) 되찾는 것'을 관통선으로 삼고 있다. 영화 〈분노의 질주The Fast and Furious〉 시리즈에서 관통선은 자신과 피가 섞이지 않은 '가족들'이 재결합하기를 바라는 주인공들의 마음이다(이것이 죽은 줄로만 알았던 인물들이 끝없는 후속 편에서 끊임없이 부활하는 이유다). 영화 〈반지의 제왕The Lord of the Rings〉에서 호빗들의 주요 관통선은 샤이어로 돌아가고 싶은 마음이다.

주인공과 관객은 이런 회복의 갈망이 (물론 예기치 못한 반전의 요소를 포함한) 일관된 방식으로 이루어지기를 원한다. 〈반지의 제왕〉이 호빗들이 샤이어로 돌아가지 못하고 모르도르에서 민박집을 여는 것으로 끝났다면 그 이야기는 전혀 일관되지 않게 보였을 것이다.

이것이 어릴 적에 내가 접한 천국의 관점이 그토록 감동 없고 따분하며 일관되지 않게 다가왔던 이유다. 그런 결론은 나를 사로잡을 만한 관통선을 갖고 있지 않았다. 나는 천사처럼 날개를 달고 하늘로 날아가고 싶은 마음이 눈곱만큼도 없었다(내 어릴 적 꿈은 전투기 조종사가 되는 것이었다. 따라서 천사의 날개에 열 추적 미사일을 장착할 수 있다고 하면 관심이 생겼을지도 모른다). 나는 하프를 연주한 적이 없었다. 나는 하프를 연주할 능력을 잃을까 봐 두려워한 적이 없었다. 오히려 영원토록 하프를 연주해야 한다는 것이 어릴 적에 졸며 겨우 견뎠던 피아노 리사이틀에서 연주를 끝없이 들어야 하는 것만큼이나 지루하게 느껴졌다. 같은 노래를 끝없이 반복해서 부르는 예배도 내 강한 갈망을 전혀 채워 주지 못했다. 당시에는 대놓고 인정할 수 없었지만 내면 깊은 곳에서 영원에 관한 그런 이야기가 거짓처럼 느껴졌다. 최소한 별로 신빙성이 없게 느껴졌다. 그렇다 보니 어른이 되어서도 영원은 그다지 끌리지 않았다. 영원에 관해 성경적으로 더 정확한 비전으로 내 시각을 바로잡기 전까지는.

'최상의 나'로 이어지는 성경적 관통선

예수님은 불안해하는 제자들에게 매력적인 관통선을 주고자 하셨다. 누가복음 24장 이야기로 돌아가 보자. 예수님이 제자들에게 그분의 손과 발을 보이며 회복된 몸을 만져 보라고 하시자 제자들의 감정 상태가 극적으로 변하기 시작했다. 제자들은 처음의 두려움과 의심에서 벗어나기 시작했다. 누가는 제자들이 변화되는 과정과 예수님이 이 변화를 더욱 강화해 주시는 과정을 아름답게 묘사하고 있다.

그들이 너무 기쁘므로 아직도 믿지 못하고 놀랍게 여길 때에

이르시되 여기 무슨 먹을 것이 있느냐 하시니 이에 구운 생선 한

토막을 드리니 받으사 그 앞에서 잡수시더라(눅 24:41-43).

제자들은 상황을 이해하기 시작했다. 처음에는 두려워하던 그들이 이제 "믿지 못하고 놀랍게" 여기고 있었다. 예수님이 평범하면서도 친밀한 방식으로 그들의 눈을 뜨게 해 주시는 장면을 읽을 때마다 감동이 밀려온다. 이어서 예수님은 오랜 친구끼리만 혹은 자식이 부모에게만 던질 법한 일상적인 질문을 던지신다. "여기 무슨 먹을 것이 있느냐." 예수님은 남은 생선 조각을 일부러 "그 앞에서" 잡수셨다. 이는 부활이 씹고 맛보고 삼킬 수 있는 몸을 되찾는 것을 의미함을 보여 주시기 위함이었다.

예수님은 불안해하는 제자들에게 자신의 몸을 되찾았음을 보여 주셨다. 그들이 잃은 것이 그분과의 소중한 육체적인 경험들이었기 때문이다. 그들은 함께 걷고 대화하고 먹던 사랑하는 스승을 잃는 충격적인 일을 겪었다. 길고 고된 하루 끝에 함께 나눈 식사(누가복음 24장 29절에서 "때가 저물어 가고 날이 이미 기울었나이다"라고 명시되어 있다)는 그들이 전에 예수님과 수없이 함께 나누었던 친밀한 식사와 똑같은 것이었다.

함께 식사를 나누면서 그들은 잃어버린 것들이 떠올랐다. 그래서 부활하신 예수님은 영원으로 이어지는 관통선으로서 조촐한 식

사 자리를 마련하신 것이다. 그 식사는 부활이 잃은 것을 되찾는 것임을 생생하게 보여 주었다. 요한복음 21장 1-14절에서도 예수님은 비슷한 식사 자리를 마련하셨다. 부활 후 예수님이 직접 요리하신 떡과 생선으로 다시 서로 만나는 자리가 마련되었다(이번에는 해변에서). 예수님은 그렇게 식사 자리를 통해 영원으로 이어지는 관통선을 일관되게 그리셨다.

제자들은 이 관통선을 부여잡아야 했다. 예수님은 '밀알' 비유에서 그들의 미래를 예언하셨다. "사람이 나를 섬기려면 나를 따르라 나 있는 곳에 나를 섬기는 자도 거기 있으리니 사람이 나를 섬기면 내 아버지께서 그를 귀히 여기시리라"(요 12:26). 제자들 대부분은 예수님처럼 고통스러운 핍박과 죽음을 당할 것이었다. 예수님과 비슷한 상실을 견뎌 내려면 비슷한 회복의 약속("내 아버지께서 그를 귀히 여기시리라")을 얻어야 했다. 그들은 예수님과의 이런 친밀한 저녁 식사를 기억해야 했다.

앞서 1장에서 빌립보서 4장 6절을 분석했던 내용을 다시 꺼내자면, "아무것도 염려하지 말고"라는 말이 격려가 되는 것은 몇 구절 전에 바울이 영원에 관한 기독교의 소망을 간결하게 소개했기 때문이다.

그러나 우리의 시민권은 하늘에 있는지라 거기로부터 구원하는 자 곧 주 예수 그리스도를 기다리노니 그는 만물을 자기에게 복종하게

하실 수 있는 자의 역사로 우리의 낮은 몸을 자기(그리스도의) 영광의
몸의 형체와 같이 변하게 하시리라(빌 3:20-21).

우리 몸의 궁극적인 운명, 곧 "그리스도의 영광의 몸의 형체와
같이" 변하는 순간으로 이어지는 관통선은 빌립보서 4장 6절의 격
려를 뒷받침해 준다. 불안해하지 말아야 하는 성경적인 이유는 우
리가 상실을 경험하지 않을 것이기 때문이 아니라, 우리가 영광으로
회복될 것이기 때문이다. 이는 아무리 강조해도 지나치지 않은 사
실이다. 우리는 상실 피하기가 아니라, 부활을 약속받았다. 사실, 부
활은 상실 피하기의 정반대다. 먼저 상실을 겪어야 부활에 이를 수
있기 때문이다.

큰 상실을 버텨 내려면 부활의 관통선을 부여잡아야 한다. 부
활은 불안에 관한 기독교의 접근법을 여느 접근법들과 철저히 차별
시키는 요소다. 부활은 불안에 관한 기독교의 접근법을 최고의 접
근법으로 만들어 주는 요소다. 그것이 최고인 것은 '최상의 나, 영광
스러운 나'로 가는 문이기 때문이다.

'최상의 세상'으로 이어지는 성경적 관통선

결국, 우리 몸은 예수님의 몸이 회복된 것과 똑같은 방식으로
회복될 것이다. 영광스러운 새 능력을 받을 것이다. 진정으로 '최상

의 나'를 받게 될 것이다. 영원한 세상에서 우리는 구속된 세상을 돌보는 일에 이 영광스러운 새 능력을 발휘할 것이다. 빌립보서 3장 20-21절에서 약속된 육체의 부활이 약속된 세상의 구속과 어떻게 하나로 연결되어 있는지를 눈여겨보라. 예수님이 부활의 능력으로 "**만물**을 자기에게 복종하게 하실 수 있는 자의 역사로" 세상 만물을 변화시키실 것이다(21절). 지구의 만물이 회복될 이 미래의 현실을 예수님은 '하늘나라'로 부르신다. 이 나라는 우리의 가장 큰 충성을 요구하며, 바울이 말한 '하늘에 있는 시민권'은 이 나라의 시민권을 의미한다.

이와 관련해서도 플라톤주의에 물든 기독교를 바로잡을 점이 있다. 하늘나라는 우리가 이 땅을 탈출하여 하늘로 올라가는 것이 아니라, 예수님이 하늘을 이 땅으로 가져오시는 것을 의미한다. 이 구절의 흐름을 눈여겨보라. "**거기(하늘)로부터** 구원하는 자 곧 주 예수 그리스도를 **기다리노니**"(빌 3:20). '지금' 이런 온 세상의 회복은 예수님에 의해 하늘에 안전하게 확보되어 있다. '아직' 오지 않은 미래의 어느 날, 예수님이 이 땅에 오셔서 하늘과 이 땅을 다시 결합시켜 이 땅의 "만물"을 새롭게 변화시키실 것이다. '최상의 나'는 최상의 지구에서 최상의 일을 할 것이다.

예수님과 제자들은 구운 생선으로 다시 만남을 축하했다. 이 식사는 하늘나라와 땅의 우주적 연합을 축하할 어린양의 혼인 잔치를 예시한다. 이것이 예수님이 제자들에게 "아버지, 저를 여기서 벗어나게 해 주옵소서!"가 아니라, 그분의 나라가 이 땅에 임하도록 기도하라고 가르치신 이유다(마 6:10). 이는 요한계시록 21-22장의 마지막 장면이 하늘나라가 땅으로 내려와 이 땅의 망가진 현실들을 회복시키는 장면인 이유이기도 하다(특히 계 21:1-4). 하늘이 이 땅에 있는 우리에게로 온다. 우리가 땅을 떠나 하늘로 가는 것이 아니다.

예수님은 몸의 부활에 관한 약속과 이 땅의 구속에 관한 약속을 우리 마음속에 가득 채우신다. 이것이 예수님이 우리의 불안을 다루시는 방식이다. 후자의 약속에 포함된 것은 우리가 몸이 거하는 전체 세상의 큰 상실에 대해서도 두려워하고 있기 때문이다.

2021년, 16-25세의 젊은이를 대상으로 전 세계적인 조사를 한 결과 그들 중 60퍼센트가 기후변화 때문에 "매우 걱정하거나" "극도로 걱정하고" 있다는 결과가 나타났다. 무려 45퍼센트가 그런 걱정이 "자신들의 일상에 영향을 미쳤다"라고 대답했다.[2] 우리 딸도 그런 젊은이 가운데 한 명이다. 이 불안은 딸과 딸의 친구들에게서 매우 실질적으로 나타나고 있다. 우리 딸아이들의 세대는 깊은 절망감과 무기력에 시달리고 있다.

기후변화가 당신의 가장 시급한 걱정거리가 아니라고 해도, 당신은 경제, 문화, 정치, 글로벌 이슈에 관한 온갖 걱정거리를 실어 나르는 뉴스에 끊임없이 노출되고 있다. 오늘날의 뉴스는 세상의 상실에 대한 두려움을 부채질하고 있다. 그것은 우리가 걱정할수록 뉴스 조회 수가 늘어나기 때문이다. 자신에게 이 간단한 질문을 던져 보라. "뉴스들을 스크롤한 뒤에 내 불안 수치가 높아지는가, 아니면 낮아지는가?" 뉴스 소비는 불안 수치를 높인다는 연구 결과가 많다. 팬데믹[3]과 대선[4]처럼 불확실한 시기에 특히 그렇다. 그럴 때 우리는 세상의 큰 상실을 두려워한다.

우리는 예수님이 우리 세상을 고통스러운 상실에서 회복시키실 것이라는 사실을 끊임없이 다시 기억해야 한다. "이것들은 결국에는 다 불타 버릴 것이니 전혀 중요하지 않다"라는 관념은 성경적으로 틀렸을 뿐 아니라, 이 세상을 깊이 사랑하는 사람들에게 감정적으로 공허하고 냉담한 관념일 뿐이다. 사실, 우리가 이 세상을 떠나 하늘로 올라갈 것이라는 종교적인 믿음은 신학적 벗어나기 습관이다. 이런 관념은 사람들로 하여금 세상에 관심을 두지 못하게 한다. 이런 관념은 세상의 진짜 고통을 피하는 행동을 사방으로 퍼뜨린다.

사람들이 세상 속에서 실제로 벌어지고 있는 고통을 지속적으로 다루기 위해서는 진짜 소망이 필요하다. 우리의 작은 노력이 (기후변화 같은) 거대한 상실을 피하는 데 거의 소용없는 상황에서는 더더욱 진짜 소망이 필요하다. 우리는 하나님 나라가 마침내 올 것이라고 믿어야 한다. 우리의 작은 노력은 그 미래를 가리키는 작은 푯말일 뿐이다. 우리의 작은 노력은 영원으로 이어지는 관통선의 작은 점들일 뿐이다. 우리의 미약한 노력이 아닌 예수님이 죽은 자들을 부활시키고 만물을 회복시키실 것이다. 이 나라를 상상하지 못한 채 사회적·정치적 노력을 하는 그리스도인들은 자신의 노력과 당장 나타나는 결과를 결정적인 열쇠로 본다. 상상력이 부족하면 절망으로 인한 무기력과 격렬한 극단주의 사이를 오락가락할 수밖에 없다. (희망이 없다고 생각해) 현재의 싸움에서 완전히 손을 떼거나 (약속된 더 큰 미래를 보지 못해) 현재의 싸움에서 비롯하는 작은 결과에 전부를 걸 수밖에 없다. 어떤 경우든 우리는 불안에 굴복할 수밖에 없다.

우리 몸과 세상의 큰 상실을 버텨 내려면 우리의 영원한 미래를 상상하면서 살고 행동하고 고난을 겪어야 한다. 몸의 부활과 땅의 구속에 관한 마음을 끄는 강력한 이미지가 필요하다. 다시 말하지만, 우리가 영원에 끌리려면 그 영원은 유형의 세상과 육체를 포함해야 한다. 영원은 현재 우리가 바라는 것, 우리가 잃을까 봐 두려워하는 현재의 것들과 연결되어야 한다.

이것이 예수님의 '밀알' 비유의 요지다. 밀알은 그 안에 추수를 품고 있다. 따라서 추수를 고대하되 밀알을 봐야 한다. 밀알은 추수를 상상하기 위한 원재료들을 품고 있다.

비극적인 루게릭병으로 모든 것을 잃어 가는 전직 운동선수를 생각해 보라. 그에게 필요한 영원의 비전은 하늘을 떠다니는 게 아니라, 운동장을 마음껏 질주할 때 맛본 영광을 되찾는 것이다. 환경 운동가가 피조물의 구속이라는 비전을 유지하려면, 평소에 '모든 것이 타 버리는' 장면이 아니라, 가장 좋아하는 숲을 거닐며 경험했던 광경과 소리와 냄새를 마음에 그려야 한다.

그렇다면 우리가 어떤 그림을 마음속에 그릴 때 예수님이 주신 영원으로 가는 이 관통선을 더 강하게 붙잡을 수 있을까? 어떤 새로운 훈련이 필요할까? 이 실천적인 질문이 다음 장의 주제다.

chapter 13

'영원'에 대한 마음속 그림을
더욱 선명하게

우리 인생을 가장 크게 변화시키는 진리는 우리의 사고만이 아니라 우리의 상상imaginations을 바꿔 놓는 진리다. 지난 몇 장에 걸쳐 우리는 부활의 진리와 그 진리가 불안에 관한 우리의 생각을 어떻게 극적으로 바꿔 놓는지를 살펴보았다. 실천적인 의미에서, 어떻게 하면 예수님의 이 진리가 우리 안에 더 깊이 파고들어 우리의 상상에까지 이르게 할 수 있을까? 주님의 인도하심을 따라 이 질문을 탐구해 보자.

당신의 '추수 축제'는 무엇인가

여느 위대한 선생들처럼 예수님은 제자들의 머릿속에 이미 있는 것들로 시작해 그들의 상상의 내용을 빚어 주셨다. 1세기 유대에서 개인적인 영생의 개념(죽음 이후의 영원한 삶)은 막연했다. 하지만 하나님이 이스라엘 백성을 집단적으로 회복시키실 것에 관해서는 생생한 비전들이 존재했다. 예수님이 내가 11장 첫머리에서 제시한 자유연상 글쓰기 활동을 제자들에게 시키면서 이스라엘에 대한 하나님의 회복이 어떠할지에 관해 써 보게 하셨다면 아마도 많은 제자들이 이렇게 썼을 것이다. "하나님의 회복은…… 일종의 추수와 같을 것이다."

이스라엘처럼 씨 뿌리는 노동과 이후 몇 달간의 초조한 기다림에 생존이 달려 있던 옛 농경 사회에서는 수확이 '되찾음'을 상징했다. 당연히, 매년 기대감 속에서 찾아오는 추수는 하나님이 만물을 온전히 새롭게 하실 날을 가리키는 강력한 상징 역할을 했다.

추수와 하나님의 궁극적인 회복 사이의 이런 상상적 연상은 '추수 축제들'을 통해 더욱 강화되었다. 예수님 당시는 물론이고 오늘날에도 이스라엘 문화는 세 차례 추수 축제가 있다. 수콧(초막절; 레 23:33-34), 샤부옷(칠칠절; 레 23:15-16), 페싸흐(유월절; 레 23:5). 이는 음식, 다시 만남, 춤, 여행을 수반하는 대규모 축제였다. 역사적으로 많은 유대인들은 유월절 축제에 참석하기 위해 온 가족이 함께 예루살렘까지 여행했다. 유월절은 즐거운 만남의 시간이었다.

매우 감각적이고 육체적인 이런 경험들은 하나님의 궁극적인 회복에 관한 기대감을 고취시키기 위한 시간이었다. 이것이 예수님이 유월절 축제 직전 예루살렘에 입성하신 타이밍이 그토록 폭발적인 반응을 일으킨 이유다. 그 타이밍을 보며 대중은 예수님이 로마에 빼앗겼던 이스라엘의 정치적 독립을 되찾아 줄 진정한 메시아라고 믿게 되었다. 대중의 이런 반응은 주기적인 추수 축제들을 통해 미래의 회복에 대한 유대인들의 상상이 이런 쪽으로 발전해 왔다는 점을 보여 준다. 예수님은 제자들이 단순한 정치적 차원을 넘어 비전을 확대할 수 있도록 이런 기존의 상상의 내용을 근본적으로 뜯어고치셔야 했다. 단, 예수님은 추수 축제를 하나님의 더 온전한 회복에 관한 그들의 비전을 빚기 위한 원재료로 사용하셨다.

오늘날 우리 마음속에서 추수 축제에 해당하는 것은 무엇일까?

예수님의 영은 우리 안에 부활의 소망을 빚기 위해 무엇을 원재료로 사용하실 수 있을까? 예수님이 오늘날 우리를 위해 밀알 비유와 비슷한 비유를 사용하신다면 '되찾기'에 관한 우리의 상상을 자극하기 위해 무엇을 사용하실까?

여기서 나는 추수 축제 같은 축제를 말하는 것이다. 우리가 다른 사람들과 함께 육체의 여러 감각을 동원해 축하하는 축제 말이다. 기독교가 탄생한 이래로 수 세기 동안 가장 유력한 후보는 혼인 잔치였다. 결혼식은 단순히 두 개인 사이의 중요한 사건을 축하하기 위한 시간이 아니다. 결혼식은 하나님과 그분 백성들 사이의 '결혼', 하늘나라와 땅 사이의 최종적인 연합을 가시적으로 미리 맛보는 시간이기도 하다. 우리의 혼인 잔치는 최종적인 어린양의 혼인 잔치를 가리키는 표지판이기도 하다(계 19:7-10).

결혼식이 의도하는 관통선은 풍성하고도 아름답다. 결혼식은 우리의 갈망을 고조시킨다. (물론 두 사람이 법적으로나 영적인 의미에서나 순결을 유지해 왔다면) 마침내 함께 새로운 육체적 경험을 하려는 부부의 갈망은 영화로워진 새 몸에 관한 갈망을 가리키는 관통선이다. 친척들에게 오랫동안 기다리던 만남의 자리인 혼인 잔치는 최종적인 만남을 가리킨다. 하객들에게 이 특별한 잔치에 대한 고대는 하나님의 풍성한 최종 잔치에 대한 고대를 가리키는 관통선이다. 이런 식으로 혼인 잔치는 사람들의 머릿속에 풍성한 이미지를 가득 채웠다. 그래서 예전에는 그리스도인들에게 영생[영원한 삶]에 관해 자유연상을 해 보라고 하면 "그것은 혼인 잔치일 것이다"라고 쓰는 사람이 많았을 것이다.

오늘날 이런 관통선은 거의 사라졌다. 물론 결혼이 "우리에게 그리스도와 그분 교회 사이의 연합의 신비를 의미한다"(공도문의 일부)[1] 라는 전통적인 전례 문구를 통해 이 관통선이 그나마 명맥은 유지하고 있다. 하지만 결혼식에서는 이 내용을 언급하는 경우조차 찾아보기 힘들고, 언급하더라도 대개 가볍게 넘어가고 만다.

그리스도인들의 결혼식 중 '축제' 부분에서도 영원으로 이어지는 의도적인 관통선을 보기 힘들다. 나는 목회를 하면서 결혼식 주례를 많이 했다. 그런데 피로연(사실, 이것이 많은 하객들이 가장 고대하는 시간이었다)에서 어린양의 혼인 잔치를 조금이라도 떠올리게 하는 요소를 찾아보기 힘들었다. 이것을 가장 분명하게 느낄 수 있는 시간은 피로연에서 축하의 잔을 드는 시간이었다. 그 시간은 그 결혼식의 의미를 가장 분명하게 표현할 수 있는 기회다. 하지만 오늘날 그 시간은 대개 새롭게 탄생한 부부를 칭송하는 데 초점을 맞춘다. 우리 모두의 최종 목적지를 비롯해 다른 것에 관한 언급은 전혀 없고, 그저 두 사람만을 가리키는 표지판이 된 듯하다.

물론 이렇게 말하면 신학적으로 고루한 사람 취급을 당하기 쉽다는 것을 안다. 이런 행사를 즐거운 축제로 즐기면서도 하나님이 의도하신 표지판의 기능을 회복하기 위한 좋은 모델이 없다 보니 더더욱 그렇다. 아무도, 심지어 나처럼 신학을 배운 사람도 잔치를 장황한 강연으로 바꾸기를 원치 않는다. 하지만 영원에 관한 마음속 그림 곧 비전을 키우려면 우리의 축제들을 표지판으로 새롭게 형성하기 위한 창의적인 실험이 필요하다.

아내와 나는 최근 그런 실험을 했다. 우리는 결혼 25주년 기념일을 축하하고 혼인 서약을 새롭게 하기 위해 파티를 열었다. 절친한 지인과 가족들이 100명 이상 모였다. 개중에는 멀리서 어려운 발걸음을 한 이들도 있었다. 우리는 함께 정성껏 준비한 음식을 즐겼고, 1980년대 댄스 음악들에 맞추어 춤을 추었다. 행사 끝 무렵에 아내와 나는 숙녀가 된 우리 딸들을 안았다. 딸들은 우리의 어깨에 살포시 고개를 기댔다. 실로 아름다운 시간이었다.

하지만 우리 부부에게 그 파티에서 가장 의미 있는 시간은 따로 있었다. 우리가 가장 오랜 시간을 투자해 준비한 코너였다. 바로 축하의 잔을 드는 시간. 일단 우리는 손님들이 우리를 향해 잔을 들며 우리를 칭찬하는 전형적인 의식을 가졌다. 훈훈한 분위기였다. 이어서 우리는 손님들에게 서로를 바라보며 서로를 향한 마음을 돌아보라고 권했다. 그리고 나서 서로 뒤섞여 친교를 할 시간을 주었다. 이는 그들의 마음이 영원을 향하도록 돕기 위함이었다. 나는 그날 밤 아내와 함께 다시 했던 혼인 서약 중 "죽음이 우리를 갈라놓을 때까지"의 의미에 관해 짧게 말했다. 또한 우리 모두의 관계가 죽음 너머에 있는 더 크고 더 오래가는 영광으로 이어지는 관통선이라는 점에 관해 간단하게 이야기했다. 그 자리는 저녁 식사를 곁들인 예수님의 만남과도 비슷했다(단, 음식 종류가 훨씬 다양하다는 차이는 있었다).

파티 중에 일부러 죽음과 영원에 관한 이야기를 꺼내는 것은 아무리 전직 목사라고 해도 모험이었다. 여기저기로 흩어진 손님들은 서로 깊은 대화를 나누고 따뜻한 포옹을 했다. 사방에 사랑과 기쁨이 가득했다. 나중에 이야기를 들어 보니 많은 사람이 어린양의 혼인 잔치를 엿보는 느낌을 받았다고 했다.

지금쯤 고개를 갸웃거리는 독자들이 있을지도 모르겠다. 불안에 관한 책이 어쩌다 행사 플래닝 책으로 돌변했을까? 하지만 이 둘은 생각만큼 서로 동떨어진 문제가 아니다. 제자들의 두려움은 예수님과의 친밀한 식사 자리에 있던 것들을 잃는 두려움이었다. 마찬가지로, 내 가장 큰 두려움은 그 결혼기념일 기념 파티 자리에 있던 것들을 잃는 두려움이다. 나는 아내와의 결혼 50주년 기념일을 축하하기 전에 내 심장박동이 멈출까 봐 두렵다. 무사히 그 기념일을 맞더라도 그때 우리 딸들이 참석할 수 있을 만큼 가까이 살지, 아무 일 없이 잘 살고 있을지 걱정이다. 늙어 가는 내 몸이 춤을 출 수 있을지 걱정이다. 병원에서 이미 나쁜 진단을 받은 손님들, 특히 우리 어머니가 걱정이다. 이 모든 보물을 잃을 날이 올 것이다.

그날이 점점 다가오면서 내 불안이 커질 때 나는 상실을 통과할 때까지 버텨야 한다. 상실을 통과할 때까지 버티려면 관통선을 꼭 붙잡아야 한다. 제자들은 부활 후 예수님을 다시 만나 저녁 식사를 했던 기억을 굳게 부여잡았다(이 사건들은 복음서에서 여러 번 반복해서 기록

될 정도로 중요하다). 마찬가지로, 그날 파티에 관한 내 기억은 우리 모두가 잃은 것, 아니 그 이상으로 되찾을 날을 가리키는 관통선 역할을 할 것이다. 이것이 내가 그 파티에 관한 이미지들을 주기적으로 다시 보는 이유다. 그 행사 사진들은 내 스크린 세이버를 통해 계속해서 내 눈앞에 나타난다. 손님들이 소원을 직접 쓴 종이는 액자에 넣어 안방 밖에 걸어 두었다. 매일 아침 그 액자가 나를 반긴다. 내가 이 이미지를 계속해서 보는 것은 내 머릿속에 원료를 쌓아 두기 위해서다. 성령이 내 머릿속에서 마지막 잔치의 모습을 빚으실 원재료가 필요하니까 말이다. 나는 그런 이미지를 보며 마지막 잔치가 얼마나 더 멋질지를 상상한다. 더 맛있는 음식, 훨씬 성숙하고 깊어진 사랑의 표현, 더 멋진 춤을 상상한다.

당신의 '추수 축제'는 무엇인가? 무엇이 궁극적인 회복을 향한 당신의 갈망을 고조시키는가? 당신의 삶의 모든 축하 행사를 생각해 보라. 생일, 오랫동안 고대해 온 만남, 중요한 기념일 등. 나는 이 모든 행사에 영원의 맛보기가 포함되어 있다고 생각한다. 이 행사들은 우리가 가장 '되찾기' 원하는 것들을 포함하고 있다. 이 행사들은 영광을 가장 분명하게 가리키는 표지판이요, 관통선이다. 어떻게 하면 이 행사들이 하나님이 의도하신 역할을 더 잘 감당하도록 새롭게 개조시킬 수 있을지 내가 그 모든 답을 알지는 못한다(그리고 이 책은 행사 플래닝에 관한 책도 아니다).

그 대신 환대에 재능 있는 사람들이 우리의 작은 잔치들이 궁극적인 잔치를 가리키도록 만들 방법에 관해 더 창의력을 발휘하고 더 모험해 주기를 바란다.[2] 직접 행사 형식이나 구성을 바꿀 능력이 없는 나머지 사람들은 행사를 기억하는 방식을 의식적으로 바꿀 수 있다. 행사를 기억하는 시간이 단순히 과거에 대한 그리움에 젖는 시간이 되지 않도록 말이다. 그 시간이 과거를 갈망하는 시간이 되어서는 안 된다. 소중한 사진을 '앞을 가리키는 표지판'으로 보기를 바란다. 그 사진 속에 있는 가장 소중한 것들을 되찾을 날을 고대해야 한다. 그 시간을 '아직'의 미리 보기로 사용하도록 도와 달라고 기도하라.

사진을 보는 것 같은 개인적인 활동도 좋지만 나는 변화의 책임이 다른 누구보다도 정기적인 '추수 축제'를 계획하는 그리스도인 리더들에게 있다고 믿는다. 주일 교회 모임, 특히 찬양 곡과 성찬식을 계획하는 리더들의 책임이 크다. 목사, 찬양 리더, 기독교 뮤지션, 전례학자, 작사가, 작곡가들에게 새로운 상상력이 절실히 필요하다.

교회 예배 구성을 더 흥미롭게 만들어야 한다는 말을 하는 게 아니다. 예배 구성이 흥미로우면 내가 어릴 적에 경험했던 것 같은 따분함이 좀 줄어들 수는 있겠지만 진짜 문제는 그것이 아니다. 영원으로 이어지는 마음을 끄는 관통선이 빠져 있다. 목회할 당시 한번은 부활에 관한 설교를 하다가 진정한 부활의 소망을 담은 찬양들로 예배를 구성하기가 정말 어렵다는 점을 실감했던 기억이 난다.

참고로 우리 교회의 예배는 CCLI(기독교저작권라이선싱인터내서널)의 찬양들을 사용했다.

심지어 부활의 주제를 포함한 곡들도 (내가 앞서 언급한 부활절 설교들처럼) 현재의 감정적 경험이나 도덕적 행동의 변화, 순전히 내적이고 영적인 경험에 관한 비유로만 부활을 다루는 경우가 많았다. 실질적인 몸의 부활과 실제 세상의 구속을 축하하는 예배 찬양이 더 필요하다. 어느 주일예배에서나 교인들은 임박한 이혼, 질병 진단, 실직 같은 실질적인 상실을 마주하고 있다. 세상이 흔들리고 어마어마한 상실이 저 앞에 나타나면 사람들은 붙잡을 뭔가를 찾아 사방으로 손을 뻗는다. 우리는 그들에게 올바른 선繕을 주어야 한다.

오늘날 사라진 '밀알' 이미지

'잃은 것을 되찾을 것'이라는 진실을 붙잡아야 하는 상황 속에서 제자들에게는 이미 '되찾음' 부분을 상상하기 위한 추수 축제들이 있었다. 문제는 하나님의 회복을 '상실' 부분에 연결할 준비는 전혀 되어 있지 않았다는 것이다. 메시아가 회복을 이루기 위해 상실을 겪어야 한다는 개념은 제자들에게는 생각조차 하기 싫은 것이었다. 그로 인해 그들과 예수님 사이에 더없이 날카로운 충돌이 있었다(마 16:21-24).

이것이 예수님의 '밀알' 비유가 꼭 필요했던 이유다. 예수님은 추수라는 잘 알려진 이미지를 사용해 '땅에 떨어져 죽는 밀알'이라는 잘 알려지지 않은 이미지까지 관통선을 그리셨다(요 12:24). '되찾음'의 이미지는 '상실'의 이미지와 하나로 연결되어 있다. 이 비유에서 예수님은 둘 사이의 연결을 절대 놓칠 수 없도록 이 관통선을 끊어질 듯 팽팽하게 당기신다. 이면의 논리는 더없이 분명하다. 밀알이 죽지 않으면 추수를 누릴 수 없는 것처럼, 죽음을 올바로 상상하지 않으면 부활을 상상할 수 없다.

제자들처럼 우리도 이유는 다르지만 죽음의 이미지를 거부한다. 제자들은 죽음을 메시아에 대한 자신들의 기대와 연결하고 싶지 않았다. 오늘날 우리는 아예 죽음과 연결되기를 싫어한다. 현대 세상은 죽음을 최대한 피하게 해 주는 산업들로 가득하다. 필연적인 '생명의 상실'을 피하려는 사람들이 매년 죽음 직전에 값비싼(주로 비인간적인) 의술에 쏟아붓는 수십억 달러를 생각해 보라. 환자는 죽음을 늦추기 위해 집을 나와 병원으로 들어간다. 그래서 대부분의 아이들은 죽음의 과정을 보지 못한다. 이 시대는 추수 축제들에서 표지판 기능을 박탈했고, 밀알 사건들을 대중의 시야에서 완전히 지워 버렸다.

심지어 우리는 죽음이 진행되는 흔적조차 치워 버리려고 한다. 매년 몸의 노화를 감추기 위한 미용 시술에 지출되는 수십억 달러를 생각해 보라. 노인들이 생명의 꼬리가 끝없이 길다는 환상을 얻기 위해 여행에 쏟아붓는 수백억 달러는 또 어떤가? 현대 서구 문화가 모든 상실 중의 상실인 죽음에 관한 생각 자체를 피하기 위해 쏟아붓는 노력은 인류 역사 속 그 어떤 문화에서도 유례를 찾을 수 없는 수준이다. 그런데 이 현대 서구 문화는 인류 역사상 심리적 불안이 가장 극도로 심한 문화이기도 하다. 불안 공식은 이것이 우연이 아니라고 말한다.[3]

밀알 비유에서 예수님은 영원까지 이어지는 관통선을 부여잡고 싶다면 그 선을 따라 죽음을 통과해야 한다고 가르치신다. 죽음이 벗어나거나 맴돌아야 할 혐오스러운 사건이 아니라, '통과해야' 할 대상으로 보여야 한다. 그러기 위해서는 죽음을 자주 상상해야 한다. 우리 머릿속에 죽음의 이미지를 채우면 성령은 그 원재료로 죽음에서 부활에 이르는 정신적 관통선을 그려 주신다.

죽음을 이렇게 보는 것은 초대교회로까지 거슬러 올라간다. 오래전 나는 로마 주변의 카타콤을 여행했다. 카타콤은 공동 매장지 역할을 했던 지하 무덤이다. 초대교회가 그곳에 모여 예배를 드리고 함께 식사를 했다는 것은 잘 알려진 사실이다. 나는 그 여행에서 흥미로운 사실을 발견했다. 많은 사람들처럼 나 역시 초대교회 교인들이 핍박을 피해 숨는 장소로 카타콤을 사용했다고 생각했다. 그런데 현대의 역사학자들과 고고학자들은 초대교회 교인들이 죽음의 위협을 피하기 위해서 그곳에 모인 것이 아니라, 죽음에 더 가까이 가기 위해 카타콤을 사용했다고 말한다.[4]

그리스도인들은 최근 죽은 가족과 친구들의 시신 곁에 머물기를 원했다. 그래서 근처에 땅을 파서 작은 방들을 만들었다. 이런 방의 방문자들은 (썩는 냄새를 막기 위해 처리를 하고 천으로 싼) 저장된 시신들과 가까운 곳에 앉았다. 학자들은 이런 방이 작은 연회장 역할을 했다고 추정한다. 일부 방들에는 벽을 따라 긴 의자들이 놓여 있던 것으로 보인다. 이곳에서 죽은 자의 가족과 친구들은 정기적으로 모여 '죽은 자와의 축제'를 즐겼다. 대부분의 현대인에게는 죽음에 그토록 가까이 다가간다는 것은 섬뜩하고 혐오스러운 것이다. 나 역시 카타콤을 여행할 때 처음에는 그런 반응을 보였다. 이렇듯 현대 문화는 죽음을 피하려고만 하지만, 초대교회 교인들은 죽음의 장면과 친해지는 훈련을 했고 자녀들에게도 그런 훈련을 시켰다.

왜 그들은 머릿속에 그런 이미지를 채웠을까? 이런 방을 장식하고 있는 벽화는 그 목적을 설명해 준다. 벽화에는 부활의 주제를 담은 글과 이미지가 가득하다. 예를 들어, 프레텍스타투스 카타콤에서 발견되는 풍성한 올리브(예수님이 당시에 자주 보셨던 밀처럼 로마인들이 밭에서 자주 보았던 작물) 추수에 관한 벽화들이 그렇다.[5] 이 이미지들은 명백한 죽음의 이미지와 나란히 위치해 있었기 때문에 심지어 현대인인 나조차 그것들이 부활의 이미지임을 대번에 알아볼 수 있었다.

카타콤을 여행하면서 '내가 초대교회에 속한 어린아이였다면?' 하고 상상해 보았다. 주말마다 죽음과 부활의 풍부한 이미지들을 내 머릿속에 가득 채운다. 천으로 감싼 그리운 할머니의 유골 바로 옆에 앉는다. 거기서 살아 있는 다른 친척들과 함께 음식을 먹으며

257

지금 살아 있는 자나 죽은 자나 다 함께 그곳에서 다시 만나 잔치를 즐길 날을 고대한다. 부활에 관한 초대교회의 많은 찬송 중 하나를 부르면서 조촐한 저녁 모임을 마무리한다.

내가 주일마다 만화영화 〈벅스 버니〉만 보지 않고 여러 감각을 사용한 이런 경험을 통해 주기적으로 내 머릿속에 죽음과 부활의 이미지를 채웠다면 지금 내가 얼마나 달라졌을까? 그랬다면 죽음도 영원한 삶도 낯설거나 막연하게 느껴지지 않을 것이다. 누군가 내게 영생에 관해 물으면 "그건 카타콤에서의 주일 식사와 같을 거예요"라고 대답할 수 있었으리라. 무엇보다도 훨씬 덜 불안한 상태에서 자랐을 것이다.

우리는 건강한 의미에서 죽음과 친해지기 위해 개인적으로 노력할 수 있다. 영적으로 큰 손해를 감수하면서까지 생명을 겨우 찔끔 늘리기 위한 치료를 받기보다는 가족과 의미 있는 시간을 보내기로 선택할 수 있다. 오래전 나는 호스피스 자원 봉사자로서 죽어 가는 사람들의 집을 방문했다. 그때 내 머릿속을 채운 이미지들은 지금 내가 부활을 상상할 때마다 성령이 사용하시는 원재료가 되었다.

하지만 더 나은 '추수 축제'와 마찬가지로 죽음에 관한 그리스도인들의 마음속 그림을 빚어 줄 책임은 누구보다도 리더들에게 있다. 이제 목사들은 성경적 부활의 소망보다 플라톤주의로 왜곡된 기독교를 더 반영한, 막연하고 모호한 언어를 줄여야 한다. 우리가 장례식과 추도 예배에서 하는 말은 그리스도인들에게 인생에서 가장 중요한 순간(뭔가를 잃는 슬픈 순간)의 의미를 정의할 흔치 않은 기회다.

기독교 뮤지션, 미술가, 영화 제작자 같은 창의적인 분야의 그리스도인들에게는 카타콤의 초대교회에서 영감을 얻으라고 말하고 싶다. 우리의 영적 상상을 빚어 줄 다감각적 경험들을 이 시대에 맞게 창출해 주기를 바란다. 상실과 회복, 죽음과 부활, 과거와 미래, 땅과 하늘을 연결하는 새로운 창의적 관통선들을 그려 주기를 바란다.

큰 상실을 마주하고 있든 그렇지 않든 상관없이, 나이를 막론하고 모든 그리스도인에게 이렇게 다시 마음속 그림을 빚는 작업이 절실하다. 하지만 새롭게 빚어진 비전이 진짜인지는 오직 시련 속에서만 확인할 수 있다. 시련은 우리의 새로운 비전이 종이에 휘갈긴 추상적인 관념인지 우리가 실제로 믿고 부여잡은 약속인지를 드러낸다.

다음 장에서 어떻게 일상의 시련들을 '우리의 부여잡기 능력을 기르기 위한 기회'로 어떻게 삼을 수 있는지 생각해 보자.

chapter 14

평범한 오늘 연습하는
'부여잡기' 습관의 힘

오늘은 내게 지극히 평범한 날이다. 아니, 좋은 날이라고 할 수 있다. 아침에 나는 새로운 고객을 유치했다. 이로써 우리 컨설팅 회사는 연간 매출 목표를 초과 달성할 수 있게 되었다. 그리고 몇 천 킬로미터나 떨어져 사는 편집자와 원격으로 협력해 이 책의 13장을 완성했다. 점심쯤 되자 출출해진 나는 꽉 찬 냉장고를 열어 먹을 것을 꺼내고 맛있는 라면 한 그릇도 해치웠다. 오후에는 갑작스레 쌀쌀해진 날씨에 어울리는 편안한 스웨터를 입고 집 안의 온도를 약간 높였다. 한마디로 나는 인류 역사 속 대부분의 사람이 누리지 못하고 심지어 상상도 못했던 재정적 안정과 생산성, 공급, 편안함 가운데 오늘을 살고 있다.

할 일을 모두 마친 나는 딸의 대학 지원 과정을 도와주었다. "어떤 학교도 나를 받아 주지 않으면 어쩌죠? 그러면 어떻게 해야 하죠?" 딸은 나와 함께 에세이를 검토하는 내내 쉴 새 없이 다리를 떨었다(딸이 내 불안 유전자를 물려받아 다리를 떠는 것이 아닌지 심히 걱정된다).

아내가 회사 행사를 마치고 집에 돌아왔다. 목마른 듯 아내는 물 한 잔을 따랐다. 가만히 보아 하니 내게 하소연을 하고 싶은 눈치였다. "아무래도 새로운 사람들의 관심을 끌지 못한 것 같아요." 아내는 얼음이 든 컵을 휙휙 흔들어 댔다. "그 사람들이 나를 너무 배타적인 사람으로 보지 않았으면 좋겠어요."

아내의 말을 경청하고 질문도 던져 주어야 한다는 것을 알았다. 그런데 순간 초인종이 울렸다. 내 가장 친한 친구 중 한 명이었다. 그와 산책을 하기로 약속한 상태였다. 친구는 공원 근처의 모퉁이를 돌다가 한숨을 내쉬었다. "아버지의 치매 상태가 점점 나빠지고 있어."

평범한 날, 심지어 기분 좋은 날에도 상실과 불안이 찾아올 수 있다. 우리 자신의 상실 없이 24시간을 무사히 보낸다 해도 가까운 사람을 통해 상실이라는 차가운 현실을 맞닥뜨린다. 오늘 평안한 사람도 주변에 가득한 상실을 보면 언젠가 자신도 불안의 대열에 합류할 수밖에 없다는 현실을 절감하게 된다. 시간이 지나면 나도 어떤 조직에서 거부를 당하거나 사회적으로 불안정해지거나 신체적으로 쇠약해질 것이다.

13장에서 우리는 가장 큰 상실, 죽음을 둘러싼 불안을 다루는 법에 대해 살펴보았다. 그 거대한 상실을 다루는 열쇠는 부활에 대한 예수님의 약속을 부여잡는 것이다. 우리는 죽음으로 잃은 것을 결국 되찾을 것이다. 이번 장에서는 좀 더 사소한 상실, 우리가 평범한 날에 마주하는 종류의 상실을 다루는 법을 탐구해 보자.

이 두 가지 종류의 불안에 대한 그리스도인의 반응은 서로 깊이 연결되어 있다. 우리가 수시로 마주하는 일상적인 상실은 우리가 필연적으로 겪을 수밖에 없는 큰 상실을 다룰 수 있도록 해 준다. 이번 장에서는 한 가지 핵심적인 성장 단계를 소개하고자 한다. 그것은 '피하기'에서 '부여잡기holding'로 나아가는 것이다. 피하기 습관을 부여잡기 습관으로 바꾸면 모든 종류의 상실을 다루는 능력이 강해진다.

새로운 공식, 불안=상실÷부여잡기

이런 부여잡기 습관을 살펴보기 전에 예수님 중심의 '부여잡고 버티는 능력'이 어떻게 해서 불안을 다루기 위한 완전히 새로운 길을 제시하는지 짧게 되돌아보자. 이 책에는 상실과 불안이 어떻게 관련되어 있는지 많은 통찰이 담겨 있다. 앞에서 나는 복잡한 관계들을 이해하기 쉬운 형태로 정리하기 위해 비유들과 수학 공식을 사용했다. 여기서도 계속해서 그렇게 해 보겠다.

예수님의 밀알 비유(요 12:23-38)는 모든 인간이 죽음과 장사를 겪을 수밖에 없다는 사실을 가르치기 위한 그분의 세련된 학습법이었다. 나는 이 진리의 의미를 불안 공식에 담아 수학적으로 표현했다. 불안=상실×피하기. 상실은 피할 수 없는 것이기에 불안도 피할 수 없다.

따라서 불안을 피하려는 시도는 오히려 역효과를 낳는다. 비유적으로 표현하면, 자기 생명을 '사랑하면' 그것을 '잃게' 된다. 수학적으로 표현하면, 벗어나기나 맴돌기 습관을 통해 피하기 변수를 높이면 상실의 결과가 배가되어 불안이 더 증폭된다. 이것이 피하기 습관에 대한 중독을 낮추어야 하는 이유다.

피하기를 줄이는 것도 불안을 낮추는 데 도움이 되지만, 예수님은 더 강력한 기회를 제시하신다. 예수님은 그분의 죽음과 부활을 통해 완전히 새로운 접근법을 소개하셨다. 그것은 '우리가 잃은 것을 되찾는' 능력이다. 예수님은 죽음과 부활을 통해 이 능력을 이루셨다. 예수님은 모든 상실 중의 상실 '속으로' 들어가, 잃은 것을 손에 들고서 반대편에서 나오셨다. 아니, 그 이상을 들고 나오셨다! 예수님은 우리에게도 비슷한 경로를 제시하신다. 그분과 그분의 길을 부여잡으면 우리도 잃은 것을 되찾는다. 아니, 그 이상으로 얻게 된다! 이것이 밀알 비유에 담긴 놀라운 약속이다. 땅에 묻혀서 잃은 것은 결국 최종 부활이라는 풍성한 추수로 회복된다.

부활은 불안과 상실의 관계를 근본적으로 바꿔 놓는다. 예수님의 부활의 능력을 믿든 믿지 않든 누구나 피하기를 멈추면 유익을 거둔다. 하지만 예수님의 제자들은 상실 자체의 힘을 줄일 기회를 추가적으로 받는다. 부활의 약속을 더 굳게 부여잡을수록 상실의 두려움이 우리를 옭아매던 힘을 잃는다.

이제 비유를 사용해 보자. 예수님 당시의 농부는 추수 때까지 오랫동안 불안 속에서 기다릴 수밖에 없었다. 자신의 자원과 노력을 모조리 밭에 '묻었기' 때문이다. 그 모든 것을 잃을 수도 있었다. 그런데 그가 풍성한 추수를 확신하는 예측을 들었다고 해 보자. 그러면 기다리는 동안 훨씬 덜 불안할 것이다. 단, 그가 그 예측을 믿는다면.

우리에게도 좋은 소식이 있다. 단, 우리가 그 소식을 믿어야만 한다. 그것은 예수님의 부활이라는 역사적인 사실과 우리도 그분처럼 부활할 것이라는 약속에 관한 소식이다. 예수님이 낙심한 도마에게 부활한 몸을 보여 주신 뒤 하신 말씀은 우리에게 주시는 말씀이기도 하다. "보지 못하고 믿는 자들은 복되도다"(요 20:29). 부활의 소식을 굳게 부여잡는다면 불안이 줄어든다는 것 외에도 많은 복을 누리게 될 것이다.

자, 이제 완전히 새로운 이 가능성을 새로운 수학 공식으로 표현해 보자.

옛 공식은 다음과 같다.

불안＝상실×피하기

이 공식은 부활의 소식을 제대로 담아내지 못한다. 상실 자체를 줄이는 길을 보여 주지 못하기 때문이다. 이 공식은 피하기를 멈추면 상황이 더 악화되지 않는다는 점만 보여 줄 뿐이다.

예수님의 부활 후의 불안 공식은 다음과 같다.

불안＝상실÷부여잡기

이 두 공식을 비교해 보면 피하기 습관들에서 부여잡기 습관들로 넘어가는 것이 왜 그토록 중요한지를 알 수 있다. 피하기를 부여잡기로 대체하면 불안과 상실의 관계가 극적으로 변한다. 피하기는 상실을 배가시키는 곱하기 효과를 일으키는 반면, 부여잡기는 상실을 줄이는 나누기 효과를 낳는다. 부활의 핵심 약속(잃은 것을 되찾는다)

을 부여잡을수록 상실의 힘이 줄어든다.

이것이 내가 앞의 내용들에서 영원에 관한 여러 오해를 규명하기 위해 노력한 이유다. 상실의 힘을 줄이려면 우리가 부여잡은 회복의 본질이 우리가 두려워하는 상실의 본질과 일치해야 한다. 이것이 부활이 상실처럼 육체적으로 이루어진다는 점을 이해해야만 하는 이유다. 몸이 없는 영혼이 하늘을 떠다니는 영원이라는 그릇된 관념은 밀을 심고서 난초의 수확을 상상하는 것과도 같다. 비합리적이고 일관되지 못한 그림은 몸에 공급할 밀을 잃을까 두려워하는 사람들에게 전혀 도움이 되지 않는다.

내 일천한 수학 실력이 드러날까 걱정스럽지만, 이 부활 후 불안 공식에서 한 가지 통찰을 더 찾아보자. 엄밀히 말해, 몫(나눗셈에서 피제수를 제수로 나누어 얻는 수)인 불안을 제로로 줄이는 것은 불가능하다.[1] 제수인 부여잡기를 크게 높이면 상실의 효과는 줄어들지만 상실을 아예 없앨 수는 없다. 여전히 상실이 남아 어느 정도의 불안을 일으킬 것이다. 어느 정도의 일부는 남아 있을 것이다. 단적으로 말해, 부활에 관해 완전히 정확한 그림을 얻는다 해도 불안은 어느 정도 남을 수밖에 없다.

실제로, 요한복음 12장에 기록된 예수님의 밀알 비유를 다시 보면 이 점을 확인할 수 있다. 부활의 약속을 가장 확실하게 부여잡은 사람이 있다면 그분은 바로 예수님이실 것이다. 예수님이 제자들에게 이 점에 관해 가르치시던 순간에는 더더욱 그러했을 것이다. 그런데 27-28절에서 예수님은 내면의 극심한 고통을 드러내신다.

지금 내 마음이 괴로우니 무슨 말을 하리요 아버지여 나를 구원하여
이때를 면하게 하여 주옵소서 그러나 내가 이를 위하여 이때에
왔나이다 아버지여, 아버지의 이름을 영광스럽게 하옵소서 하시니
이에 하늘에서 소리가 나서 이르되 내가 이미 영광스럽게 하였고
또다시 영광스럽게 하리라 하시니.

"지금 내 마음이 괴로우니." 앞서 말했듯이 히브리어에서 '마음'
은 인간의 가장 깊은 정신이 있는 곳이었다. 이 말씀은 예수님이 아
무런 불안도 없는 절대적인 평온 가운데 그 거대한 상실을 맞이하
지 않으셨다는 뜻이다. 여기서 우리는 불안이 죄가 아니라 임박한
상실에 대한 자연스러운 인간 반응이라는 결정적인 증거를 볼 수 있
다. 예수님은 모든 인간의 상실을 대신 감내하기 위해 십자가로 가
실 때 스스로 불안을 경험하셨다.

또한 예수님은 피하기에서 부여잡기로 나아가신 과정을 보여
주신다. 흥미롭게도 예수님은 피하기에 관해 먼저 고민하셨다. "무
슨 말을 하리요 아버지여 나를 구원하여 이때를 면하게 하여 주옵소
서." 상실을 피하고 싶은 유혹은 실질적이고 자연스럽다. 하지만 예
수님은 이어서 피하기에서 부여잡기로 나아간 내면의 변화를 이야
기하신다. 예수님은 상실을 피할 길을 고민하셨지만 궁극적으로는

그 유혹을 뿌리치고 이렇게 선포하셨다. "그만!" 예수님은 아들(아버지의 이름을 가진 자)을 영광스러운 상태로 부활시키겠다는 아버지의 약속을 의식적으로 부여잡으셨다. "아버지의 이름을 영광스럽게 하옵소서."

요한은 피하기에서 부여잡기로 나아가는 이 변화를 아주 짧게 요약하고 있다. 그래서 이 과정이 아무런 노력 없이 자동으로 이루어진 것처럼 보인다. 즉, 우리 같은 보통 인간들과는 전혀 상관이 없는 것처럼 보인다. 하지만 이 구절을 그렇게 읽는 것은 "지금 내 마음이 괴로우니"라는 말씀의 무게를 무시하는 것이다. 부여잡기에 이르는 과정은 결코 저절로 이루어지지 않았다. 예수님은 정신적 고통을 경험하셨다.

이 사실은 우리에게 위로인 동시에 경고가 된다. 이 사실에서 예수님이 우리의 불안한 자아를 얼마나 온전히 받아 주시는지를 알 수 있다. 예수님은 우리의 불안해하는 모습을 단순히 참아 주시는 것이 아니라 공감하신다. 예수님도 겪어서 아신다. 불안이 어떤 느낌인지, 얼마나 힘든지를 직접적으로 아신다. 예수님은 인간의 불안을 몸소 겪으셨기 때문에 그분이 불안 중에 있는 우리를 온전히 받아 주시리라 확신할 수 있다.

그와 동시에 우리는 예수님의 사례를 경고로 삼아야 한다. 피하기에서 부여잡기로 나아가는 것은 여간 힘든 게 아니다. 예수님도 부활의 약속을 부여잡기 위해 애를 쓰셔야 했다. 이는 예수님이 이 부여잡기 능력을 오랫동안 길러야 하셨다는 뜻이다. 이 가장 큰 상실의 순간, 예수님은 평생 연마한 능력을 끌어모으셨다.

우리도 마찬가지다. 죽음이라는 큰 상실의 날이 다가오면 우리 안에 깊이 뿌리내리지 않은 새로운 정신적 공식을 갑자기 받아들일 수 있을까? 의사에게 불길한 건강검진 결과를 듣는 순간, 피하기에서 부여잡기로의 전환을 처음 시도해서 성공할 수 있을까? 훈련도 없이 어느 날 갑자기 침대에서 일어나 마라톤을 뛸 수 있을까? 어림도 없다. 농사의 비유를 다시 사용해 보자. 매일 물을 주고 잡초를 뽑고 밭을 갈지 않고서 추수를 믿는다고 선포하는 농부를 보면 우리는 뭐라고 말할까?

평범한 나날이 중요하다. 평범한 나날의 일상적인 상실은 훈련의 기회다.

겟세마네 동산에서의 부여잡기

요한복음은 밀알 비유인 12장에서 예수님이 상실과 불안을 경험하는 모습을 극적으로 그리는 반면, 다른 세 복음서들은 겟세마네 동산 장면(요한이 생략한 장면)에서 예수님의 그런 모습을 묘사한다. 요한복음 12장과 마찬가지로, 겟세마네 장면은 십자가로 이어지는 일련의 사건들 직전의 장면이다. 따라서 극심한 영적 시험을 담고 있다. 예수님은 상실을 '통과하는' 길로 가실까, 아니면 끝까지 상실을 피하려고 하실까?

마가복음 14장 32-42절의 기록을 통해 이 장면으로 들어가 보자.

그들이 겟세마네라 하는 곳에 이르매 예수께서 제자들에게 이르시되
내가 기도할 동안에 너희는 여기 앉아 있으라 하시고 베드로와
야고보와 요한을 데리고 가실새 심히 놀라시며 슬퍼하사 말씀하시되
내 마음이 심히 고민하여 죽게 되었으니 너희는 여기 머물러 깨어
있으라 하시고 조금 나아가사 땅에 엎드리어 될 수 있는 대로 이때가
자기에게서 지나가기를 구하여 이르시되 아빠 아버지여 아버지께는
모든 것이 가능하오니 이 잔을 내게서 옮기시옵소서 그러나 나의
원대로 마시옵고 아버지의 원대로 하옵소서 하시고 돌아오사
제자들이 자는 것을 보시고 베드로에게 말씀하시되 시몬아 자느냐
네가 한 시간도 깨어 있을 수 없더냐 시험에 들지 않게 깨어 있어
기도하라 마음에는 원이로되 육신이 약하도다 하시고 다시 나아가
동일한 말씀으로 기도하시고 다시 오사 보신즉 그들이 자니 이는
그들의 눈이 심히 피곤함이라 그들이 예수께 무엇으로 대답할 줄을
알지 못하더라 세 번째 오사 그들에게 이르시되 이제는 자고 쉬라
그만 되었다 때가 왔도다 보라 인자가 죄인의 손에 팔리느니라
일어나라 함께 가자 보라 나를 파는 자가 가까이 왔느니라.

이 이야기에서 우리는 예수님이 불안을 느끼셨다는 점을 분명

히 알 수 있다. 예수님도 우리처럼 불안을 경험하셨다. 예수님은 코앞으로 다가온 큰 상실을 생각하며 우리 대부분이 느낄 법한 감정을 느끼셨다. "심히 놀라시며 슬퍼하사"(33절). 여기서 예수님의 본능적인 반응은 우리와 비슷했다. 예수님은 피하기를 고민하셨다. "될 수 있는 대로 이때가 자기에게서 지나가기를 구하여"(35절).

하지만 다음 구절에서 예수님은 피하기에서 부여잡기로 나아간 내면의 변화를 말씀하셨다(36절). "이 잔을 내게서 옮기시옵소서"라는 요청이 아버지의 약속과 계획에 순종하는 고백인 "그러나 나의 원대로 마시옵고 아버지의 원대로 하옵소서"로 바뀌었다. 이것이 노력 없이 이루어진 변화라고 생각하지 않도록 이 변화 과정에서 나타난 필사적인 육체적 노력에 주목하라. "조금 나아가사 땅에 엎드리어"(35절). 이 육체적인 노력은 피하기에서 부여잡기로 나아가기 위한 영적 노력을 그대로 보여 준다.

이 노력의 특정 요소들은 예수님께만 가능한 것들이다. 오직 예수님만 십자가 위에서 보편적인 인간 상실의 무게 전체를 온전히 감당하실 수 있다. 이 특별한 '시험'은 오직 그분만을 위한 것이다. 이것이 예수님이 제자들에게 "시험에 들지 않게 깨어 있어 기도하라"라고 가르치신 이유다(38절). 예수님은 제자들이 메시아 역할을 맡게 되지 않기를 원하셨다. 나중에 제자들 중 한 명이 무기로 예수님을 방어하려고 했던 사건에서 보듯이(47절) 제자들이 메시아 역할을 하려고 하면 반드시 문제가 발생한다. 나아가, 예수님은 제자들이 그 밤을 무사히 지나 예수님이 특별한 죽음과 부활을 통해 인류 역사 속으로 가져오신 완전히 새로운 가능성을 다른 사람들에게 전해 주기를 원하셨다.

하지만 예수님의 반응에서 다른 요소들은 우리가 따라할 수 있고 따라해야 하는 것들이다. 예수님은 제자들이 십자가라는 특별한 '시험'에 빠지지 않기를 원하셨지만 그분이 그 고통스러운 시련을 감내하시는 '과정'은 그들이 두 눈으로 똑똑히 보기를 원하셨다. 예수님은 그들이 깨어서 피하기에서 부여잡기로 이어지는 과정에 동참하기를 원하셨다. 예수님은 그분이 택하신 부여잡기 습관을 그들이 이해하기를 원하셨다. 그것은 그들도 계속해서 살아가는 동안 이 습관을 주기적으로 실천해야 했기 때문이다.

우리는 예수님이 겟세마네 동산에서 행하신 다음 세 가지 부여잡기 습관에 관심을 기울여야 한다.

* 기도
* 슬퍼하기Grieving
* 공동체

이 모든 습관은 예수님이 오랜 시간에 걸쳐서 갈고 닦으신 것이다. 이번 장의 나머지 부분에서 예수님의 '기도' 습관을 살펴보고, 다음 장에서는 '슬퍼하기'와 '공동체'를 탐구해 보자.

부여잡기 습관 #1 : 기도

그들이 겟세마네라 하는 곳에 이르매 예수께서 제자들에게 이르시되
내가 기도할 동안에 너희는 여기 앉아 있으라 하시고 …… 조금
나아가사 땅에 엎드리어 될 수 있는 대로 이때가 자기에게서
지나가기를 **구하여** 이르시되 아빠 아버지여 아버지께는 모든 것이
가능하오니 이 잔을 내게서 옮기시옵소서 그러나 나의 원대로
마시옵고 아버지의 원대로 하옵소서 하시고 …… 시험에 들지 않게
깨어 있어 **기도하라** 마음에는 원이로되 육신이 약하도다 하시고
다시 나아가 동일한 말씀으로 **기도하시고**(막 14:32, 35-36, 38-39).

겟세마네 동산에서 예수님은 제자들 앞에서 기도의 중요성을
분명하게 강조하셨다. "내가 기도할 동안에 너희는 여기 앉아 있으
라"(32절). 기도는 예수님이 불안을 자아내는 시련 속에서 약속을 부
여잡고 버티시는 방법이었다. 예수님은 이 활동을 반복적으로 행하
셨다. 예수님은 가장 가까운 세 제자에게 가까이 와서 아버지와의
친밀한 대화를 엿들으라고 하셨다. 기도는 예수님이 이번 시험을
통해 제자들에게 꼭 전해 주고 싶은 활동이었다. 그래서 예수님은
졸린 베드로에게 "깨어 있어 기도하라"고 간곡히 명령하셨다(38절).
　　예수님은 겟세마네 동산에서 두 가지 유형의 기도를 행하셨다.
하나는 '피하기' 기도였고, 다른 하나는 '항복' 기도였다. 앞서 언급

했듯이 마가복음 14장 36절에서 예수님이 아버지께 하신 말씀은 이 두 가지 유형을 간결하게 표현하고 있다. "이 잔을 내게서 옮기시옵소서"는 상실을 피하기 위한 간청이었다. "그러나 나의 원대로 마시옵고 아버지의 원대로 하옵소서"는 부활에 관한 아버지의 약속과 계획 앞에 자신을 내려놓는 항복 기도였다. 예수님의 핵심적인 부여잡기 행동은 피하기 기도에서 항복 기도로 나아간 것이었다.

피하기 기도를 "오, 하나님, 넘어지지 않게 해 주옵소서!"라는 간청으로 볼 수 있다. 그것은 상실을 피하고 싶어 하는 사람의 기도다. 항복 기도는 상실을 피하려는 고집스러운 시도를 내려놓는 것이다. 항복 기도는 '신뢰 게임'과 비슷하다. 이는 다른 누군가가 잡아 줄 것을 믿고서 넘어지는 것이다.

항복 기도는 '하나님이 단기적으로 상실을 피하게 해 주시든 해 주시지 않든 상관없이' 우리 자신을 그분께 맡기는 행위다. 나는 18세기에 프랑스 사제 장 피에르 드 코사드가 쓴 《자기포기 Abandonment to Divine Providence》라는 작지만 놀라운 책에서 이 기도 습관을 처음 접했다.[2] 이 책은 우리 삶의 평범한 사건들이 어떻게 피하기에서 항복으로 나아가기 위한 연습의 기회가 되는지를 탐구한다.

저자는 18세기의 일상 삶에서 가져온 실질적인 사례들을 제공하지만, 그 개념은 현대의 배경에 쉽게 적용할 수 있다. 현재 고등학교 3학년 수험생을 둔 부모로서 내 불안을 예로 들어 보자. 이는 매년 수백만 명의 '평범한' 부모들을 괴롭히는 불안이다. 이 기간에 나의 본능적인 행동은 철저히 피하기 기도를 드리는 것이다. 매번 표현은 달라져도 이 기도의 기본적인 틀은 "오, 하나님, 우리 딸이 원하는 모 대학에 들어가게 해 주옵소서!"라고 간구하는 것이다.

많은 청소년들에게 대학 입학 과정은 더 넓은 세상의 평가에 처음 노출되고 개인적인 거절을 처음으로 경험하는 시간이다. 이 경험이 암담한 건강검진 결과를 듣는 것만큼 고통스럽지는 않겠지만, 분명 상실과 실망, 불확실성의 쓴맛을 보는 시간이 될 수 있다. 나는 내 딸이 그 잔을 마시지 않기를 바라기 때문에 "오, 하나님, 제발 우리 딸이 원하는 모 대학에 들어가게 해 주옵소서!"라고 기도한다.

최근 나는 항복 기도를 실험했다. 이 기도는 피하기 기도와 전혀 다르다. 가장 기본적인 수준에서 이 기도는 하나님께 이렇게 아뢰는 것이다. "그러나 저 혹은 제 딸의 원대로 마시옵고 아버지의 원대로 하옵소서." 또한 이 기도는 아버지로서 내 행동이 딸을 나보다 더 안전하게 붙들어 주시는 궁극적인 아버지를 가리켜야 한다는 사실을 기억하기 위한 기도다. 이 기도는 거절을 당하는 것까지 포함해서 대학 입학과 관련된 모든 경험을 통해 딸이 참된 아버지이신 하나님을 더 신뢰하게 해 달라고 요청하는 기도다. 이런 기도 중에 나는 딸의 미래를 아버지의 손에 올려놓는 상상을 한다. 심지어 딸이 모든 학교에서 거절을 당하고 나서 그로 인한 감정을 아버지 앞에 내려놓는 상상도 한다. 놀랍게도 그런 상상이 생각보다 훨씬 견딜 만했다.

피하기 기도에서 항복 기도로 바꾼 결과, 두 유형의 불안 공식들을 비교한 예측 결과가 정확히 들어맞는다는 것을 다시 한 번 확인할 수 있었다. 항복 기도를 드리면 불안이 훨씬 줄어든다. 상실에 대한 두려움의 힘이 점진적으로 나뉘고 줄어든다. 무엇보다도 장기적으로, 약속을 부여잡고 상실을 견디는 능력이 자라난다.

상실을 피하기 위한 기도가 본질적으로 나쁜 것은 아니다. 예수님은 상실의 잔을 피하려는 마음을 표현하셨다. 사실, 우리는 하나님께 상실을 피하게 해 달라고 간청해야 한다. 나는 "오, 하나님, 넘어지지 않게 해 주옵소서!"라는 기도를 자주 드린다. 하지만 이런 바람 안에만 머물면, 상실을 피하는 것 외에는 그 어떤 결과도 받아들일 수 없다고 고집을 부리면, 우리는 제한적인 불안 공식 안에 갇히고 만다. 그러면 장기적인 영적 성장이 제한된다.

예수님은 이 두 유형의 기도 사이에서 적절한 균형을 유지하셨다. 예수님이 한창 사역하실 때 제자들은 그분이 수시로 기도하시는 것을 봤다. 그래서 그들은 그분께 기도하는 법을 가르쳐 달라고 부탁했다(눅 11:1). 이에 예수님은 지금 우리가 주기도문이라고 부르는 기도의 모델을 그들에게 주셨다. 주기도문은 상실을 피하려는 욕구를 표현할 수 있는 여지를 준다. 주로 밀을 먹고 살았던 당시 문화에서 "일용할 양식〔빵, NIV〕을 주시옵고"라는 요청은 상실을 피하게 해 달라는 기도다. 하지만 이 요청은 "당신의 나라가 임하고 당신의 뜻이 이루어지게 하옵소서"라는 서두의 전형적인 항복 기도에서 확립된 전체 기조 아래에 있다. "그러나 나의 원대로 마시옵고 아버지의 원대로 하옵소서"라는 예수님의 겟세마네 기도는 매일 스스로 하시고 제자들에게 가르치시던 기도의 요지를 그대로 반복하신 것이었다.

피하기에서 부여잡기로의 이 전환은 심지어 예수님의 광야 시험으로 거슬러 올라갈 수 있다. 광야와 겟세마네 동산은 북엔드와도 같다. 광야 시험이 공생애의 시작을 선포하는 시험이었다면, 겟세마네 동산 시험은 공생애를 마무리하는 시험이었다. 이 두 시험 장소들은 상징적으로도 짝을 이룬다. 광야는 추방(상실)의 장소인 반면, 겟세마네 동산은 에덴동산과 영원한 생명(부활)나무를 떠올리게 한다. 광야에서 예수님은 긴 금식을 통해 사탄의 시험을 준비하셨다. 유대교 전통에서 긴 금식은 곧 긴 기도를 의미했다. 겟세마네 동산에서도 예수님은 몸("땅에 엎드리어")과 영을 모두 동원하여 기도하셨다.

가장 중요한 사실은 두 장면 모두 상실을 피하려는 욕구와 싸우시는 예수님을 보여 준다는 것이다. 겟세마네 동산에서 예수님은 광야에서 처음 사탄이 제시했던 선택지를 고민하셨다. 누가복음 4장 1-13절을 보면 사탄의 유혹 하나하나는 모두 상실을 피하려는 자연적 욕구를 공략하고 있다. 돌을 떡으로 바꾸는 것은 공급의 상실을 피하는 것이다. 사탄을 숭배하는 것은 힘(권력)의 상실을 피하는 것이다. 천사들을 소환하는 것은 육체적 안녕의 상실을 피하는 것이다.

두 장면 모두에서 예수님은 시험을 이기기 위해 피하기와 항복 사이의 적절한 균형을 찾는 것이 필요했다는 점을 놓치지 말아야 한다. 광야에서 사탄의 시험은 공급, 힘(권력), 육체적 안녕의 상실을 피하려는 합당한 욕구를 공략한 것이었다. 그만큼 교묘했다. 마지막 시험에서 사탄은 심지어 육체적 상실에 대한 하나님의 보호하심을 약속하는 것처럼 보이는 성경 구절(시 91:11-12)까지 인용해 유혹했다(눅 4:10). 상실을 피하려는 욕구 자체는 합당한 것이다. 하지만 사탄은 예수님을 '고집'으로 이끌기 위한 덫을 놓았다. 영적 위험은 오직 상실을 피하는 것만 받아들일 수 있다고 고집을 부리는 데 있다.

광야에서 예수님은 "반드시 내가 원하는 방식으로 상실을 피할 수 있게 해 주셔야 합니다"라며 아버지께 자신의 원하는 바를 요구하기를 거부하셨다. 마찬가지로, 겟세마네 동산에서는 예수님이 상실을 피하게 해 달라고 요청하실 때 고집이나 요구의 뉘앙스를 조금도 풍기지 않으려고 얼마나 조심스럽게 말씀하셨는지를 눈여겨봐야 한다. "될 수 있는 대로"(막 14:35). 다시 말해, "혹시 가능하시다면."

우리는 항복 기도를 드리는 능력을 길러야 한다. 피하기 기도에만 머물면 상실을 피하는 것만 받아들일 수 있다고 고집을 부리게 될 위험이 크다. 오직 한 가지만 요청하는 것은 사실상 그것만 받아들일 수 있다고 고집을 부리는 것이다. 고집은 우리로 하여금 사탄의 갖가지 시험에 매우 취약하게 한다. 온갖 그릇된 행동에 빠질 위험이 있다. 내가 "오, 하나님, 제발 우리 딸이 원하는 모 대학에 들어가게 해 주옵소서!"라고만 기도하면 자녀가 거부의 잔을 피하도록 부정행위를 저지르고 뇌물을 주는 부모들처럼 되지 말란 법이 없다.[3]

영적으로 말하면, 하나님의 원을 자신의 원으로 대체하는 우상숭배를 향해 한 걸음 더 나아가게 된다. 또한 '사랑과 공의의 하나님'이 특정한 방식으로 역사하셔야 한다고 고집을 부리면 결국 하나님에 대한 신앙을 잃을 가능성이 매우 높다. 하나님은 그런 요구에 응하기를 절대 거부하신다. 그렇게 되면 어떤 이들은 자신이 멋대로 정의한 '사랑과 공의'에 맞지 않는다며 하나님을 거부하게 된다.

아마도 자신은 하나님께 이런 식으로 고집을 부리며 요구하지 않는다고 생각하는 사람이 적지 않을 것이다. 하지만 우리의 기도가 그 증거다. 예수님이 광야와 겟세마네 동산에서 받으신 시험에 비추어 당신의 기도를 살펴보라. 당신을 불안으로 몰아가는 상실에 관해 생각해 보라. 당신의 기도는 어느 유형에 가까운가? 피하기 기도와 항복 기도 사이에서 적절한 균형을 유지하고 있는가? 항복 기도를 드렸던 기억이 나는가? 아니면 당신에게 가장 중요한 영역에서 항복 기도를 어떤 식으로 드려야 할지 감조차 잡히지 않는가?

우리가 오로지 피하기 기도만 해도, 아니 피하기 기도를 주로 해도 가장 위험하고 부도덕한 행동이나 우상숭배, 불신에 빠지지는 않을 수 있다. 하지만 훨씬 좋은 불안 공식 바깥에 있기 때문에 더 많은 불안에 노출될 수밖에 없다.

반면, 자신과 결과를 기도로 하나님께 맡기면, "당신의 나라가 임하고 당신의 뜻이 이루어지게 하옵소서"와 "그러나 나의 원대로 마시옵고 아버지의 원대로 하옵소서"라고 기도하면, 상실 속에서 약속을 부여잡는 능력, 불안을 줄여 주는 영적 능력을 기를 수 있다.

항복 기도를 실천하면 상실 속에서 약속을 부여잡는 능력을 기를 수 있다. 우리 모두는 이런 항복의 영적 능력을 길러야 한다. 왜일까? 우리 모두는 모든 상실 중의 상실인 죽음을 향하고 있기 때문이다. 우리 모두는 예수님을 따라 죽음 앞으로 가야 한다. 우리 모두는 모든 인간을 기다리는 거대한 불확실성을 향해 넘어져야 한다.

당신의 임종 자리가 어떠하기를 원하는가? 필연적인 것을 피하려고 마지막까지 발버둥 치며 불안해하는 사람이 되고 싶은가? 아니면 아버지 하나님의 품에 자신을 던지는 사람이 되고 싶은가? 이 마지막 항복의 행위를 할 수 있는 능력은 어느 날 갑자기 솟아나지 않는다. 아무런 연습과 준비도 없이 이 능력을 얻을 수는 없다. 이 마지막 행위는 평생의 연습에서 나올 것이다. 하나님을 선택할 기회를 제시하는 수많은 평범한 불안들 속에서 이 이 마지막 행위가 나올 것이다.[4]

chapter 15

더는 불안이 불안하지 않다

겟세마네 동산에서 예수님은 엄청난 불안을 경험하셨다. 또한 예수님은 새로운 공식(불안=상실÷부여잡기)에 따라 반응하는 능력을 보여 주셨다. 예수님은 오랜 세월에 걸친 영적 훈련으로 이 부여잡기 능력을 기르셨다. 14장에서 우리는 예수님이 겟세마네 동산에서 항복 기도를 드리신 과정을 살펴보면서 이런 부여잡기로의 전환을 확인했다. 이번 장은 겟세마네 동산에서 나타난 중요한 습관 두 가지를 더 살펴보겠다. 바로 슬퍼하기와 공동체다.

부여잡기 습관 #2 : 슬퍼하기

베드로와 야고보와 요한을 데리고 가실새 심히 놀라시며 슬퍼하사 말씀하시되 **내 마음이 심히 고민하여(슬퍼하여, NIV)** 죽게 되었으니 너희는 여기 머물러 깨어 있으라 하시고(막 14:33-34).

예수님은 기도하실 때와 마찬가지로 의도적으로 제자들에게 슬픔에도 참여하라고 지시하셨다. "내 마음이 심히 고민하여"라는 고백은 함께 슬퍼하자는 초대였다.

하지만 불안과 슬퍼하기 사이의 깊은 연관성을 탐구하기에 앞서 의도적이고도 공동체적인 행위로서의 슬퍼하기를 살펴보자. 현대 서구 문화는 슬퍼하기를 개인적이고 즉흥적인 반응으로만 보는 경향이 있다.

물론 슬픔은 즉흥적인 감정을 통해 표출될 수 있다. 하지만 성경의 고대 근동 문화와 같은 전통 문화에서는 슬픔을 의도적인 선택과 습관으로도 인식한다. 이런 문화에서는 슬픔을 위한 다양한 의식(때로 상실 후에 몇 주씩 진행되는)을 마련해 놓고 있다. 흔한 슬픔의 의식 중 하나는 뉴스에서 종종 방송되는 '곡하기'다. 슬픔을 주로 내적 현상으로만 여기는 서구인들은 곡을 하는 장면에 특히 충격을 받는다. 서구인들은 그런 슬픔의 의식이 즉흥적이지 않다는 이유로 감정적 진정성을 의심한다.

하지만 그런 슬픔의 의식은 자신의 감정을 들여다볼 공간을 만들기 때문에 더 큰 감정적 진정성으로 이어질 수 있다. 나는 아버지가 돌아가셨을 때 그런 유익을 경험했다. 아버지의 죽음 이후 며칠간 나는 거의 얼이 빠진 상태로 지냈다. 누나들과 어머니를 챙겨야 했고, 내 앞에 갑자기 놓인 복잡한 장례 절차로도 정신이 없었다. 마침내 장례 예배를 위해 자리에 앉자 조금 진정이 되었다. 장례 예배는 서구 문화에서 실천하는 유일한 슬픔 의식 중 하나다. 마가복음 14장 34절에서 예수님이 겟세마네 동산에서 제자들에게 하신 말씀을 그대로 빌리자면, 우리는 마침내 "여기 머물러" 있게 되었다. 즉 내 현재 감정인 "심히 고민하여 죽게" 될 만큼 지독한 슬픔에 집중할 수 있게 되었다.

나는 모인 사람들 앞에서 아버지를 기리는 말을 전했다. 이는 다른 이들을 내가 겪은 상실의 한복판으로 초대하는 행위였다. 그 글을 읽다가 나는 마음이 무너져 흐느꼈다. 그 순간 그 자리의 많은 조문객들이 내 슬픔에 동참했다.

"내 마음이 심히 고민하여 죽게 되었으니 너희는 여기 머물러 깨어 있으라." 예수님의 이 말씀은 제자들을 슬픔 속으로 초대하시는 말씀이었다. 예수님은 모든 상실 중의 상실을 향해 나아가면서 이제 슬픔에 집중할 시간이 되었다는 신호를 보내셨다. 예수님은 제자들을 그 시간으로 초대하셨다.

그렇다면 슬퍼하기와 불안 사이의 관계는 무엇인가? 코앞까지 다가온 상실에 대한 불안 앞에서 "심히 고민하여 죽게" 될 만큼 슬퍼하는 것이 유용한 반응인 이유는 무엇인가?

슬퍼하기는 부여잡기 능력을 길러 주고, 피하기 습관에 대한 중독의 사슬을 끊는다. 우리는 슬퍼할 시간과 공간을 내야 한다. 상실로 인한 감정을 느끼는 법을 배워야 한다. 상실의 고통을 견딜 수 없는 것으로 오해하면 그런 감정을 피하려 든다. 하지만 그럴수록 불안이 증폭된다.

우리가 벗어나기 습관이나 맴돌기 습관에 중독되기가 얼마나 쉬운지 기억하는가? 벗어나기 습관은 고무공을 계속해서 멀리 던지는 것과도 같다. 그럴 때마다 상실이 벽에 맞고 튀어서 우리에게로 다시 돌아온다. 맴돌기 습관은 반죽 덩어리 공의 끈적임을 없앨 방법을 찾으며 계속해서 빙빙 돌리는 것과도 같다. 물론 그것은 헛수고

일 뿐이다. 공을 돌릴 때마다 상실이 우리에게 점점 더 들러붙는다.

슬퍼하기 습관은 그런 피하기를 멈추기 위한 것이다. 슬퍼하기 습관은 조용히 공을 잡고서 그 무게를 온전히 느끼는 것과 비슷하다.

슬퍼하기 습관은 모든 상실 중의 가장 큰 상실인 죽음만을 위한 것이 아니다. 슬퍼하기는 우리 삶의 모든 작은 상실을 받아들이기 위한 중요한 방법 중 하나다. 작은 상실에 의식적으로 슬퍼하는 시간을 가지면 모든 상실이 견딜 만하다는 사실을 점점 더 분명하게 알게 된다. 불안해하며 상실을 벗어나려 애쓰거나 계속해서 상실을 맴돌 필요가 없다는 사실을 알게 된다. 피하기 습관의 중독을 끊게 된다. 이로써 부여잡기 능력이 강해진다.

우리 딸들이 상실을 마주하면 나는 재빨리 나서서 그 경험을 피하게 처리해 주고 싶다. 특히 내 맴돌기 습관을 동원해 해법을 찾고 싶은 유혹이 강하게 밀려온다. 우리 딸들은 내 이런 면을 두고 "컨설턴트 아빠"라고 부른다.

컨설턴트 아빠는 책임감이 있고 실용적이고 논리적으로 보인다. 이런 아빠는 때로 도움이 될 수 있다. 하지만 이런 아빠는 의도와 정반대 결과를 낳기도 한다. 우리 딸들이 한숨을 쉬고 심지어 화를 내는 결과가 나타날 수 있다. 컨설턴트 아빠는 딸들을 불안하게 할 수 있다.

나는 '컨설턴트 아빠'와 '함께 슬퍼하는 아빠' 사이의 적절한 균형을 유지하려고 노력해 왔다. 함께 슬퍼하는 아빠는 성급하게 분석 모드에 돌입하지 않고 딸들의 소리에 귀를 기울이는 데 더 많은 시간을 들인다. 함께 슬퍼하는 아빠는 해법을 처방하기보다는 "정말 힘들겠구나!" 혹은 "저런, 안쓰러워라!"와 같은 말로 딸들의 감정을 인정해 준다.

나는 컨설턴트 아빠를 움직이는 것이 딸들이 상실을 피하도록 도우려는 타인 중심적인 욕구가 아닐 때가 많다는 사실을 깨달았다. 아빠인 나 자신의 상실을 피하려는 자기중심적인 욕구가 작용할 때도 많았다. 나는 내 세상의 모든 것이 괜찮다는 느낌을 너무도 원한다. 하지만 딸들이 괜찮지 않으면 덩달아 갑자기 내 세상의 모든 것이 괜찮지 않게 된다. 이래서 우리 딸들이 컨설턴트 아빠를 좋아하지 않는 듯하다. 딸들은 다른 뭔가가 작용하고 있음을 감지한다. 딸들은 자신들이 아니라 아빠인 나와 관련된 다른 에너지가 작용하고 있다는 사실을 정확하게 알아챈다. 컨설턴트 아빠는 그 아이들을 불안하게 한다. 그것은 컨설턴트 아빠가 바로 불안해하는 아빠이기 때문이다. 불안해하며 내 상실을 피하려고만 들 때 나는 딸들에게 상실을 경험할 여지를 주지 않게 된다.

반면 함께 슬퍼하는 아빠는 딸들에게 상실을 경험할 여지를 준다. 이는 아빠인 내가 먼저 '모든 것이 괜찮은 상황'의 상실을 더 깊이 경험해야 한다는 뜻이다. 그럴 때 인생의 상실들에 대한 부여잡기 능력이 점점 더 강해진다. 피하기에서 벗어나 부여잡기로 나아가려면 감정적인 경험이 필요하다. 함께 슬퍼하는 아빠는 컨설턴트 아빠보다 슬픔을 더 느낀다. 하지만 함께 슬퍼하는 아빠는 컨설턴트 아빠보다 불안을 훨씬 덜 느끼고, 다른 사람도 훨씬 덜 불안하게 한다. 그렇다면 컨설턴트 아빠에서 함께 슬퍼하는 아빠로 변하는 것은 결코 손해 보는 행동이 아니다.

삶의 속도를 늦춰 슬픔의 감정을 더 온전히 느낄 시간과 공간을 내고 그런 감정을 말로 표현하고 그 슬픔으로 다른 이들을 초대하는 것은 다 슬퍼하기 습관이라고 말할 수 있다. 개개인이 할 수 있는 슬퍼하기 습관은 침묵, 묵상, 일기 쓰기, 심리치료 같은 것일 수 있다. 두 사람이 함께할 수 있는 슬퍼하기 습관은 내가 딸의 말에 적극적으로 귀를 기울이고 공감을 표시하는 것과 같은 행동일 수 있다. 공동체를 위해서는 장례식 같은 일회적이고도 정형화된 시간 외에 더 많은 활동이 필요하다. 전통 문화의 '곡하기' 같은 활동은 더는 적합하지 않을지 모르지만, 스토리텔링과 미술, 음악, 드라마, 신체 운동을 하나로 엮은 슬퍼하기 활동에 관한 이야기는 자주 들려온다. 이런 활동은 주로 교회, 지지집단, 비영리단체 같은 기관들이 제공한다. 그런 행사에 참여하는 것을 고려해 보라.

우리는 실험하고 연습해야 한다. 슬픔은 현대 서구 문화와 인간의 보편적인 피하기 충동과 충돌하기 때문이다. 기도가 그렇듯, 슬퍼하기도 오랫동안 연습해야 한다. 특히, 큰 상실을 감당하려면 슬퍼하기 연습은 필수다.

예수님은 그렇게 하셨다. 예수님이 죽은 나사로를 살리신 사건은 분명 그분 자신의 죽음과 부활에 대한 예고편이었다(요 11장). 이 이야기에서 예수님은 이렇게 선포하셨다. "나는 부활이요 생명이니 나를 믿는 자는 죽어도 살겠고"(요 11:25). 예수님은 일부러 나사로 이야기를 다가올 겟세마네 사건, 골고다 사건, 빈 무덤 사건의 맛보기로 구성하셨다.

이 이야기에서 예수님의 행동 중 특히 흥미로운 부분은, 나사로가 죽고 적어도 3일이 지난 뒤 그에게 도착하시기 위해 예수님이 일부러 기다리셨다는 것이다(요 11:6, 17). 예수님은 아예 상실이 일어나지 않도록 곧바로 행동에 돌입하실 수도 있었다. 나사로의 동생 마리아도 이 가능성을 생각했다. 그녀는 32절에서 약간 불만의 투로 이렇게 말했다. "주께서 여기 계셨더라면 내 오라버니가 죽지 아니하였겠나이다."

하지만 이 사건은 예수님 자신의 죽음과 부활을 위한 연습이었기에 예수님은 일부러 더없이 진짜인 경험으로 계획하셨다. 말하자면 이 사건은 실제 청중 앞에서 이루어지는 최종 리허설이어야 했다. 실제 총을 쏘는 전투 훈련으로 생각할 수도 있다. 온전한 경험이어야 했다. 무엇보다도 이 경험에는 슬픔이 들어 있어야 한다. 실질적으로 폐부를 찌르는 날것 그대로의 진짜 슬픔.

이 이야기에는 마을 사람들의 모임부터(요 11:19) 개개인마다 진정한 감정을 이끌어 내기 위한 '우는 의식'까지(33절) 문화적인 슬픔의 의식들이 포함되어 있다. 예수님도 크게 슬퍼하시며 "심령에 비통히 여기시고 불쌍히 여기사" 대놓고 눈물을 흘리셨다(33, 35절).

우리가 삶에서 마주하는 평범한 상실들도 슬픔을 연습하기 위한 기회가 될 수 있다. 이 연습은 반드시 필요하다. 상실을 겪는 것은 곧 슬픔을 겪는 것을 의미한다. 상실을 이겨 내려면 먼저 슬픔을 위한 시간과 공간을 내야 한다.

부여잡기 습관 #3 : 공동체

> 돌아오사 제자들이 자는 것을 보시고 베드로에게 말씀하시되 시몬아 자느냐 네가 한 시간도 깨어 있을 수 없더냐 시험에 들지 않게 깨어 있어 기도하라 **마음에는 원이로되 육신이 약하도다** 하시고(막 14:37-38).

겟세마네 동산에서 예수님의 기도와 슬퍼하기는 공동체를 향한 강한 갈망(그리고 좌절감)과 서로 떼려야 뗄 수 없는 관계에 있다. 예수님은 가장 불안한 순간을 가장 가까운 친구들과 함께하고 싶으셨다. 하지만 그들은 이 무시무시한 밤에 깨어 있는 것조차 하지를 못했다. 이 실패에 대한 예수님의 반응, "마음에는 원이로되 육신이 약하도다"는 자주 인용되고 다양한 인간 경험에 적용되었다(막 14:38). 하지만 원래 이 말씀의 배경은 정확히 불안과 공동체의 교차점이었다.

"마음에는 원이로되." 인류를 향한 하나님의 뜻은 상실을 함께 감당하게 하는 것이다. 물론 각 사람이 (예수님이 그러셨던 것처럼) 상실의 일부를 홀로 감당해야 하지만, 예수님이 제자들에게 곁에 있어 달라고 계속해서 요청한 건 상실의 무게는 어느 개인 혼자서 다 지게 되어 있지 않다는 점을 보여 준다. 예수님은 제자들이 상실의 무게를 함께 져 주기를 원하셨다. 우리는 슬픔을 홀로 감당하도록 창조되지 않았다. 스웨덴에 이런 속담이 있다. "기쁨은 나누면 배가 되고 슬픔은 나누면 반이 된다."

창세기 창조 기사에서 "사람이 혼자 사는 것이 좋지 아니하니"는 하나님이 처음으로 말씀하신 "좋지 아니하니" 진술이다(창 2:18). 외로움이 '좋지 않은' 불안을 낳는 가장 큰 요인 중 하나라는 사실을 수많은 연구가 증명하고 있다.[1] 코로나19 바이러스가 온 세상을 휩쓸어 사회적 거리두기와 격리를 시행하게 되면서 사회과학자들은 외로움이 슬픔, 우울함, 불안의 큰 위험 요인이었다는 사실을 발견했다.[2]

우리 사회에서 불안 수치가 유례없는 수준으로 올라간 것은 유례없는 외로움의 확산과 짝을 이룬다. 이 패턴은 우리의 두 가지 불안 공식으로 예측할 수 있다. 짐을 함께 나눌 사람이 없어서 상실을 다루지 못하면 피하기 습관으로 돌아가 결과적으로 불안 수치가 더 높아질 수밖에 없다.

"육신이 약하도다." 그렇다면 불안한 사람이 당연히 공동체를 찾아 나서리라고 생각할 수 있다. 안타깝게도 마음은 원이로되 인간적인 약함 탓에 그러지 못하는 경우가 많다. 많은 경우, 불안은 고립으로 이어져 외로움이 점점 커지는 악순환을 낳는다. 더 큰 외로움은 더 큰 불안으로 이어지고, 더 큰 불안은 더 심한 고립으로 이어지는 식으로 계속해서 반복된다.[3]

이 악순환에 갇힌 사람들 주변에 손을 내밀 사람이 있다 해도 그들이 쌓은 고립의 담을 뚫기가 힘든 경우가 많다. 고립된 사람의 친구들은 그의 심한 자기 의심에 두 손을 드는 경우가 허다하다. 이 악순환은 피하기에서 부여잡기로의 전환을 방해하고, 결국 사람들은 서로를 안지 않고 서로를 피하게 될 수 있다.

목회 현장을 떠나 6개월간 극심한 불안과 우울증에 시달릴 당시, 나는 이런 악순환에 빠져 있었다. 사람들과 함께 있기가 어려웠다. 내 약함이 창피해서 숨기고 싶었다. 심지어 사람들과 연결되고 싶을 때도 내가 잘 해낼 수 있을지 자신이 없었다. '사람들 앞에서 갑자기 공황 발작 증세가 나타나면 어쩌지?' 나는 수많은 시간을 홀로 침대에 누워서 보냈다. 그렇게 누워 있는 것이 내가 할 수 있는 전부처럼 느껴졌다.

당시에도 외로움이 불안에 미치는 악영향을 보여 주는 연구들을 읽은 적이 있었다. 그래서 때로는 침대에서 억지로라도 몸을 일으켜 집 밖으로 나가야 한다는 것을 알았다. 아내를 힘들게 하지 않고 딸들을 더 큰 혼란에 빠뜨리지 않기 위해서라도 말이다. 내가 생각해 낼 수 있는 유일한 곳, 눈을 감고도 다닐 만큼 익숙한 곳은 교회였다. 나는 목사직을 내려놓았지만 내 목양실은 아직 그대로 있었다. 나는 교회 건물로 몰래 들어가 마주치는 모든 사람에게 가볍게 고개만 끄덕이며 서둘러 목양실로 들어가 문을 닫았다. 그 노력 자체도 불안을 일으켜, 그곳에서도 진정하기 위해 소파에 누울 수밖에 없었다. 다른 교역자들이 이 모습을 보기라도 하면 창피한 노릇이었다. 그래서 목양실의 모든 불을 끄고 창문에 블라인드를 쳤다. 우리 집 안방 침대에 누워 있지 않은 날에는 이렇게 불을 다 끈 컴컴한 목양실에서 시계만 쳐다보며 시간을 보내려고 애를 썼다.

아무도, 심지어 가장 친한 교역자들도 내가 어떤지 확인하기 위해 문을 두드렸던 기억이 없다. 누구를 탓하랴! 한편으로는 누군가가 다가와 주길 바랐지만, 또 다른 한편으로는 그 생각만 해도 두려움에 떨었다. 내 행동에 관한 소문이 분명히 퍼졌겠지만, 가까운 사람들은 내가 목양실에서 문을 닫고 어둠 속에 있는 줄 전혀 몰랐다. 그들이 내 모든 장벽을 넘어 내게 다가오려면 남다른 노력이 필요했을 것이다. 그리고 그들은 내 행동을 당연히 혼자 있고 싶다는 뜻으로 해석했을 것이다. 물론 나는 혼자 있고 싶었다. 아니, 정말로 혼자 있고 싶었을까?

그뿐만 아니라 그들은 각자 할 일이 많았다. 내 복합적이고도 상충하는 욕구들을 알아내기 위해 시간을 낼 만큼 한가하지 않았다. 그리고 설령 그들이 내 목양실의 문을 두드린다 해도 나를 만나서 무슨 말을 하겠는가? "아, 목사님, 여긴 정말 어둡네요……? 소파가 정말 편안해 보이네요……? 음…… 참, 샌프란시스코 포티나이너스(프로미식축구팀)는 경기를 잘했나요?"

불안과 공동체와 관련해서 '육신의 약함'은 사방에서 발견된다. 예수님의 제자들에게 약함은 졸림으로 표출되었다. 내 친구들의 경우 약함은 오해, 바쁨, 무슨 말이나 행동을 해야 할지 몰라 어색한 순간을 아예 피하는 것으로 나타났다. 만약 내가 구체적으로 도움을 요청했다면 그들은 기꺼이 도움의 손길을 내밀었을 것이다. 하지만 그들이 내가 굳게 닫아 놓은 문을 통과하려면 남다른 우정이 필요했다.

이 육신의 약함을 어떻게 해야 할까?

내 가장 친한 친구 중 한 명(교역자도 아니고 자신을 그리스도인으로 여기지도 않는 친구)은 매주 수요일 4시를 우리 집에 방문하는 시간으로 떼어 놓았다. 우리는 오후에 한 시간가량 산책을 한다. 때로는 아무 말 없이 걷고, 때로는 내가 머릿속에 맴도는 걱정거리에 관해 이야기한다. 가끔 그는 문제 해결을 시도하지만 내가 반응을 보이지 않으면(대부분의 경우) 재빨리 입을 다문다. 대개 그는 그냥 내 곁에 있어 준다. 그는 그 불안의 시기에 나와 함께 있어 주었다. 나는 그와의 산책 시간을 생명 줄처럼 굳게 부여잡았다.

산책을 하기 위해 우리 둘 다 뭔가 특별한 노력을 할 필요가 없었다. 산책 시간은 이미 정해져 있었다. 산책을 어떻게 할지도 이미 정해져 있었다. 말 그대로 걷기만 하면 된다. 나는 그 친구가 내 문제를 해결해 주리라 기대하지 않았고, 그도 내 문제를 해결해야 한다는 부담이 없었다.

공동체와 불안이 만나는 지점도 이처럼 평범하고 일상적이어야 한다. 이 교차점에서 우리 인간들은 어둠 속에서 발버둥을 치며 서로 연결되려고 한다. "마음은 원이로되 육신이 약하도다." 우리는 서로를 그리워한다. 그래서 우리는 서로 특별한 노력이 필요하지 않도록 일정과 구조, 기대 사항을 정해야 한다.

이 불안하고 외로운 시대에 불안과 공동체의 교차점을 다시 설계하는 것이 매우 중요하다. 이것이 내가 불안을 겪는 이들에게 주기적인 상담을 추천하는 이유다. 상담을 받으면 짐을 나눌 수 있는 사람, 그것도 주기적으로 그렇게 할 수 있는 사람이 생긴다. 불안해하는 친구가 있다면 뭔가 상호작용할 시간을 먼저 제안해 보라. 이를테면 내 친구가 매주 나와 함께 해 준 산책 시간 같은 것 말이다.

불안한 사람에게 "도움이 필요하면 언제든지 알려 줘"라고 말하는 것은 이미 혼란과 외로움에 빠져 있는 사람에게 지나친 부담을 지우는 것이다. 아무리 좋은 의도로 그렇게 말한다 해도 문이 닫힐 가능성이 크다. 그 대신 당신이 이미 생각했던 것을 제시하라. 매주 친구의 집 문을 두드리는 것 같은 구체적인 방법을 제시하라. 시간을 정하면 그저 그때 나타나는 것 외에 특별한 노력이 필요하지 않다.

교회 같은 기독교 공동체 안에는 불안의 유행병을 치유하기 위한 잠재력이 많이 숨어 있다. 이미 소그룹, 주일 성경 공부 모임, 기도회 등을 통해 주기적으로 모이는 친절하고 긍휼 가득한 사람들이 무수히 많다. 마음으로는 충분히 원하고 있다. 그들에게 "제 주변에 있는 외롭고 불안한 사람을 돌봐 줄 수 있나요?"라고 물으면 절대다수가 "물론이죠!"라고 흔쾌히 대답할 것이다. 하지만 육신은 약하다. 그들은 무엇을 어떻게 해야 할지 모르기 쉽다. 심지어 적절한 지도가 없다면 오히려 상대방에게 해를 끼칠 수도 있다.

리더로서 우리는 단순히 그룹이 존재한다고 해서 그 일원들이 서로의 불안을 품어 줄 수 있다고 가정해서는 안 된다. 그들이 서로의 불안을 품어 줄 수 있도록 리더들이 구조와 활동을 제공해야 한다. 그런 의미에서 나는 동영상 기반의 소그룹 커리큘럼을 개발했다. 이 커리큘럼에 관한 정보가 궁금하면 이 책의 마지막 페이지를 보라. 이외에도 점점 더 많은 자료가 개발되고 있다.[4] 나는 소그룹 공동체들이 불안이라는 기회를 잡도록 돕는 것이 오늘날 모든 기독교 리더들의 중요한 목회적 책임이라고 믿는다.

내 경험으로 볼 때 이런 그룹에 불안을 함께 다루기 위한 약간의 구조만 제공되면 아름다운 친밀함의 문이 새로 열리리라 확신한다. 그런 일이 일어날 때 악순환은 선순환으로 바뀐다. 공동체가 서로의 불안을 품어 줄수록 서로 더 가까워지며, 점점 더 많은 사람이 그 공동체에 참여하게 된다. 그러면 새로운 문이 열리고, 특별한 것이 일상적인 것이 되고, 우리는 각자 '최상의 나'를 발견하게 된다.

맺는말

도망치지 않고
예수와 함께, 예수를 닮아 가며

"이건 기말시험에 나오나요?"

학생들을 가르칠 때면 이런 질문을 자주 받는다. 어려운 개념을 소개한 뒤에는 특히 더 그렇다. 학창 시절에 나도 이 질문을 던지곤 했다(다른 학생이 손을 들지 않으면). 특히, 학기가 끝날 무렵에는 더 많이 던졌다. 우리 모두는 자신이 충분히 배웠다는 확신, 그래서 기말시험을 통과할 수 있다는 확신을 원한다.

불안에 관해서는 어느 정도가 충분한 수준일까?

이 책의 마지막 페이지가 가까워지고 또한 새로운 개념들에 관해 고민하다 보면, 이런 질문이 저절로 떠오를 수 있다. 어떤 개념들은 당신의 기존 관념을 뒤흔들었을 것이다. 예를 들어, '불안은 죄다'라는 관념이나 '당신의 영원한 운명은 하늘을 떠다니는 영혼이다'라는 관념이 흔들렸을 것이다. 혹은 당신이 기독교를 내내 상실을 피하기 위한 길로 생각해 왔음을 깨달았는가? 하나님이 상실 피하기를 약속하시지 않는다는 사실을 알고서 충격을 받았는가? 얼마나 더 깨우쳐야 할까? 무엇보다도, 내 삶에서 얼마나 더 실천해야 할까? 불안 공식을 외워야 할까? 부여잡기 습관 중 몇 가지를 터득해야 할까?

불안에 시달리는 사람들에게는 이런 질문이 특히 더 버거울 수 있다. 불안은 우리가 인생의 도전들에 전혀 준비가 되지 않은 것처럼 느끼게 한다. 목회 현장에서 무너졌다가 회복되고 있을 즈음, 심지어 불안과 우울증의 지독한 증상이 사라지고 나서 몇 달이 지난 뒤에도, 뭔가 일을 다시 시작할 수 있다는 확신이 서지 않았다. 쉼이 더 필요했던 것인지도 모른다. 바로잡아야 할 게 더 있었을지도 모른다. 내가 무너진 이유를 아직 완벽히 파악하지 못했기 때문이었을지도 모른다. 우리처럼 불안이 가득한 사람들은 앞으로 나아가지를 못한다. 아직 준비가 덜 되었다는 생각이 자꾸만 발목을 잡기 때문이다.

자, 그래서 묻고 싶다. 어느 정도가 충분한 수준일까?

기준점을 찾기 위해 예수님이 마지막 시험을 어떻게 맞으셨는지에 관한 이야기로 돌아가 보겠다. 마가복음 14장 겟세마네 동산으로 다시 들어가 보자.

세 번째 오사 그들에게 이르시되 이제는 자고 쉬라 그만 되었다 때가 왔도다 보라 인자가 죄인의 손에 팔리느니라 일어나라 함께 가자(41-42절).

겟세마네 동산에서의 장면은 이렇게 갑자기 끝나 버린다. 당시 이 시점에서 예수님의 불안이 정확히 어떻게 되었는지는 불분명하다. 여전히 "심히 놀라시며 슬퍼"하고 계셨을까? 예수님의 부여잡기 행동 중 하나(공동체)는 보란 듯이 실패했다. 이 실패는 불안을 줄이는 작업을 더 해야 함을 의미할까? "이제 유례없는 평안이 예수님을 감쌌다" 혹은 "마침내 준비가 되신 예수님이 일어나"와 같은 구절은 없다.

그 대신 예수님은 이렇게 선포하셨다. "그만 되었다〔이제 충분하다〕 때가 왔도다 …… 일어나라 함께 가자."

예수님은 이제 충분하다는 것을 어떻게 아셨을까? 답은, 소명의 순간이 찾아왔기 때문이다. 예수님의 소명은 십자가에서 모든 인간의 상실 전체를 감당하시는 것이었다. 그리고 그 순간 가장 고통스러운 상실(훨씬 고통스러운 일련의 상실을 촉발시킨 상실)은 가장 가까운 사람 중 한 명의 배신이었다. 가룟 유다가 폭도를 이끌고 겟세마네 동산에 도착하자 예수님은 때가 된 것을 아셨다.

"어느 정도가 충분한 수준일까?"에 대한 답은 더 중요한 질문에 대한 답에 달려 있다. 그 질문은 "무엇을 위한 충분함인가?"다. 충분함을 추구하는 일에서 우리의 궁극적인 목표는 무엇인가?

예수님의 궁극적인 목표는 불안을 줄이는 것이 아니었다. 예수님의 궁극적인 목표는 그분의 소명을 이루는 것이었다. 예수님이 불안을 줄이려고 하셨던 건 최대한 방해를 받지 않는 상태에서 그 소명을 추구하시기 위함이었다. '불안 없는 삶'이 그분의 목표가 아니었다. 따라서 '충분한지'에 대한 판단 기준은 불안 수치가 아닌 소명에 있었다. 소명에 따라 행동할 시간이 오자 불안을 얼마나 줄였는지에 상관없이 앞으로 나아가기에 '충분했다.'

우리도 같은 기준을 택해야 한다. 예수님은 아무리 봐도 준비되지 않은 제자들에게 "충분하다!"라고 선언하셨다. 예수님은 준비가 되었든 되지 않았든 제자들이 그분의 소명에서 제 역할을 하기를 원하셨다. 예수님은 우리도 행동으로 초대하고 계신다. "함께 가자." 우리가 언제 가야 할지는 불안을 필요한 수준까지 줄였는지로 결정되지 않는다. 그것은 예수님의 소명 안에서 우리의 역할에 따라 결정된다. 벗어나기 습관(공을 멀리 던지는 것)과 맴돌기 습관(공을 계속해서 빙빙 돌리는 것)이라는 중독을 끊으려면 손을 뻗어 자신의 소명을 붙잡아야 한다.

때로 예수님은 우리를 쉼과 회복으로 부르신다. 복음서에는 그런 사례가 가득하다. 우리는 성령의 이런 초대에 귀 기울여야 한다. 성령의 인도하심을 따르는 것과 불안 수치를 기준으로 삼는 것 사이에는 하늘과 땅만큼의 차이가 있다. 물론 불안을 무시하지 말라. 이 책에서 우리는 불안의 증상들과 걱정의 다양한 차원을 살펴보았다. 우리는 자신의 불안에 신경을 써야 한다. 하지만 그 불안에 권세를 주지는 말라. 불안은 우리가 무엇을 언제 할 수 있을지 정할 권세가 없다. 그 권세는 예수님만을 위한 것이다. "완벽히 준비되기 전까지는 이것을 할 수 없어"라고 말할 때마다 그 목소리가 불안에서 온 것인지 성령에게서 온 것인지 깊이 돌아봐야 한다.

따라서 중요한 질문은 "내가 충분히 배웠는가?"가 아니라, "예수님이 지금 내게 뭘 하라고 부르고 계시는가?"다. 예수님이 회복을 위해 어떤 활동을 쉬라고 말씀하시더라도, 하나님이 당신에게 주신 목적 안에는 다른 활동들도 있다. 노부모를 모시는 자녀인가?

불안해하는 자녀를 둔 부모인가? 불안해하는 형제자매나 친척이 있는가? 당신에게는 외로운 이웃들이 있다. 학생인가? 직원인가? 혹은 당신에게 크게 의지하는 조직의 리더인가? 당신이, 몸이 모든 지체를 필요로 하듯 당신을 필요로 하는 교회의 식구이기를 바란다. 예수님이 우리에게 주시는 소명의 모든 측면을 우리가 다 알지는 못한다. 하지만 일부 측면은 분명히 알고 있다. 우리는 충분히 알고 있다.

불안 수치에 상관없이 당신은 이런 일을 충분히 해낼 수 있다. 예수님은 당신의 능력 밖에 있는 일로 당신을 부르시지 않는다. 예수님은 불안해하는 제자들을 행동으로 이끄실 때처럼 당신이 완벽히 준비되지 않았다는 것을 아신다.

하지만 당신은 충분하다. 지금 예수님이 당신과 함께 계시기 때문이다. 예수님은 당신 편이시다. 예수님도 깊이 불안한 적이 있으셨기에 당신의 불안한 자아를 깊이 품어 주신다. 앞으로 나아가면 필연적으로 불안을 더 경험하게 될 것이다. 그런데 다른 것은 몰라도 이 책에서 이것 하나만은 기억하기를 바란다. 그런 경험은 오래가는 영적 성장을 위한 기회다. 불안 앞에서 예수님을 따르면 그분을 더욱 닮아 가게 된다. 그리고 그분을 닮아 가는 것이야말로 모든 그리스도인의 궁극적인 소명이다.

사도 바울은 이런 표현을 사용했다. "내가 그리스도와 그 부활의 권능과 그 고난에 참여함을 알고자 하여 그의 죽으심을 본받아 어떻게 해서든지 죽은 자 가운데서 부활에 이르려 하노니"(빌 3:10-11).
다시 말해, 우리는 모든 것을 되찾기 위해 상실을 통과하도록 부름
받았다. 이것이 겟세마네 동산에서의 예수님의 소명이었다. 이제
예수님은 그 동산에서 제자들에게 하셨던 것처럼 우리에게도 그분
을 따라오라고 부르고 계신다.

겟세마네 동산에서 예수님의 마지막 소명은 당신을 위한 것이
기도 하다.

그러니 일어나서 그분과 함께 가자.

감사의 말

나는 걱정이 많다. 심지어 이 감사의 말에 언급해야 할 사람을 빼먹을까 봐 걱정이다. 이 책의 개념 중 하나는 모든 불안이 뭔가를 잃거나 놓치는 것과 관련 있다는 점이다. 지금 하는 이 걱정도 마찬가지다. 불안은 여덟 살부터 나를 괴롭히기 시작했고, 지금까지도 계속해서 내 삶 구석구석에서 발견된다. 그러니 내가 이 불안이라는 주제에 접근하는 방식에 영향을 준 이들을 여기 다 쓰려고 하면 중요한 누군가를 반드시 빠뜨리고 말 것이다.

그래서 이 책의 탄생에 영향을 미친 이름 모를 사람이 수없이 많지만 최근 이야기로 범위를 좁히도록 하겠다.

이 책이 어떻게 세상에 나왔는지를 이야기하려면, 2020년에 코로나19 팬데믹이 처음 발생할 당시로 돌아가야 한다. 나는 신학자이자 전직 목사지만 당시(여러 면에서 지금도 마찬가지) 내가 하는 주된 일은 세상 속에 있었다. 나는 일반 비영리단체와 정부 기관들을 섬기는 컨설팅 회사를 설립해서 운영하고 있었다. 우리는 매달 비영리단체의 새로운 리더들을 수련회 장소에 모아 진행하는 리더십 개발 프로그램을 운영했다. 그런데 2020년 3월, 수련회를 불과 며칠 앞두고서 우리 지역에 첫 코로나 봉쇄 조치가 시행되었다. 그로 인해 모든 사람이 유례없는 두려움과 혼란에 빠졌다.

나는 동료 크리스 스타 위토트와 함께 부랴부랴 수련회를 화상 미팅인 줌zoom 모임으로 전환했다. 하지만 단순히 형식만이 아니라, 수련회 주제 자체를 리더들의 불안한 상태를 다루는 쪽으로 바꾸어야 할 필요를 느꼈다. 준비할 시간이 거의 없는 상황이었지만, 위토트의 도움을 받아 나는 내 통찰과 경험을 바탕으로 한 새로운 커리큘럼을 급히 짰다. 이 책의 핵심 내용은 그날 형성되었다고 보면 된다.

이 책의 톤도 사실상 그때 정해졌다. 성경적 진리를 바탕으로 한 내 통찰을 기독교 신앙이 없는 이들을 위한 커리큘럼으로 바꿔야 했다. 복음은 인간이 처한 상태를 다루는데, 불안보다 더 보편적인 인간의 상태도 없다. 이 책을 쓰는 내내 처음의 취지를 유지하고 다양한 영적 배경을 지닌 사람들에게 도움을 주고자 했다.

이 책을 읽기 쉽게 쓰는 동시에 불안이라는 보편적인 인간 경험을 예수님과의 관계에 연결시키고자 노력했다. 이 영적 연결에 관한 개념은 캘리포니아주 새너제이에 있는 리버교회The River Church Community에서 더욱 구체화되었다. 오래전 나는 이 교회에서 담임목사로 섬겼다. 극심한 불안 증세로 목사직을 그만두기 전까지 말이다. 이 책에서 그 이야기를 자세히 풀어놓았는데, 그 뒤에도 여전히 내가 교인으로서 이 교회에 계속 다녔다는 사실(무척 보기 드문 일)로도 이 공동체가 얼마나 특별한지를 알 수 있을 것이다.

내 후임자인 동시에 나와 가장 가까운 친구이기도 한 지금의 담임목사 브래드 윙은 내게 교회 교역자들을 대상으로 이 커리큘럼을 진행해 달라고 부탁했다. 이에 나는 아내 조디와 함께 기독교의 영적 훈련과 진리를 반영한 교역자 수련회를 계획하고 진행했다.

수련회가 끝나고 나서 윙 목사를 비롯한 교역자들은 그 커리큘럼을 교회 전체를 위한 사역으로 확장할 길을 고민해 보라고 권했다. 팬데믹 초기에 수많은 사람이 걱정과 불안에 시달리고 있었기 때문이다. 아내와 내가 직접 많은 수련회를 동시에 진행할 수는 없었다. 그러던 차에 불안에 관한 이 커리큘럼에 '리디밍 바벨Redeeming Babel'이라는 우리의 다른 프로그램 요소들을 접목시킬 수 있겠다는 생각이 들었다. 팬데믹 이전에 나는 그리스도인들이 세속 세계의 난관과 기회를 잘 다루어 열매를 맺도록 돕는 동영상 기반의 커리큘럼을 개발하기 위해 이 단체를 설립했다.

오프라인 수련회를 온라인 코스로 전환시키는 데 리디밍 바벨 팀은 필수불가결한 역할을 했다. (이 단체를 설립하도록 도와준) 크리스 카

터와 (동영상 촬영과 편집을 담당해 준) 조시 키드웰에게 특히 감사하다. 아리아나 페트로스키는 이 코스(그리고 이제 이 책)를 홍보하고 지원하는 일을 계속해서 진두지휘하고 있다. 전문적인 도움을 아낌없이 제공해 준 우리 홍보 컨설턴트, 핑크스턴의 해더 커모와 해더 더글러스에게도 고마움을 전한다.

마지막으로 이 동영상이 책으로 발전한 것은 리디밍 바벨의 커뮤니케이션 책임자인 낸시 프렌치의 격려 덕분이었다. 〈뉴욕 타임스New York Times〉 베스트셀러 저자이기도 한 그녀가 내 첫 편집자가 되어 주겠다고 약속하지 않았다면 나는 이 프로젝트를 절대 시작하지 않았을 것이다. 그때나 지금이나 그녀와 함께 일하는 것은 큰 기쁨이다. 그녀의 재주와 감수성과 열정이 이 책의 페이지마다 잔뜩 묻어 있다.

프렌치는 내 에이전트인 드피오레앤컴퍼니의 크리스 박을 찾는 데도 도움을 주었다. 박은 나를 존더반Zondervan 출판사로 이끌어 주었고, 결국 나는 존더반에 둥지를 틀었다. 처음 존더반 부사장 웹스터 욘스를 만나 서로를 소개하는 자리에서부터 그 출판사가 나와 잘 맞는다는 것을 느꼈다. 그리고 내 전속 편집자인 앤디 로저스와 협력하기 시작하자마자 그 느낌은 사실로 판명되었다. 그의 사려 깊은 의견 덕분에 이 책이 훨씬 좋아졌다. 존더반의 훌륭한 팀원들인 케이티 페인터, 사라 폴터, 매트 브레이, 폴 피셔, 데니스 프륄리히, 커트 디펜호스트, 폴 패스터, 더크 버스마에게도 감사의 마음을 전한다. 그들은 같은 열정과 각기 다른 저마다의 전문성으로 이 책의 탄생을 도와주었다.

앞서 나는 불안에 관한 내 시각의 형성에 도움을 준 사람들을 따로 언급하지 않겠다고 밝혔다. 하지만 몇 명은 예외로 해야 할 것 같다. 뛰어난 정신 건강 전문가들인 질 베케트(가족치료학 석사), 마샤 웨들리(교육학 박사), 존 Q. 영(의학박사)과 가까운 친구로 지내는 것은 보통 큰 영광이 아니다. 오랫동안 그들은 내게 중요한 통찰을 나누어 주었을 뿐 아니라, 내 삶의 여러 위기에서 나를 직접 돌봐 주었다.

마지막으로, 이 책에 가장 큰 기여를 한 사람을 소개한다. 바로 내 아내 조디다. 아내가 내게 얼마나 소중한지를 과연 말로 다 표현할 수 있을까? 앞서 말했듯이 아내는 이 콘텐츠 개발 처음부터 나와 협력해 주었다. 수련회를 코스, 나아가 책까지 발전시키는 모든 과정에서 아내는 수없이 초고를 읽고 귀중한 피드백과 꼭 필요한 격려를 해 주었다. 아내는 지혜롭고 솔직하며 배려가 넘친다. 아내가 아니었다면 이 책은 나오지 못했을 것이다. 그런 면에서 우리는 진정 함께 있을 때 더 좋다.

part one

chapter 1.

1. "Anxiety," American Psychological Association, www.apa.org/topics/anxiety, 2021년 9월 22일 확인.

2. Marc-Antoine Crocq, "A History of Anxiety: From Hippocrates to DSM," *Dialogues in Clinical Neuroscience* 17, no. 3 (2015): 319-325, www.tandfonline.com/doi/full/10.31887/DCNS.2015.17.3/macrocq.

3. Nitsuh Abebe, "America's New 'Anxiety' Disorder," *New York Times Magazine*, 2017년 4월 18일, www.nytimes.com/2017/04/18/magazine/americas-new-anxiety-disorder.html.

4. Sigmund Freud, "The Justification for Detaching from Neurasthenia a Particular Syndrome: The Anxiety-Neurosis (1894)," *Collected Papers* (London: International Psycho-Analytical Press, 1924), 1:79.

5. W. H. Auden, *The Age of Anxiety: A Baroque Eclogue* (New York: Random House, 1947).

6. Lisa Miller, "Listening to Xanax," *New York* magazine, 2012년 3월 16일, https://nymag.com/news/features/xanax-2012-3.

7. Keith Richards and Mick Jagger, "Mother's Little Helper" (American Single), 1966년 7월 2일 (London Records).

8. Lil Wayne, "I Feel Like Dying," track 16 on *The Drought Is Over 2* (Carter 3 Sessions), 2007년 6월 7일.

9. David DiSalvo, "Whitney Houston's Death Sparks Questions about Over-Prescription of Sedatives," *Forbes*, 2012년 2월 13일, www.forbes.com/sites/daviddisalvo/2012/02/13/whitney-houstons-death-sparks-questions-about-over-prescription-of-sedatives.

10. Jason Isbell, "Relatively Easy," track 12, *Southeastern*, 2013년 6월 11일.

11. Billie Eilish, *xanny*, track 3, *When We All Fall Asleep, Where Do We Go?*, 2019년 3월 29일.

12. Abebe, "America's New 'Anxiety' Disorder"에 인용.

13. Nicole J. LeBlanc and Luana Marques, "Anxiety in College: What We Know and How to Cope"에 인용, *Harvard Health*, 2019년 8월 27일, www.health.harvard.edu/blog/anxiety-in-college-what-we-know-and-how-to-cope-2019052816729.

14. "Covid-19 Has Led to a Sharp Increase in Depression and Anxiety"에 인용, *Economist*, 2021년 10월 11일, www.economist.com/graphic-detail/2021/10/11/covid-19-has-led-to-a-sharp-increase-in-depression-and-anxiety.

15. "The Mental and Emotional Health of Pastors and Their Congregants amid Covid-19," Barna: State of the Church 2020, 2020년 4월 15일, www.barna.com/research/mental-emotional-health-among-pastors.

16. "Anxiety Disorders: Facts and Statistics"에 인용, Anxiety and Depression Association of America, https://adaa.org/understanding-anxiety/facts-statistics, 2022년 9월 22일에 확인.

17. Maddy Savage, "Coronavirus: The Possible Long-Term Mental Health Impacts," BBC Worklife, 2020년 10월 28일, www.bbc.com/worklife/article/20201021-coronavirus-the-possible-long-term-mental-health-impacts.

18. Tracy Dennis-Tiwary, "In Praise of Anxiety," *Wall Street Journal*, 2022년 5월 7일, www.wsj.com/articles/in-praise-of-anxiety-11651849496; Tracy Dennis-Tiwary, *Future Tense: Why Anxiety Is Good for You (Even Though It Feels Bad)* (New York: HarperWave, 2022)도 보라.

19. Dan Allender, "Ending and Beginning: Worry," Allender Center, 2020년 1월 9일, https://theallendercenter.org/2020/01/ending-beginning-worry.

chapter 3.

1. Bill Hutchinson, " 'All the Pieces Had to Come Together': Capt. Chesley 'Sully' Sullenberger Says on 10th Anniversary of Miraculous Hudson River Landing," ABC News, 2019년 1월 15일, https://abcnews.go.com/GMA/News/pieces-capt-chesley-sully-sullenberger-10th-anniversary-miraculous/story?id=60334892.

2. David G. Pearson and Tony Craig, "The Great Outdoors? Exploring the Mental Health Benefits of Natural Environments," *Frontiers in Psychology 5* (2014년 10월 21일), www.frontiersin.org/articles/10.3389/fpsyg.2014.01178/full.

3. Saint John of the Cross, *The Dark Night of the Soul* (London: Thomas Baker, 1907).

chapter 4.

1. Jan-Willem van Prooijen and Karen M. Douglas, "Belief in Conspiracy Theories: Basic Principles of an Emerging Research Domain," *European Journal of Social Psychology* 48, no. 7 (2018년 8월): 897-908, https://onlinelibrary.wiley.com/

doi/10.1002/ejsp.2530; Sameera S. Nayak 등, "Is Divisive Politics Making Americans Sick? Associations of Perceived Partisan Polarization with Physical and Mental Health Outcomes among Adults in the United States," *Social Science & Medicine* 284 (2021년 9월): 113976, www.sciencedirect.com/science/article/abs/pii/S0277953621003087?via%3Dihub.

part two

chapter 5.

1. 이 통찰과 맥을 같이하는 일반 심리학적 시각의 연구를 보려면 다음 책을 보라. Steven C. Hayes, Kirk Strosahl, Kelly G. Wilson, *Acceptance and Commitment Therapy: The Process and Practice of Mindful Change*, 2nd ed. (New York: Guilford, 2012). 스티븐 헤이즈 외, 《수용 전념 치료》(학지사 역간).

2. 이 활동이 마음에 들고 미국의 동부에 산다면 W를 단 명칭의 라디오 방송국들을 사용할 수 있다(예를 들어 WWORK나 WFOOD).

3. 부부가 불안에 대해 서로 다른 투쟁-도피 반응을 보일 때 이런 종류의 갈등과 비난이 흔히 나타난다. 하지만 이런 일은 서로 같은 반응 패턴을 가진 부부들 사이에서도 일어난다. 예를 들어, 둘 다 '투쟁' 스타일이면 서로가 문제를 더욱 회피하게 하는 경우가 많다. 내면 깊은 곳에서 둘 다 불안에 대한 자신의 반응을 좋아하지 않는다(스스로 자신의 반응을 인식하지 못한다 해도). 둘 다 상대방을 비난함으로써 자신의 불안한 자아에 대한 자기혐오를 표현한다. 그런가 하면 한 사람이 상대방이 다른 반응 패턴으로 균형을 잡아 자신을 불안에서 구해 주기를 바랄 수 있다. 하지만 상대방이 그렇게 해 주지 못할 때 그는 좌절하고 상대방을 비난한다. 불안은 실로 교묘한 납치범이다.

4. Laura G. Burgess et al., "The Influence of Social Contagion within Education: A Motivational Perspective," *Mind, Brain, and Education* 12, no. 4 (2018년 12월): 164-174.

chapter 6.

1. Walt Whitman, "Song of Myself,", *Leaves of Grass* (final Death Bed edition; Philadelphia: David McKay, 1891-2), 29-79. 월트 휘트먼, 《풀잎》(열린책들 역간).

chapter 7.

1. Martina Svensson 등, "Physical Activity Is Associated with Lower Long-Term Incidence of Anxiety in a Population-Based, Large-Scale Study"에 인용, *Frontiers*

in Psychiatry 12 (2021), www.frontiersin.org/articles/10.3389/fpsyt.2021.714014/full.

2. Annemarie Abbing 등, "The Effectiveness of Art Therapy for Anxiety in Adult Women: A Randomized Controlled Trial," *Frontiers in Psychology* 10 (2019년 5월): 1203, www.ncbi.nlm.nih.gov/pmc/articles/PMC6549595; Enrique Octavio Flores Gutierrez와 Victor Andres Teran Camarena, "Music Therapy in Generalized Anxiety Disorder," *The Arts in Psychotherapy* 44 (2015년 7월): 19-24, www.sciencedirect.com/science/article/abs/pii/S0197455615000064.

3. Tracy Dennis-Tiwary, *Future Tense: Why Anxiety Is Good for You* (Even Though It Feels Bad) (New York: HarperWave, 2022), 43.

4. "Mental Health Information Statistics: Any Anxiety Disorder," National Institute of Mental Health, www.nimh.nih.gov/health/statistics/any-anxiety-disorder, 2022년 10월 10일 확인.

5. "New Data on Gen Z—erceptions of Pressure, Anxiety and Empowerment," Barna Research, 2021년 1월 28일, www.barna.com/research/gen-z-success.

6. "Studies Show Normal Children Today Report More Anxiety Than Child Psychiatric Patients in the 1950s," American Psychological Association, www.apa.org/news/press/releases/2000/12/anxiety, 2022년 11월 16일 확인.

chapter 8.

1. "불안한 생각들"과 관련된 "악한 행위"에 해당하는 히브리어 단어 "오쩨브"는 "내 안에서 당신을 슬프시게 하는 모든 것"(TLB), "해로운 길"(NASB), "슬픈 길"(ESV), "악한 길"(KJV)로 다양하게 번역될 수 있다. 유진 피터슨은 메시지 성경에서 이 부분을 "잘못한 일"로 번역한다.

2. 아인슈타인이 처음 이 공식을 발표할 때 빛의 속도는 대문자 V로 표기됐다.

3. David Bodanis, $E = mc^2$: *A Biography of the World's Most Famous Equation* (New York: Bloomsbury, 2000). 데이비드 보더니스, 《E=mc²: 세상에서 가장 유명한 방정식의 일생》(웅진지식하우스 역간).

4. "3 Everyday Inventions Einstein Made Possible," Thales Group, 2021년 11월 22일, www.thalesgroup.com/en/markets/digital-identity-and-security/mobile/magazine/3-everyday-inventions-einstein-made-possible.

5. Alan V. Horwitz와 Jerome C. Wakefield, *All We Have to Fear: Psychiatry's Transformation of Natural Anxieties into Mental Disorders* (New York: Oxford University Press, 2012).

6. Joseph LeDoux, *Anxious: Using the Brain to Understand and Treat Fear and Anxiety* (New York: Viking, 2015), 110.

7. Graham C. L. Davey, Ian Burgess, Rachel Rashes, "Coping Strategies and Phobias: The Relationship between Fears, Phobias and Methods of Coping with Stressors," *British Journal of Clinical Psychology* 34, no. 3 (1995년 9월): 423-34, https://bpspsychub.onlinelibrary.wiley.com/doi/abs/10.1111/j.2044-8260.1995.tb01477.x.

8. 이렇게 피하기 습관들이 우리의 자연스러운 투쟁-도피 시스템과 얽혀 있다는 것은 인간에게 어느 정도의 피하기는 내재되어 있다는 뜻이다. 이런 면에서도 '불안=상실×피하기' 공식은 불안 수치를 완전히 제로로 줄일 수 없다는 현실을 보여 준다. 상실을 완전한 제로로 줄일 수 없는 것처럼 피하기도 완전한 제로로 줄일 수 없다. 하지만 상실과 달리 피하기 수준은 꽤 낮출 수 있다.

9. Tom Beckers and Michelle G. Craske, "Avoidance and Decision Making in Anxiety: An Introduction to the Special Issue," *Behaviour Research and Therapy* 96 (2017년 9월):1-2, www.sciencedirect.com/science/article/abs/pii/S000579671730102X?via%3Dihub.

chapter 9.

1. Martin B. Copenhaver, *Jesus Is the Question: The 307 Questions Jesus Asked and the 3 He Answered* (Nashville: Abingdon, 2014).

chapter 10.

1. "Posttraumatic Stress Disorder: What Is Exposure Therapy?" American Psychological Association (2017년 7월), www.apa.org/ptsd-guideline/patients-and-families/exposure-therapy.pdf.

part three ———

chapter 11.

1. Colleen de Bellefonds, "Why Ice Baths Can Help You Bounce Back from Tough Workouts"에 인용, *Men's Health*, 2019년 3월 11일, www.menshealth.com/fitness/a26788252/ice-bath-benefits.

2. C. S. 루이스는 원래 1942년 6월 8일 옥스퍼드 세인트메리교회(Church of St Mary the Virgin)에서 전한 '영광의 무게' 설교에서 영원의 이 측면을 아름답게 묘사했다. *The Weight of Glory* (1942; repr. Grand Rapids: Eerdmans, 1965), 8-12를 보라. C. S. 루이스, 《영광의 무게》(홍성사 역간).

3. N. T. 라이트(톰 라이트)는 몸의 부활과 세상의 구속에 관한 진정한 성경적 소망을 바라
   보는 기독교의 시각을 바로잡는 일에서 현재 살아 있는 그 어떤 기독교 사상가보다도
   많은 기여를 했다. 이번 장에서 나의 접근법 중 많은 부분은 그에게서 빌린 것이다. 당
   신이 이 책을 내려놓고 그의 책 *Surprised by Hope* (New York: HarperOne, 2008)를 읽어
   도 나는 전혀 기분 나쁘지 않다. 톰 라이트, 《마침내 드러난 하나님 나라》(IVP 역간).

4. Curtis Chang, *Engaging Unbelief: A Captivating Strategy from Augustine and
   Aquinas* (Downers Grove, IL: InterVarsity, 2001), 82-93.

5. 일부 신학자들은 데살로니가전서 4장 13-18절 등을 인용하여 중간 상태가 평온한 잠에
   더 가깝다고 주장한다.

chapter 12.

1. Morgan Mussell, "Throughlines in Novels and Screenplays," The First Gates, 2011
   년 3월 29일, https://thefirstgates.com/2011/03/29/throughlines-in-novels-and-
   screenplays.

2. Tosin Thompson, "Young People's Climate Anxiety Revealed in Landmark Survey,"
   Nature News, 2021년 9월 22일, www.nature.com/articles/d41586-021-02582-8.

3. Nikita A. Nekliudov 등, "Excessive Media Consumption about COVID-19 Is
   Associated with Increased State Anxiety: Outcomes of a Large Online Survey in
   Russia, *Journal of Medical Internet Research* 22, no. 9 (2020년 9월), www.jmir.
   org/2020/9/e20955.

4. Tom Fleischman, "Study: More Exposure to Political TV Ads Heightens Anxiety,"
   Cornell Chronicle, 2021년 4월 12일, https://news.cornell.edu/stories/2021/04/
   study-more-exposure-political-tv-ads-heightens-anxiety.

chapter 13.

1. *Book of Common Prayer* (New York: Seabury, 1977), 423.

2. 이런 종류의 사려 깊은 환대로 부름받은 이들에게 Priya Parker, *The Art of Gathering:
   How We Meet and Why It Matters* (New York: Riverhead, 2018)를 강력히 추천한다. 프
   리야 파커, 《모임을 예술로 만드는 법》(원더박스 역간). 내가 알기로 파커는 그리스도인
   이 아니다. 하지만 그리스도인들은 영적 깊이와 계획성을 갖춘 파티를 여는 법에 관해
   파커에게 배울 것이 매우 많다. 그의 책은 아내와 내가 우리 기념일 파티를 계획하는
   데 큰 영감을 주었다.

3. 서구 문화에서 죽음을 극도로 혐오하는 현상은 특히 사회인류학자 퓰리처 수상작
   Ernest Becker, *The Denial of Death* (1973; repr., New York: Free Press, 1997)에 잘 설명
   되어 있다. 어니스트 베커, 《죽음의 부정》(한빛비즈 역간).

4. 학자들이 이렇게 믿는 데는 여러 가지 이유가 있다. 로마에서 그리스도인들에 대한 박

해는 드물고 간헐적이었다. 그에 반해 그리스도인들이 카타콤에서 모이는 관행은 종교적 자유의 시대에도 꾸준했고 오히려 더 증가했다. 가장 확실한 증거는 숨을 목적이라면 위층에도 이미 방이 충분했는데도 그리스도인들이 새로운 방을 만들기 위해 계속해서 땅을 더 깊이 파고 들어갔다는 사실이다. 그리스도인들이 계속해서 더 깊은 곳에 방을 만든 이유는 보다 최근에 죽은 시신을 새로 판 더 깊은 층에 두기 위해서였다. 이런 새 방을 만든 것은 최근에 죽은 가족과 친구들 시신에 가까이 있기 위함이었다.

5. "Olive Harvest, fresco, Catacombs of Praetextatus, Rome, Italy," photo by DeAgostini/Getty Images, January 1, 2002, www.gettyimages.com/detail/news-photo/olive-harvest-fresco-catacombs-of-praetextatus-rome-italy-news-photo/157408915. 또 다른 카타콤 사진들은 "Italy-Catacomb-Domitilla-Archeology-Heritage-Culture, Rome, Italy"를 보라. Andreas Solaro/AFP via Getty Images의 사진들, 2017년 5월 30일, www.gettyimages.com/detail/news-photo/detail-of-the-restored-fresco-of-dei-fornai-cubicle-is-news-photo/690143590.

chapter 14.

1. 수학을 좋아하는 사람들은 엄밀히 말하면 나누기에서 제로가 나올 수는 없다는 사실을 알 것이다. 분자를 '0'으로 하면 제로가 아니라 '정의할 수 없는 결과'가 나온다.

2. Jean-Pierre de Caussade, *Abandonment to Divine Providence* (1921; repr., Mineola, NY: Dover, 2008). 장 피에르 드 코사드, 《자기포기》(은성 역간).

3. "College Admissions Scandal: Complete Coverage of a Brazen Cheating Scheme," *New York Times*, 2021년 10월 8일, www.nytimes.com/news-event/college-admissions-scandal.

4. 마이클 케이시는 이 준비 과정을 잘 정리해 준다. "예수님은 우리보다 앞서 가셨다. 요한복음 13장 1절에서 보듯이 예수님은 이 세상에서 아버지께로 건너가셨으며, 우리에게 따라오라고 명령하신다. 우리는 죽음의 순간에 자신을 하나님의 품으로 던지기 위해 가진 힘을 전부 사용함으로써 그분을 따라갈 수 있다. 그런데 이 가장 중요한 개인적인 행위는 마지막 순간에 만들어 낼 수 있는 것이 아님을 기억해야 한다. 이는 어릴 적부터 우리의 의지를 형성해 온 수많은 작은 선택이 쌓여서 나타나는 열매다. 자신을 위한 선택들을 하면서 살면 그 중요한 순간 방향을 바꾸기는 매우 힘들다. 반면, 생명과 섭리에 따라 자신을 넘어 다른 사람들과 하나님께 나아가는 법을 배운다면 하나님의 은혜로 그리스도를 따라 영원 속으로 들어갈 수 있다." Michael Casey, *Toward God: The Ancient Wisdom of Western Prayer* (1989; repr., Liguori, MO: Liguori/Triumph, 1996, 2-3.)

chapter 15.

1. Louise C. Hawkley et al., "Loneliness in Everyday Life: Cardiovascular Activity, Psychosocial Context, and Health Behaviors," *Journal of Personality and Social*

Psychology 85, no. 1 (2003년 7월): 105-20, https://psycnet.apa.org/doiLanding?doi=
10.1037%2F0022-3514.85.1.105.

2. William D. S. Killgore 등, "Loneliness: A Signature Mental Health Concern in
    the Era of COVID-19," *Psychiatry Research* 290 (2020년 8월), https://pubmed.
    ncbi.nlm.nih.gov/32480121; Andres Losada-Baltar 등, " 'We Are Staying at
    Home': Association of Self-Perceptions of Aging, Personal and Family Resources
    and Loneliness with Psychological Distress during the Lock-Down Period of
    COVID-19," *Journals of Gerontology: Series B.* 76, no. 2 (February 2021): e10-
    16, https://pubmed.ncbi.nlm.nih.gov/32282920; Yuval Palgi 등, "The Loneliness
    Pandemic: Loneliness and Other Concomitants of Depression, Anxiety and Their
    Comorbidity during the COVID-19 Outbreak," *Journal of Affective Disorders* 275,
    no. 3 (2020년 10월): 109-111, www.ncbi.nlm.nih.gov/pmc/articles/PMC7330569/;
    Jiwon Park 등, "Depression Symptoms Mediate Mismatch between Perceived
    Severity of the COVID-19 Pandemic and Preventive Motives," *PsyArXiv Preprints*
    (2020년 7월), https://psyarxiv.com/s4c79; Ivy F. Tso와 Sohee Park, "Alarming
    Levels of Psychiatric Symptoms and the Role of Loneliness during the COVID-19
    Epidemic: A Case Study of Hong Kong," *Psychiatry Research* 293 (2020년 11월),
    https://pubmed.ncbi.nlm.nih.gov/32871487.

3. John T. Cacioppo 등, "Loneliness within a Nomological Net: An Evolutionary
    Perspective," *Journal of Research in Personality* 40, no. 6 (2006년 12월): 1054-1085,
    www.sciencedirect.com/science/article/abs/pii/S0092656606000055.

4. "The Anxiety Opportunity: 7 Session Series for Individuals and Small Groups,"
    Redeeming Babel, https://redeemingbabel.org/product/the-anxiety-opportunity-
    course, 2022년 12월 20일 확인.

이 책의 온라인 코스로
다음 단계를 밟으라.

이 코스는 이 책을 보완해 준다. 다음과 같은 용도로 사용할 수 있다.

 이 책을 읽고서 실천적인 적용을 하고 싶은 개인

 이 책을 읽은 소그룹뿐 아니라,
이제 막 읽기 시작하려는 소그룹

1강 무료 보기.

전체 코스에는 다음이 포함되어 있다.

- ☑ 7강으로 구성한 단계별 접근법
- ☑ 커티스 창의 동영상 콘텐츠
- ☑ 실천적인 활동과 도구들
- ☑ 온라인 워크북

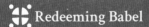